Victim

Chris Mooney

VICTIM

... und keiner hört
dein Schreien

Thriller

Aus dem Englischen von
Michael Windgassen

Weltbild

Die englische Originalausgabe erschien 2007 unter dem Titel
The Missing bei Atria Books/Simon & Schuster, New York.

Genehmigte Lizenzausgabe für Verlagsgruppe Weltbild GmbH,
Steinerne Furt, 86167 Augsburg

Übersetzung: Michael Windgassen
Umschlaggestaltung: Zero Werbeagentur, München
Umschlagmotiv: Wald: Getty Images, München (© Hola Images)
Frau: © Ivo Greutert
Gesamtherstellung: CPI Moravia Books s.r.o., Pohorelice
Printed in the EU

ISBN 978-3-8289-9083-8

2010 2009 2008 2007
Die letzte Jahreszahl gibt die aktuelle Lizenzausgabe an.

Für Jens,
der mir erklärt hat, wie,
und
für Jackson,
der mir erklärt hat, warum.

Im menschlichen Herzen gibt es Orte,
die noch nicht existieren; in sie dringt
das Leiden, damit sie zur Existenz gelangen.

Léon Bloy

TEIL I

Der Mann aus dem Wald (1984)

Erstes Kapitel

Darby McCormick nahm ihre Freundin Melanie beim Arm und zog sie mit sich in den dichten Wald hinein. Melanie wunderte sich, denn die eigentliche Attraktion lag hinter ihnen, jenseits der Route 86: die Fahrrad- und Wanderwege, die am Salmon Brook Pond entlangführten.

«Was habt ihr vor?», fragte sie.

«Wie ich schon sagte», antwortete Darby geheimnistuerisch. «Lass dich überraschen.»

«Keine Sorge», sagte Stacey Stephens. «Wir bringen dich rechtzeitig ins Kloster zurück.»

Zwanzig Minuten später setzte Darby ihren Rucksack ab, da, wo sie schon häufig mit Stacey herumgelungert und geraucht hatte – an einem kleinen lehmigen Abhang, übersät mit leeren Bierdosen und Zigarettenstummeln.

Um ihre neuen, teuren Jeans zu schonen, suchte Darby erst nach einer trockenen Stelle, bevor sie sich auf den Boden setzte. Stacey dagegen ließ sich achtlos in den Dreck fallen. Sie wirkte überhaupt ziemlich schlampig mit ihrem dick aufgetragenen Lidstrich, den abgetragenen Jeans und den viel zu großen T-Shirts, die sie immer trug. Sie machte nicht gerade einen glücklichen Eindruck und schien – wie Pig Pen bei den *Peanuts* von einer Staubwolke – ständig von einer Aura der Unzufriedenheit umgeben zu sein.

Darby kannte Melanie schon ewig; die beiden waren in derselben Straße aufgewachsen. Sie konnte sich an vieles, was sie gemeinsam mit Mel unternommen oder erlebt hatte, erinnern. Unter welchen Umständen sie jedoch Stacey kennengelernt hatte oder wie es zu der engen Freundschaft zwischen ihnen dreien gekommen war, wusste sie nicht mehr. Es schien fast, als wäre Stacey irgendwann einfach aufgetaucht und seitdem nicht mehr von ihrer Seite gewichen, ob in der Schule, bei Footballspielen oder auf Partys. Stacey sorgte immer für Stimmung. Sie erzählte zotige Witze, kannte die beliebtesten Jungs und schaffte es beim Baseball bis zur dritten Base. Mel war dagegen wie eine der Porzellanfigürchen, die Darbys Mutter sammelte und die so kostbar und zerbrechlich waren, dass sie an einem sicheren Platz aufbewahrt werden mussten.

Darby öffnete ihren Rucksack und verteilte Bierdosen.

«Was soll das?», fragte Mel.

«Ich mache dich mit Mr Budweiser bekannt», antwortete Darby.

Mel befingerte die Glücksbringer an ihrem Armband. Das tat sie immer, wenn sie nervös oder ängstlich war.

«Na los, Mel, hab dich nicht so. Er wird nicht beißen.»

«Ich will ja nur wissen, warum ihr so was macht.»

«Wir feiern deinen Geburtstag, du Trottel», sagte Stacey und öffnete ihre Dose.

«Und deinen Führerschein», ergänzte Darby.

«Jetzt haben wir endlich jemanden, der uns in die Mall fährt.»

«Merkt dein Dad denn nicht, dass das Bier fehlt?», fragte Mel Stacey erstaunt.

«Unser Kühlschrank im Keller ist voll davon. Da fallen sechs Dosen mehr oder weniger nicht auf.» Stacey steckte sich eine Zigarette an und warf dann Darby die Packung zu. «Aber wenn er oder meine Mom uns beim Trinken erwischten, würde ich eine Woche lang nicht mehr gerade sitzen können.»

Darby hob ihre Bierdose. «Happy Birthday, Mel, und alles Gute.»

Stacey trank in wenigen Zügen ihre Dose halb leer. Auch Darby nahm einen tiefen Schluck. Melanie dagegen schnüffelte an ihrem Bier. Das tat sie immer, bevor sie etwas Neues probierte.

«Riecht wie feuchter Toast», sagte sie naserümpfend.

«Trink, und du wirst sehen, es schmeckt mit jedem Schluck besser. Und vor allem fühlt man sich immer besser.»

Stacey zeigte auf ein Auto, das in der Ferne über die gewundene Route 86 kroch; es sah nach einem Mercedes aus. «So eins werde ich eines Tages auch fahren», sagte sie.

«Ja, du gibst bestimmt mal eine gute Chauffeurin ab», erwiderte Darby ironisch.

Stacey zeigte ihr den Mittelfinger. «Von wegen, du blöde Kuh, ich lasse *mich* kutschieren, weil ich nämlich mal einen stinkreichen Typen heiraten werde.»

«Ich sag's dir nur ungern», entgegnete Darby, «aber in Belham gibt es keine reichen Typen.»

«Darum will ich ja auch nach New York City. Und der Mann, den ich heirate, wird nicht nur super aussehen, sondern mich auch nach Strich und Faden verwöhnen. Ich spreche von Dinnern in schicken Restaurants, tollen Klamotten und heißen Autos. Er wird auch sein eigenes Flugzeug haben, mit dem wir dann zu unserem phantastischen Strandhaus in der Karibik fliegen. Und was ist mit dir, Mel? Wie stellst du dir deinen Zukünftigen vor? Oder bist du immer noch entschlossen, Nonne zu werden?»

«Ich werde keine Nonne», antwortete Mel empört und nahm, wie um ihre Aussage zu bekräftigen, einen tiefen Schluck aus der Dose.

«Soll das heißen, du hast deine Unschuld an Michael Anka verloren?»

Darby verschluckte sich fast an ihrem Bier. «An diesen Nasenpopler?»

«Das tut er schon lange nicht mehr», verteidigte ihn Mel. «Ich meine, popeln.»

«Dann gratuliere ich dir gleich nochmal», sagte Darby. Stacey brüllte vor Lachen.

«Hört auf», protestierte Mel. «Er ist nett.»

«Natürlich ist er das», sagte Stacey. «Zu Anfang sind alle Jungs nett. Aber wenn sie dann kriegen, was sie von dir wollen, behandeln sie dich wie Dreck.»

«Das ist nicht wahr», erwiderte Darby, die an ihren Vater denken musste, den alle nur Big Red genannt hatten – wie das Kaugummi. Zu seinen Lebzeiten hatte er ihrer Mutter immer die Tür aufgehalten. Wenn ihre Eltern freitagnachts ausgegangen waren, hatte Big Red nachher zu Hause immer eine seiner Frank-Sinatra-Platten aufgelegt und manchmal mit ihrer Mutter getanzt – *cheek-to-cheek*, wie es in dem Lied «Heaven» heißt.

«Das ist alles pure Berechnung, Mel, glaub mir», sagte Stacey. «Darum solltest du aufhören, dich wie ein Mäuschen zu verhalten. Wenn du so weitermachst, wird man dich immer nur ausnutzen.»

Stacey ging nun wieder dazu über, einen ihrer Vorträge über Jungs und deren hinterhältige Tricks zu halten, mit denen sie bei Mädchen zu landen versuchten. Darby verdrehte die Augen, lehnte sich an einen Baum zurück und schaute auf das große Neonkreuz, das am Horizont über der Route 1 leuchtete.

Sie nippte an ihrem Bier, beobachtete den Verkehr, der sich in beiden Fahrtrichtungen über die Route 1 wälzte, und stellte sich vor, was für interessante Leute in diesen Wagen sitzen mochten; womöglich fuhren sie an interessante Orte, um dort interessante Dinge zu unternehmen. Wie konnte man es wohl schaffen, auf andere interessant zu wirken? Oder musste einem diese Eigenschaft von Natur aus gegeben sein wie die Haarfarbe oder Körpergröße? Vielleicht, dachte sie, hatte Gott bei der Geburt schon entschieden, ob man interessant war oder nicht, und man musste lernen, mit dem Gegebenen zu leben.

Je mehr Darby trank, desto deutlicher machte sich eine innere Stimme bemerkbar, die ihr mit Nachdruck versicherte, dass sie, Darby Alexandra McCormick, zu Höherem geboren war. Vielleicht nicht gerade zu einem Filmstar, aber ganz gewiss doch zu etwas sehr viel Besserem als der Palmolive-Welt ihrer Mutter, die aus Putzen, Kochen und Einkaufscoupons bestand. Für Sheila McCormick gab es nichts Größeres, als auf Wühltischen nach Sonderangeboten zu kramen – für sie selbst sehr wohl.

«Hört ihr das?», flüsterte Stacey plötzlich.

Es knisterte und raschelte im Gebüsch hinter ihnen.

«Vielleicht ein Waschbär oder so was Ähnliches», antwortete Darby.

«Ich meine nicht das Rascheln», sagte Stacey. «Da *heult* doch jemand.»

Darby setzte ihre Bierdose ab und reckte den Hals, um einen Blick über den Rand der Böschung zu werfen. Die Sonne war schon vor einer Weile untergegangen, und außer den Umrissen der Bäume war nichts zu erkennen. Das Knistern und Knacken im Wald schien lauter zu werden. War da jemand?

Plötzlich brachen die Geräusche ab. Stattdessen war eine Frauenstimme zu hören, leise, aber deutlich:

«Lassen Sie mich bitte gehen. Ich werde auch niemandem sagen, was Sie getan haben, ehrlich.»

Zweites Kapitel

Nehmen Sie mein Portemonnaie», flehte die Frauenstimme. «Es sind dreihundert Dollar darin. Ich kann Ihnen auch mehr Geld geben, wenn es das ist, was Sie wollen.»

Darby packte Stacey hart beim Arm und zog sie in Deckung. Melanie kauerte sich neben die beiden.

«Es ist anscheinend ein Überfall, aber wahrscheinlich hat er ein Messer dabei, vielleicht sogar eine Pistole», flüsterte Darby. «Wenn sie ihm das Portemonnaie gibt, lässt er sie bestimmt laufen, und alles ist vorbei. Also halten wir uns lieber raus.»

Mel und Stacey nickten.

«Tun Sie das nicht», bettelte die Frau.

Darby wusste, dass sie einen Blick riskieren und sich die Situation einprägen musste, auch wenn ihr noch so mulmig dabei war. Wenn die Polizei Fragen stellte, wollte sie sich an alle Details erinnern können, an jedes Wort und jedes Geräusch.

Mit wildpochendem Herzen hob sie den Kopf und spähte über den Rand der Böschung in den dunklen Wald. Grashalme und Laub streiften ihre Nasenspitze.

Die Frau fing wieder an zu weinen. «Bitte. Bitte nicht.»

Der Mann murmelte etwas, das Darby nicht verstehen konnte. Aber es erschreckte sie zu sehen, wie nahe die beiden waren.

Auch Stacey riskierte jetzt einen Blick und rückte dicht an Darby heran.

«Was geht da vor?», flüsterte Stacey.

«Ich weiß nicht», antwortete Darby leise.

Auf der Route 86 näherte sich ein Auto. Die Scheinwerfer warfen zwei gespenstische Lichtkegel, die nun über die Baumstämme und den Abhang huschten, der voller Felsbrocken, Blätter und heruntergefallener Zweige war. Darby hörte Musik – Van Halens «Jump», gesungen von David Lee Roth, dessen Stimme immer lauter wurde. Gleichzeitig vernahm sie wieder eine innere Stimme, die ihr riet, schnellstens wegzuschauen. Das wollte sie auch, weiß Gott, doch ein anderer Teil ihres Gehirns schien die Kontrolle übernommen zu haben, und so sah Darby hin, als die Scheinwerfer über sie hinwegglitten und David Lee Roth mit dröhnender Stimme dazu aufrief, Anlauf zu nehmen und zu springen. Sie sah eine Frau in Jeans und grauem T-Shirt neben einem Baum auf dem Boden knien. Ihr Gesicht war dunkelrot, die Augen weit aufgerissen, und die Finger krallten sich verzweifelt um den Strick, der ihren Hals zuschnürte.

In diesem Moment sprang Stacey auf und versetzte Darby dabei einen Stoß, der sie rücklings zu Boden warf. Ihr Kopf traf auf einen Stein, mit solcher Wucht, dass sie Sterne sah. Sie hörte, wie Stacey davonrannte, und als sie sich auf die Seite wälzte, bemerkte sie, dass auch Mel Reißaus nahm.

Darby hörte Zweige knacken, Laub knistern – der Kerl kam eindeutig näher. Sie rappelte sich auf und lief los.

Erst an der Ecke der East Dunstable holte Darby ihre Freundinnen ein. Die nächsten öffentlichen Fernsprecher gab es vor *Buzzy's*, einem Laden mit Pizzeria und Sandwich-Shop, der 24 Stunden geöffnet hatte. Sie rannten die ganze Strecke, ohne dass auch nur ein Wort zwischen ihnen fiel.

Es schien eine Ewigkeit zu dauern, ehe sie endlich ankamen. Schwitzend und außer Atem griff Darby nach dem

Telefonhörer, um die 911 zu wählen. Doch Stacey schlug auf die Gabel und sagte: «Wir können nicht anrufen.»

«Bist du verrückt?», fuhr Darby, die nun bei all ihrer Furcht langsam wütend wurde, sie an. Dabei hätte es sie gar nicht überraschen dürfen, dass sie von Stacey einfach umgestoßen worden war, als diese Reißaus genommen hatte. Stacey setzte sich immer rücksichtslos durch, so wie vor kurzem noch, als sich alle drei fürs Kino verabredet hatten, von Stacey aber in letzter Minute versetzt worden waren, weil sie sich spontan entschlossen hatte, zu Christina Patricks Party zu gehen. Das war typisch für Stacey.

«Wir haben getrunken, Darby.»

«Sollen wir etwa deswegen den Mund halten?»

«Man wird riechen, dass wir eine Fahne haben. Die mit Kaugummi, Zähneputzen oder Mundwasser auf die Schnelle wegkriegen zu wollen, kannst du vergessen. Das nützt nichts.»

«Ich riskier's trotzdem», entgegnete Darby und versuchte, Stacey den Hörer aus der Hand zu reißen.

Doch Stacey ließ nicht locker. «Die Frau ist tot, Darby.»

«Das weißt du doch gar nicht.»

«Wir haben schließlich beide dasselbe gesehen ...»

«Nein, du kannst gar nicht dasselbe gesehen haben wie ich, weil du abgehauen bist. Und mich einfach weggestoßen hast. Erinnerst du dich?»

«Das war keine Absicht. Ich schwöre, ich ...»

«Du denkst doch immer nur an dich. Aber das kennen wir ja von dir.» Wütend riss Darby ihr den Hörer aus der Hand und wählte die 911.

«Du wirst schon sehen, was du davon hast, Darby. Irgendeine Strafe bekommst du sicherlich, auch wenn dein Vater dich nicht ...» Stacey stockte, dann fing sie an zu weinen.

«Du kannst dir ja nicht vorstellen, was bei mir zu Hause abgeht. Das könnt ihr alle nicht.»

Am anderen Ende der Leitung meldete sich eine Stimme: «Neun-eins-eins. Mit wem spreche ich?»

Während Darby dem Beamten ihren Namen nannte und erzählte, was passiert war, zog sich Stacey hinter einen der Müllcontainer zurück – wie um Schutz zu suchen vor dem, was kommen würde. Mel starrte auf den Hügel, auf dem sie im Winter als Kind immer Schlitten gefahren war; ihre Finger betasteten jeden einzelnen Glücksbringer ihres Armbands.

Eine Stunde später kehrte Darby, von einem Detective begleitet, an den Tatort im Wald zurück.

Sein Name war Paul Riggers. Sie kannte ihn vom Sehen, von der Beerdigung ihres Vaters. Er hatte große weiße Zähne und erinnerte sie an Larry, den schleimigen Nachbarn in der Fernsehserie *Three's Company.*

«Hier ist nichts zu sehen», stellte Riggers fest. «Vielleicht habt ihr ihn in die Flucht geschlagen.»

Er blieb stehen und leuchtete den Boden mit seiner Taschenlampe ab. Der Lichtstrahl fiel auf einen blauen Rucksack, dessen Reißverschluss geöffnet war, sodass die drei übrig gebliebenen Budweiser-Dosen zu sehen waren.

«Das ist wohl deiner.»

Darby nickte. Was sie sah, ließ ihre Knie zittern. Ihr Magen fing wieder an zu kneifen; es schien, als wollte er sich losreißen und in Deckung gehen.

Ihr Portemonnaie lag neben dem Rucksack auf dem Boden. Der Büchereiausweis steckte noch darin, aber das Geld und der vorläufige Führerschein mit ihren persönlichen Angaben waren verschwunden.

Drittes Kapitel

Darby war froh, dass ihre Mutter kam, um sie von der Polizeistation abzuholen. Nachdem sie ihre Aussage zu Protokoll gegeben hatte, unterhielten sich Sheila McCormick und Detective Riggers noch eine Weile unter vier Augen.

Als sie im Auto saßen, schwieg Sheila immer noch. Wütend schien sie aber nicht zu sein; Darby wusste, dass ihre Mutter immer still wurde, wenn ihr vieles durch den Kopf ging. Vielleicht war sie auch einfach nur müde, denn seit Big Reds Tod musste sie zwei Schichten im Krankenhaus hintereinander absolvieren.

«Detective Riggers hat mir gesagt, was passiert ist», erklärte Sheila schließlich mit rauer Stimme. «Dass du dich sofort bei der Polizei gemeldet hast, war richtig.»

«Tut mir leid, dass sie dich von der Arbeit weggeholt haben», sagte Darby zerknirscht. «Auch das mit dem Trinken tut mir leid – wirklich.»

Sheila legte ihr eine Hand aufs Bein und zwickte sie – ihr Zeichen dafür, dass zwischen ihnen alles okay war.

«Darf ich dir einen Rat in Bezug auf Stacey geben?»

«Klar», antwortete Darby. Sie ahnte schon, was sie von ihrer Mutter zu hören bekommen würde.

«Mädchen wie Stacey sind kein guter Umgang. Wenn man nicht aufpasst, nimmt man ihre schlechten Gewohnheiten an.»

Ihre Mutter hatte recht. Stacey war weniger eine Freundin als vielmehr eine Last. Das hatte sie heute am eigenen Leib erfahren. Nach dem, was passiert war, wollte sie mit Stacey nichts mehr zu tun haben.

«Mom, die Frau, die ich gesehen habe ... glaubst du, sie hat sich in Sicherheit bringen können?»

«Davon geht Detective Riggers aus.»

Bitte, lieber Gott, mach, dass er recht behält, betete Darby im Stillen.

«Ich bin heilfroh, dass dir nichts passiert ist.» Voller Erleichterung zwickte Sheila ihre Tochter wieder, diesmal aber fester. Es war, als wolle sie damit verhindern, dass Darby ihr entglitt.

Als sie zwei Tage später, an einem Montagnachmittag, von der Schule nach Hause zurückkehrte, sah Darby ein schwarzes Auto mit getönten Scheiben in ihrer Einfahrt parken. Aus diesem stieg ein Mann, der einen schwarzen Anzug und eine schicke rote Krawatte trug. Ihr fiel auf, dass sein Jackett unter dem Ärmel ein wenig ausgebeult war.

«Du bist bestimmt Darby. Mein Name ist Evan Manning, ich bin Agent des FBI.» Er zeigte seine Marke. Sonnengebräunt und gutaussehend, wie er war, hätte er auch Model für Unterwäsche von Calvin Klein sein können. «Detective Riggers hat mir gesagt, was ihr, du und deine Freundinnen, im Wald gesehen habt.»

Darby hatte Mühe zu sprechen. «Ist die Frau gefunden worden?», brachte sie schließlich heraus.

«Nein, noch nicht. Wir wissen immer noch nicht, wer sie ist. Deswegen bin ich hier, ich hoffe, du kannst mir helfen, sie zu identifizieren. Ich möchte dich bitten, dir ein paar Fotos anzuschauen.»

Mit zitternder Hand nahm Darby einen Aktenordner entgegen und schlug die erste Seite auf, die die Überschrift VERMISSTE PERSONEN trug.

Ihr Blick fiel auf das Foto einer Frau mit strahlend blauen Augen. Sie trug eine hübsche Perlenkette und eine pinkfarbene Strickjacke. Ihr Name war Tara Hardy, sie kam aus Peabody. Unter dem Bild stand, dass man sie zum letzten Mal in der Nacht des 25. Februar in einem Bostoner Nachtclub gesehen habe.

Das Foto auf der nächsten Seite zeigte eine Frau aus Chelsea, die Samantha Kent hieß und ungefähr ebenso alt war wie Tara Hardy. Sie arbeitete in einem Restaurant an der Route 1 und war seit dem 15. März nicht mehr zum Dienst erschienen. Samanthas breites Lächeln wirkte gequält. Unter «Besondere Merkmale» war vermerkt, dass sie sechs Tattoos hatte. Wo sie sich befanden und wie sie aussahen, war ausführlich beschrieben.

Darby fand, dass beide Frauen Ähnlichkeit mit Stacey hatten. Man sah es ihren Augen an, die um Aufmerksamkeit und Liebe bettelten. Beide Frauen hatten blonde Haare – wie die Frau im Wald.

«Es könnte diese Samantha Kent gewesen sein», sagte Darby zögernd. «Hm. Nein, wohl doch nicht.»

«Warum nicht?»

«Weil hier steht, dass sie schon seit über einem Monat vermisst wird.»

«Sieh dir das Gesicht an.»

Darby studierte das Foto.

«Die Frau, die ich gesehen habe, hatte ein schmales Gesicht und lange Haare», sagte sie endlich. «Das von Samantha Kent ist dagegen rund. Und außerdem hat sie kurze Haare.»

«Sie sieht ihr aber ähnlich, oder?»

«Irgendwie schon.» Darby gab den Aktenordner zurück

und rieb sich die Hände an ihren Jeans. «Was ist mit ihr passiert?»

«Das wissen wir nicht.» Manning seufzte. «Sollte dir noch was einfallen, und sei es in deinen Augen auch noch so unbedeutend, kannst du mich unter dieser Nummer erreichen», mit diesen Worten reichte er ihr seine Visitenkarte. «Hat mich gefreut, dich kennenzulernen, Darby.»

Über einen ganzen Monat lang schlief Darby schlecht, ihr machten Albträume zu schaffen. Tagsüber dachte sie nur selten an das, was im Wald geschehen war, es sei denn, Stacey begegnete ihr zufällig. Ihr aus dem Weg zu gehen war nicht sonderlich schwer, im Grunde sogar einfach, was deutlich machte, dass sie beide nie wirklich gute Freundinnen gewesen waren.

Mel hatte einmal versucht, zwischen ihnen zu vermitteln: «Stacey sagt, dass es ihr leidtue. Warum können wir nicht wieder Freundinnen sein?» Doch Darby hatte daraufhin lediglich die Spindtür verriegelt und geantwortet: «Das steht dir frei. Ich für mein Teil bin fertig mit ihr.»

Wie ihre Mutter las Darby für ihr Leben gern. Manchmal ging sie mit ihr samstagvormittags auf den Flohmarkt, und wenn Sheila dann um irgendeinen Fund feilschte, stöberte Darby in den Kisten mit alten Büchern.

Ihre jüngste Entdeckung war ein Buch mit dem Titel *Carrie*. Darauf aufmerksam geworden war sie durch den Einband, auf dem ein Mädchenkopf abgebildet war, der über einer brennenden Stadt schwebte. Wie war das zu verstehen? Darby wollte es unbedingt herausfinden. Sie lag auf ihrem Bett und vertiefte sich gerade in die Schilderung von

Carries Abschlussball an der Highschool (wo hochnäsige Jungs einen üblen Scherz mit ihr treiben), als aus den Lautsprechern der Stereoanlage im Wohnzimmer Frank Sinatras «Come Fly With Me» ertönte. Ihre Mutter war nach Hause gekommen.

Darby warf einen Blick auf den Wecker, der auf ihrem Nachttisch stand. Es war kurz vor halb neun. Sheila schien ihre Arbeit vorzeitig beendet zu haben, ihre Schicht endete eigentlich erst um zehn Uhr.

Was, wenn es gar nicht Mom ist?, dachte Darby plötzlich. *Was, wenn mir der Mann aus dem Wald dort unten auflauert?*

Nein. Dass ihr so etwas in den Sinn kam, hing einzig und allein mit ihrer Lektüre zusammen; dieser verrückte Stephen King hatte sie ganz durcheinandergebracht. Natürlich war nicht der Mann aus dem Wald unten im Wohnzimmer, sondern ihre Mutter. Um sich das bestätigen zu lassen, brauchte sie nur ins Schlafzimmer nebenan zu gehen und einen Blick durchs Fenster auf die Einfahrt zu werfen, wo Sheilas Auto parken würde.

Darby knickte ein Eselsohr in die aufgeschlagene Seite und trat in den Flur hinaus. Sie lehnte sich über das Geländer und schaute in den Flur hinunter.

Aus dem Wohnzimmer drang ein schwacher Lichtschein. Anscheinend brannte die kleine Bankerlampe neben der Stereoanlage. Das Küchenlicht war ausgeschaltet. Darby konnte sich nicht mehr daran erinnern, ob sie es selbst gelöscht hatte. Sheila legte großen Wert darauf, dass nirgendwo ein Licht umsonst brannte. Sie habe schließlich, so sagte sie immer, keine Lust, Überstunden zu machen, um den E-Werken noch mehr Geld in den Rachen zu werfen –

Darby erstarrte. In diesem Moment legte sich eine Hand in schwarzem Handschuh am unteren Treppenabsatz um den Lauf des Geländers.

Viertes Kapitel

Sofort wich Darby von dem Geländer zurück. Ihr Herz pochte so heftig, dass ihr schwindlig wurde.

Darbys Instinkt übernahm die Kontrolle, und mit ihm kam ihr eine Idee. In ihrem Zimmer stand auf dem Schreibtisch gleich neben der Tür ihr Radio. Sie schaltete es ein, zog die Tür zu und schlüpfte in das Gästeschlafzimmer gegenüber, während der Schatten im Treppenhaus immer größer wurde.

Der Mann aus dem Wald – Darby war sicher, dass nur er es sein konnte – kam nach oben.

Sie kroch hastig unter das Bett und versteckte sich dort hinter Schuhkartons und Stapeln alter Modemagazine. Durch einen kleinen Spalt zwischen dem Saum der Tagesdecke und dem Teppich sah sie schwere Wanderschuhe auf der Türschwelle haltmachen.

Bitte, lieber Gott, lass ihn denken, dass ich in meinem Zimmer bin und Musik höre. Wenn er sich in ihrem Zimmer umsehen würde, könnte sie versuchen, nach unten zu fliehen – nein, lieber nicht die Treppe hinunter, sondern ins Schlafzimmer ihrer Mutter. Dort war der nächste Telefonanschluss. Sie würde die Tür abschließen und die Polizei anrufen.

Der Mann aus dem Wald stand immer noch auf der Schwelle, er schien unschlüssig, wo er suchen sollte.

Bitte, geh in mein Zimmer.

Nach kurzem Zögern betrat er das Gästeschlafzimmer. Starr vor Angst sah Darby die Schuhe näher kommen ... immer näher. *Mein Gott, nein.* Sie waren so dicht vor ihrem

Gesicht, dass sie Ölflecken auf dem Leder erkennen und riechen konnte.

Darby fing an zu zittern. *Er weiß es. Er weiß, dass ich unterm Bett bin –*

Eine Maske fiel zu Boden; sie bestand aus zusammengenähten Streifen einer fleischfarbenen elastischen Bandage. Der Mann aus dem Wald hob sie hoch und setzte sie wieder auf. Er schien zu überlegen, was er tun sollte. Wenig später sah Darby, wie er in den Flur zurückkehrte und die Tür zu ihrem Schlafzimmer öffnete, aus dem helles Licht fiel und laute Musik zu hören war.

Darby kroch schnell unter dem Bett hervor und schlich in den Flur. Als sie auf dem Weg zum Schlafzimmer ihrer Mutter an ihrem eigenen vorbeikam, sah sie den Mann aus dem Wald nach ihr suchen. Er trug einen fleckigen blauen Overall und die fleischfarbene Maske, die Augen und Mund hinter Stücken schwarzer Gaze versteckte. Er sah aus wie Michael Myers aus dem Horrorstreifen *Halloween.*

Schnell zog sie die Tür hinter sich zu, verriegelte sie und griff nach dem Telefonhörer. Mit zitternder Hand wählte sie die 911, während der Mann mit der Maske am Knauf rüttelte.

Doch da war kein Freizeichen.

WUMM. O Gott, er versucht, die Tür einzutreten. Mit zitternden Händen wählte Darby ein zweites Mal. Wieder nichts.

WUMM. Das Telefon musste doch funktionieren; es gab keinen Grund, dass es das nicht tat. *WUMM.* Sie folgte der Schnur mit den Augen und sah in dem fahlen weißen Licht, das die Straßenlaternen durchs Fenster warfen, den Stecker in der Dose stecken. *WUMM.*

Darby schlug auf die Gabel, immer und immer wieder, aber das Telefon blieb stumm. Umso lauter waren die Schläge gegen das Holz, das jetzt krachend zu splittern begann.

Zwei Handbreit über der Klinke hatte sich ein gezackter Riss gebildet, der mit jedem Schlag breiter wurde. *WUMM.* Plötzlich barst das Holz, und eine Hand in schwarzem Handschuh griff durch das Loch in der Tür.

Darby überlegte fieberhaft, was sie tun sollte. Da fiel ihr Blick auf die blaue Plastikbox, die auf dem kleinen Tisch neben dem Fernseher stand. Sheila bewahrte darin Werkzeuge für kleinere Reparaturen am Haus auf. Hastig wühlte sich Darby durch leere Arzneifläschchen, Heftzwecken, kleine Nägel und Haken. Der schwere Hammer, den sie ganz unten in der Box fand, stammte noch von ihrem Vater.

Als die Hand nach dem Türknauf tastete, holte Darby mit dem Hammer aus und zielte auf den Unterarm.

Der Mann aus dem Wald stieß einen so entsetzlichen Schrei aus, wie ihn Darby noch von keinem Menschen gehört hatte. Sie schlug ein zweites Mal zu, traf aber daneben. Schnell wurde die Hand durch das Loch zurückgezogen.

Da läutete die Hausglocke.

Darby ließ den Hammer fallen und lief ans Fenster. Das äußere Sturmfenster war noch eingehängt. Als sie es zu öffnen versuchte, erinnerte sie sich daran, was ihre Mutter ihr für Notfälle geraten hatte: niemals «Hilfe» zu rufen, sondern «Feuer» – dann kämen alle herbeigerannt.

Doch bevor Darby rufen konnte, gellte ein Schrei durchs Haus. Der Song ging gerade zu Ende, und in der anschließenden Stille hörte Darby eine hysterische Mädchenstimme.

«DARBY!»

Es war Melanie.

Darby ging zur Tür zurück und starrte durch das Loch. Schweiß rann ihr in die Augen. In diesem Moment fing Frank Sinatra zu singen an. «Luck Be a Lady Tonight».

«Er will nur reden», rief Melanie. «Wenn du nach unten kommst, wird er mich gehen lassen. Das hat er versprochen.»

Darby rührte sich nicht.

«Ich will nach Hause», jammerte Melanie. «Ich will zu meiner Mutter.»

Darby stand wie versteinert da. Sie hörte Mel schluchzen. «Bitte. Er hat ein Messer.»

Langsam und vorsichtig öffnete Darby die Tür und schlich geduckt bis ans Geländer, um einen Blick nach unten zu werfen.

Der Mann hielt ihrer Freundin tatsächlich ein Messer an die Wange. Darby konnte ihn nicht sehen, weil er sich hinter der Ecke versteckt hielt, mit dem Rücken zur Wand. Aber sie sah Mels entsetztes Gesicht, diese zitterte am ganzen Körper und rang, vom Unterarm des Mannes an der Kehle gewürgt, schluchzend nach Luft.

Der Mann mit der Maske führte Mel nun zum Fuß der Treppe hinüber. Er flüsterte ihr etwas ins Ohr.

«Er will wirklich nur reden.» Mel weinte, ihre Tränen vermischten sich mit der Wimperntusche und liefen in schwarzen Rinnsalen über ihre Wangen. «Komm bitte runter und sprich mit ihm. Dann wird er mir nichts tun.»

Darby rührte sich nicht vom Fleck; sie stand wie angewurzelt da und war unfähig, einen klaren Gedanken zu fassen.

Als der Mann Mel mit dem Messer die Wange aufschlitzte,

schrie diese auf. Darby überlegte nicht lang, sie ging nun doch die Treppe hinunter.

Hellrote Blutstropfen rannen von der Wand neben der Küche. Darby erstarrte.

«Bitte», schrie Melanie panisch. *«Bitte. Er tut mir weh.»*

Darby machte einen weiteren Schritt, den Blick auf die Wand gerichtet. Als sie jedoch Stacey Stephens auf dem Küchenboden liegen sah, blieb sie stehen. Aus dem Hals, den Stacey mit beiden Händen umklammert hielt, sprudelte Blut. Eine Menge Blut.

Darby machte auf dem Absatz kehrt und lief nach oben. Der Mann schien wieder zuzustechen, sie hörte Melanie schreien.

Darby rannte ins Schlafzimmer und öffnete das Fenster über der Einfahrt. Ohne zu zögern, sprang sie hinunter. Die dornigen Heckenzweige kratzten ihr die nackten Beine und Fußsohlen auf. Mühsam schleppte sich Darby zum Nachbarhaus, wo sie Sturm klingelte. Als Mrs Oberman endlich die Tür öffnete und Darby vor sich stehen sah – mit blutigen Schrammen und ängstlichem Blick –, eilte sie sofort in die Küche, um die Polizei zu alarmieren.

Nachdem die Agenten das Haus untersucht hatte, hatte Darby ihrer Unterhaltung anschließend zwei wichtige Informationen entnommen: Die Telefonleitung zum Haus war gekappt worden, und der Ersatzschlüssel lag nicht mehr in seinem Versteck unter dem Stein im Garten, wohin sie ihn, wie sie sich genau erinnern konnte, zurückgelegt hatte, als sie vor gut zwei Wochen ausgesperrt gewesen war und ihn das letzte Mal benutzt hatte.

Dass der Mann aus dem Wald das Versteck kannte, ließ

nur einen Schluss zu: Er musste schon seit einiger Zeit ums Haus herumgeschlichen sein und sie beobachtet haben. Davon war Darby überzeugt, obwohl niemand darauf zu sprechen kam.

Sie saß mittlerweile in einem Krankenwagen, der in Mrs Obermans Einfahrt parkte. Die Hecktüren standen offen, und so sah sie in die schockierten und neugierigen Gesichter der Nachbarn, die von den rotierenden blau-weißen Lichtern der Polizeiwagen angestrahlt wurden. Polizisten durchsuchten mit Taschenlampen den Hinterhof und den Waldstreifen, der die Richardson Road von den vornehmeren Häusern an der Boynton Avenue trennte.

In ihrem Haus brannten sämtliche Lichter. Durch die Fenster im Erdgeschoss konnte Darby einen Teil des Flurs überblicken. Sie sah das Blut auf den hellgelb gestrichenen Wänden. Staceys Blut. Stacey war tot, der Polizeifotograf machte soeben Aufnahmen von ihrer Leiche. Darby konnte es noch immer nicht glauben: Stacey Stephens war tot und Melanie verschwunden.

«Keine Sorge, Darbs, deine Mutter wird gleich hier sein.» Die tiefe, freundliche Stimme stammte von dem Schutzbeamten, der an der Tür des Krankenwagens stand. Er war ein Koloss von einem Mann und hieß George Dazkevich, wurde aber von allen nur Buster genannt. Als ehemaliger Freund ihres Vaters hatte er sich nach dessen Tod um die Familie gekümmert. Seine Anwesenheit wirkte beruhigend auf sie.

«Ist Mel schon gefunden worden?»

«Noch nicht, aber wir sind dran an der Sache. Versuch dich jetzt ein bisschen zu entspannen, okay? Kann ich dir irgendetwas besorgen? Ein Glas Wasser? Eine Cola?»

Darby schüttelte den Kopf, dabei fiel ihr Blick auf das

am Straßenrand geparkte Auto, einen verbeulten Plymouth Valient. Melanies Auto.

Mit Melanie wird schon alles in Ordnung sein, versuchte sich Darby zu beruhigen. *Der Mann aus dem Wald hatte starke Schmerzen. Ich bin mir ziemlich sicher, dass ich ihm die Hand gebrochen habe. Melanie hat das bestimmt ausgenutzt, hat sich gewehrt und ist weggelaufen. Wahrscheinlich versteckt sie sich irgendwo im Wald. Sie werden sie finden.*

Sheila kam in dem Moment, als der Notarzt gerade einen Riss auf der Innenseite von Darbys Oberschenkel geklammert hatte. Sie wurde kreidebleich, als ihr Blick auf die Verletzungen an den Beinen und Füßen ihrer Tochter fiel.

«Was um Himmels willen ist passiert?»

Als Darby das entsetzte Gesicht ihrer Mutter sah, war sie plötzlich den Tränen nahe. Sie kämpfte dagegen an, wollte stark sein, tapfer. Dann aber, als sie tief Luft holte, war es mit ihrer Selbstbeherrschung vorbei, und sie fing doch an zu weinen. Darby hasste sich dafür, so klein, verängstigt und schwach zu sein.

Fünftes Kapitel

Am nächsten Morgen war Melanie immer noch nicht aufgetaucht.

Die Polizei hatte den Tatort abgeriegelt. Da sie das Haus eine Weile nicht betreten durften, wurden Mutter und Tochter im *Sunset Motel* an der Route 1 bei Saugus untergebracht, in einem Zimmer mit einem ziemlich zottelig aussehenden Teppich. Die Unterkunft war deprimierend: Die Matratzen waren hart, die Laken grob. Alles roch nach Zigarettenqualm und Trostlosigkeit.

Während der nächsten Tage blätterte Darby zahllose Alben voller Verbrecherfotos durch. Die Polizei hoffte, dass ihr irgendein Gesicht bekannt vorkäme, doch sie erkannte niemanden. Danach versuchte man mehrmals, sie in Hypnose zu versetzen, um ihr Informationen zu entlocken. Schließlich gab man auf, weil es ihr an «innerer Kooperationsbereitschaft» zu mangeln schien.

Wenn Darby sich abends zu Bett legte, schwirrte ihr der Kopf vor lauter Verbrecherporträts. All die unbeantworteten Fragen belasteten sie. Von der Polizei erfuhren sie und Sheila nichts, es hieß immer nur: «Wir tun unser Bestes.»

Sowohl die Zeitungen als auch das Fernsehen hatten das Thema begierig aufgegriffen und berichteten von dem Mord an Stacey Stephens und der intensiven Suche nach Melanie Cruz. Sie sei, so hieß es, aus dem Haus einer Freundin entführt worden. Der Name dieser Freundin, einer Minderjährigen, werde aus Sicherheitsgründen nicht preisgegeben. Doch ein ungenannter Informant aus Polizeikreisen habe durchblicken lassen, dass die Freundin aller Wahrscheinlichkeit nach das eigentliche Ziel des Täters gewesen sei. Das einzige Beweismittel wäre ein mit Chloroform getränkter Lappen, den die Polizei im Wald hinter dem Haus gefunden habe.

Gegen Ende der Woche, als keine neuen Informationen über den Fall bekannt wurden, richtete sich die Aufmerksamkeit der Reporter auf Staceys und Melanies Eltern. Darby brachte es nicht über sich, deren verzweifelte Bittgesuche zu lesen und sich die Pressefotos und Videoaufzeichnungen der von Angst gequälten Eltern anzusehen.

Eines Abends – Sheila war gerade zur Arbeit gegangen – tauchte FBI-Agent Evan Manning mit einer Pizza und zwei Dosen Cola im Motel auf. Darby und er setzten sich an einen wackligen Tisch nahe dem Pool. Von dort aus hatten sie einen wunderschönen Blick – auf einen Spirituosenladen und einen Wohnwagenpark.

«Wie geht es dir?», fragte er.

Darby zuckte mit den Achseln. Der nahe Verkehr dröhnte in ihren Ohren, und die warme Luft roch nach Abgasen.

«Wenn dir nicht danach zumute ist, zu reden, kann ich das verstehen», sagte Manning. «Ich bin nicht hier, um dich mit Fragen zu löchern.»

Darby überlegte, ob sie ihm von der Schule erzählen sollte, davon, dass sie von allen Mitschülern und den meisten Lehrern begafft wurde, als wäre sie einem UFO entstiegen. Selbst ihre Freundinnen verhielten sich anders als sonst. Sie waren zurückhaltender und wählten ihre Worte so vorsichtig, dass sich Darby vorkam wie jemand, der an einer seltenen, unheilbaren Krankheit litt.

Sie war plötzlich im Mittelpunkt, doch das wollte sie gar nicht. Sie wollte wieder ein ganz normaler, langweiliger Teenager sein, der sich auf die Sommerferien freute, darauf,

Bücher zu lesen, an Poolpartys teilzunehmen und mit Mel am Cape herumzuhängen.

«Ich möchte bei der Suche nach Mel helfen», bat Darby. Sie war davon überzeugt, dass man ihr, wenn ihre Mithilfe zum Erfolg führte, nicht mehr die Schuld an dem geben würde, was Mel und Stacey widerfahren war. Alles wäre vergeben und vergessen.

Manning schüttelte bedauernd den Kopf und legte ihr eine Hand auf den Arm. «Das geht leider nicht. Aber ich tue alles, was in meiner Macht steht, um Melanie zu finden. Und ich werde auch den Mann fassen, der euch all das angetan hat. Das ist ein Versprechen.»

Als Manning wieder fort war, zog sich Darby eine weitere Coladose aus dem Getränkeautomaten. Gleich neben der Tür zur Rezeption hing ein öffentlicher Münzfernsprecher. Darby zögerte kurz, dann nahm sie den Hörer ab. Während der vergangenen Woche hatte sie sich Worte zurechtgelegt, die sie jetzt unbedingt loswerden wollte.

Sie warf einen Quarter in den Schlitz.

«Hallo?», meldete sich Mrs Cruz.

Was passiert ist, tut mir schrecklich leid. Es tut mir um Mel leid und auch um Sie, die das alles durchmachen müssen. Sehr, sehr leid. Doch sosehr sie sich auch bemühte, Darby bekam keinen Ton heraus. Die Worte blieben ihr im Hals stecken.

«Bist du es, Mel?», fragte Mrs Cruz aufgeregt. «Bist du wohlauf? Sag mir doch, wie es dir geht.»

Von Mrs Cruz' hoffnungsvoller Stimme aus der Fassung gebracht, legte Darby den Hörer auf. Sie wäre am liebsten weggelaufen, weit weg, an einen Ort, wo sie niemand, nicht einmal ihre Mutter, finden würde.

Sheila konnte sich die Motelkosten nicht länger leisten. Das Haus war von der Polizei noch immer nicht freigegeben worden, und wenn sie endlich wieder dahin zurückkehren könnten, würde einiges zu putzen und zu reparieren sein. Es wurde daher beschlossen, dass Darby den Sommer im Strandhaus ihrer Tante und ihres Onkels in Maine verbringen sollte. Sheila wollte bei einer Kollegin in der Stadt Quartier beziehen.

In einem Kaufhaus in Saugus kauften Darby und ihre Mutter Proviant für die lange Reise ein. Neben dem Eingang hing unübersehbar ein vergrößertes Foto von Melanie im Schaufenster. Die Farben waren bereits von der Sonne ausgeblichen. Über dem lächelnden Gesicht stand in großen roten Druckbuchstaben das Wort VERMISST. Für Hinweise, die zu ihrem Auffinden führten, wurde eine Belohnung von 25 000 Dollar ausgesetzt.

Sheila kramte gerade ihr Couponheftchen aus der Tasche, während Darby sich bereits auf den Weg zur Kasse machte. Als sie um die Regalwand bog, erblickte sie Mrs Cruz, die sich mit dem Ladenbesitzer unterhielt. Er nahm ein zusammengerolltes Plakat von ihr entgegen und ging damit auf das große Schaufenster zu.

In diesem Moment sah Mrs Cruz sie. Ihr Blick war so kalt und hasserfüllt, dass Darby am liebsten davongelaufen wäre. Helena Cruz sah so aus, als hätte sie, ohne zu zögern, Darbys Leben für das von Melanie ausgetauscht, wenn sie die Möglichkeit dazu gehabt hätte.

Sheila, die unbemerkt herangetreten war, legte schützend den Arm um die Schultern ihrer Tochter. Nach einem kurzen Augenblick senkte Mrs Cruz ihren Blick und wandte sich zum Gehen.

Der Kaufmann gab Mrs Cruz das alte Plakat mit dem verblassten Bild ihrer Tochter zurück, und Melanies Mutter entfernte sich mit kleinen, vorsichtigen Schritten – wie auf dünnem Eis, das zu brechen drohte. Darby kannte diese Art zu gehen. Ihre Mutter war auf ähnliche Weise dem Sarg von Big Red gefolgt.

Doch vielleicht war es noch nicht zu spät. Darby klammerte sich verzweifelt an die Hoffnung, dass es Evan Manning am Ende gelingen würde, Melanie lebend zurückzubringen. Dass er den Mann aus dem Wald rechtzeitig finden und töten würde. Wenn er, der FBI-Agent, Melanie aus dessen Gewalt befreite und nach Hause brächte, wäre alles wieder okay – wenn auch nicht wie früher, so aber doch halbwegs okay.

Am Samstagmorgen – man feierte den Tag der Arbeit – stand Darby schon früh auf, um ihrem Onkel dabei zu helfen, eine Feuerstelle auszuheben, in der wie jedes Jahr an diesem Tag Hummer gebacken werden sollten. Gegen Mittag waren beide nass geschwitzt. Onkel Ron rammte die Schaufel in den Sand und sagte, dass er ins Haus gehen und etwas zu trinken holen wolle.

Darby schaufelte weiter. Sie atmete kühle, salzige Meeresluft und fragte sich unwillkürlich, welche Luft wohl Melanie jetzt atmen mochte, falls sie denn überhaupt noch atmete.

In ihrem Heimatort waren inzwischen drei weitere Frauen verschwunden. Darby hatte erst davon erfahren, als sie vor zwei Wochen mit ihrem Onkel Ron und ihrer Tante Barb in einem Diner gefrühstückt hatte. Auf ihrem Tisch lag eine Ausgabe der *Boston Globe*. Auf der Titelseite waren unter der Schlagzeile «SOMMER DER ANGST» fünf lächelnde Frauen und ein Teenager mit Zahnspange zu sehen.

Darby erkannte Melanie auf den ersten Blick, wie auch die beiden Frauen Tara Hardy und Samantha Kent, deren Fotos Darby vor nicht allzu langer Zeit in der Hand gehalten hatte.

Die Informationen über Hardy und Kent waren eine knappe Aufzählung dessen, was sie schon wusste. Der Artikel beschäftigte sich vor allem mit jenen drei Frauen, die *nach* Melanie verschwunden waren. Pamela Driscol – dreiundzwanzig Jahre und wohnhaft in Charlestown – besuchte die Abendschule, um sich zur Krankenschwester ausbilden zu lassen, und war zum letzten Mal auf dem Parkplatz vor der Schule gesehen worden; Lucinda Billingham – einundzwanzigjährig und alleinerziehende Mutter aus Lynn – hatte Zigaretten holen wollen und war nicht mehr nach Hause zurückgekehrt; schließlich Debbie Kessler – ebenfalls einundzwanzigjährig und Sekretärin aus Boston –, sie war eines Abends nach der Arbeit noch ausgegangen und galt seitdem als vermisst.

Die mit den Ermittlungen betraute Polizeidienststelle enthielt sich aller Kommentare über mögliche Verbindungen zwischen diesen Frauen, bestätigte aber den Einsatz eines Sonderkommandos, das von einem Spezialagenten geleitet wurde, der einer neu eingerichteten FBI-Abteilung mit dem Namen «Verhaltenswissenschaften» angehörte. Die Mitglieder dieser Abteilung, so hatte es in dem Artikel geheißen, seien Experten, die sich insbesondere mit der Psyche von Serienmördern beschäftigten und entsprechende Profile erstellten.

«Hallo, Darby.»

Es war nicht etwa Onkel Ron, der ihr eine Coladose reichte, sondern Evan Manning. Sie bemerkte, dass sein Blick traurig, fast leer wirkte, und wusste sofort, weshalb er gekommen war. Mit einem Aufschrei ließ sie die Schaufel fallen und rannte davon.

«Darby.»

Sie rannte weiter, so schnell sie konnte, als wollte sie dem entfliehen, was er ihr zu sagen hatte.

Manning lief ihr hinterher, am Strand holte er sie ein. Als er sie festzuhalten versuchte, gelang es ihr, sich loszureißen. Doch dann packte er sie hart beim Arm und blickte ihr fest in die Augen.

«Wir haben ihn, Darby. Es ist vorbei. Er kann dir nichts mehr antun.»

«Wo ist Melanie?»

«Lass uns zurück ins Haus gehen.»

«Sagen Sie mir endlich, was passiert ist!» Darby war von der plötzlichen Wut in ihrer Stimme selbst überrascht. Sie versuchte, dagegen anzukämpfen, doch ihre Angst trieb sie dazu, ihre Wut herauszuschreien. *«Ich lass mich nicht länger hinhalten. Ich bin es leid!»*

«Der Name des Mannes ist Victor Grady», sagte Manning ruhig. «Er war Kfz-Mechaniker und hat all diese Frauen entführt.»

«Warum?»

«Das weiß ich nicht. Grady starb, bevor wir Gelegenheit hatten, ihn zu verhören.»

«Sie haben ihn umgebracht?»

«Er hat sich selbst getötet. Was mit Mel oder den anderen Frauen geschehen ist, weiß ich daher noch nicht. Ich will ganz ehrlich zu dir sein: Womöglich werden wir es nie in

Erfahrung bringen. Ich wünschte, ich hätte dir eine bessere Nachricht bringen können. Es tut mir leid.»

Darby öffnete den Mund, um etwas zu sagen, bekam aber kein Wort heraus.

«Komm, gehen wir ins Haus.»

«Sie wollte Sängerin werden», sagte Darby mit dünner Stimme. «Ihr Opa hatte ihr zum Geburtstag einen Kassettenrecorder geschenkt. Eines Tages ist Mel zu mir gekommen, in Tränen aufgelöst, nachdem sie sich zum ersten Mal auf Band gehört hatte. Sie fand, dass ihre Stimme schrecklich klang. Sie hat es mir gesagt, weil ich die Einzige war, die von ihrem Wunsch wusste. Wir hatten viele solcher Geheimnisse miteinander.»

Der FBI-Agent nickte und führte sie in seiner ruhigen, bestimmten Art zum Haus zurück.

«Sie liebte Froot Loops, mochte aber die mit Zitronengeschmack nicht und sortierte sie immer aus. Ja, sie war sehr pingelig, wenn's ums Essen ging. Sie konnte es nicht leiden, wenn man ihr Essen anfasste; das fand sie eklig. Und sie hatte echt Sinn für Humor. Sie sagte zwar nicht viel, aber manchmal genügte schon irgendeine Bemerkung, und ich musste so sehr lachen, dass mir hinterher der Bauch wehtat. Sie war ... Mel war große Klasse. Etwas Besonderes, verstehen Sie?»

Darby hätte noch so viel von Mel erzählen können. Sie wollte, dass der FBI-Agent begriff, dass Melanie mehr war als ein Fall, mehr als das, was in den Zeitungen über sie geschrieben stand. Sie wollte über Melanie sprechen, bis ihr Name für alle anderen dasselbe Gewicht hatte wie für sie selbst.

«Ich hätte sie nicht alleinlassen dürfen», sagte Darby verzweifelt. Wieder kamen ihr die Tränen. Sie wünschte sich, dass ihr Vater jetzt bei ihr wäre, dass er damals nicht angehalten hätte, um diesem Fahrer zu helfen – einem schizophrenen Mann, der auf Bewährung freigelassen worden war, nachdem er wegen versuchten Mordes an einem Polizeibeamten drei Jahre im Gefängnis gesessen hatte. Sie wünschte sich, dass ihr Vater zurückkäme, und sei es nur für eine Minute, damit sie ihm sagen könnte, wie sehr sie ihn liebte und vermisste. Wenn er bei ihr wäre, könnte sie ihm alles sagen, was sie auf dem Herzen hatte. Sie wusste, ihr Vater würde sie verstehen. Und vielleicht würde er ihre Worte in seinem Gedächtnis bewahren, um sie mit Stacey und Melanie, wo immer die drei jetzt sein mochten, zu teilen.

TEIL II

Vermisstes Mädchen (2007)

Sechstes Kapitel

Carol Cranmore lag rücklings auf dem Bett und keuchte, als Tony zum Höhepunkt kam. Erschöpft sank er auf sie nieder.

«Mein Gott», sagte er.

«Ja ...»

Streichelnd fuhr sie mit den Händen über seinen Rücken. Sein Schweiß roch nach Eau de Toilette, Bier und einer Spur Marihuana – süß und angenehm –, das sie auf der Veranda geraucht hatten. Tony hatte recht. High sein und sich dabei zu lieben war *unglaublich*. Sie fing an zu kichern.

Tony hob den Kopf. «Was ist?»

«Nichts. Ich liebe dich.»

Er gab ihr einen Kuss auf die Wange und machte Anstalten aufzustehen. Doch sie hielt ihn zurück. «Nein, noch nicht», sagte sie. «Ich will noch eine Weile so liegen bleiben, okay?»

«Okay.»

Tony legte sich wieder auf sie und küsste sie, sanfter diesmal. Carol dachte an die albernen Schmuselieder aus der *American Idol*-Show. Vielleicht versuchten diese seichten

Songs genau das Gefühl zu beschreiben, das sie soeben mit Tony empfunden hatte, diesen gemeinsam erlebten Höhepunkt, dieses Verschmelzen zu einer einzigen Person, die imstande zu sein schien, die ganze Welt aus den Angeln zu heben. Vielleicht machten all der Mist und die Enttäuschungen, die man im Alltag auf sich nehmen musste – insbesondere dann, wenn man in einem solchen Kaff wie Belham, Massachusetts, lebte –, Momente wie diesen umso wertvoller, einzigartiger.

Lächelnd lauschte sie dem Regen, der aufs Dach trommelte, und schlief darüber ein.

Mitten in der Nacht wachte sie auf – aus einem Traum, in dem sie zur Ballkönigin nominiert worden war. Lächerlich, denn für Tanzbälle hatte sie überhaupt nichts übrig. Sie und Tony hatten den diesjährigen Semesterabschlussball boykottiert und waren stattdessen zuerst essen und dann ins Kino gegangen.

In einer Hinsicht aber hatte ihr der Traum gefallen: Sie war von allen, die das Tanzparkett umringten, gefeiert und beklatscht worden. Und sie hätte sich dieser Erinnerung gern noch ein bisschen länger hingegeben, wäre da nicht dieser dumpfe Knall zu hören gewesen. Sie tastete im Dunkeln mit der Hand nach Tony.

Das Laken auf der anderen Bettseite war zwar noch warm, aber leer. War er etwa schon nach Hause gegangen? Sie hatte ihm doch gesagt, dass er über Nacht bleiben könne.

Ihre Mutter war nach der Arbeit in der Papierfabrik zu ihrem neuen Freund nach Walpole gefahren, das in der Nähe ihrer Arbeitsstelle in Needham lag. Carol hatte also das ganze Haus für sich und konnte tun, was sie wollte, und sie wollte, dass Tony bei ihr blieb. Er hatte versprochen zu bleiben und seiner Mutter gesagt, dass er bei einem Freund übernachten würde.

Auf dem Nachttisch brannten immer noch die Kerzen. Carol richtete sich auf. Es war kurz vor zwei.

Tonys Kleider lagen auf dem Boden. Wahrscheinlich war er auf dem Klo.

Carol hatte plötzlich Heißhunger auf irgendetwas Leckeres. Eine Tüte Fritos wäre jetzt genau das Richtige, dazu eine Dose Mountain Dew.

Sie schlug die Decke zurück und stieg aus dem Bett, groß für ihr Alter, mit schlankem Körper und Rundungen an den richtigen Stellen. Es machte ihr nichts aus, sich Tony gegenüber nackt zu zeigen, zumal er ihr immer wieder sagte, wie schön sie sei. Er konnte dann seine Hände nicht bei sich behalten.

Sie öffnete die Schlafzimmertür und sah vom Badezimmer Licht in den Flur fallen. «Tony, wärst du so lieb und würdest für mich mal kurz ins *Seven Eleven* fahren?»

Er antwortete nicht. Sie warf einen Blick ins Badezimmer, doch dort war er auch nicht.

Vielleicht saß er ja auf dem Gästeklo im Erdgeschoss.

Im Küchenschrank lagen noch ein paar Ritz Crackers. Davon wollte sie naschen, während sie auf Tony wartete.

Ein kühler Luftzug wehte durch den Flur. Carol zog sich ihre Unterwäsche und Tonys weißes Hemd an. Ihr war schwindlig. Sie musste sich mehrmals mit der Hand an der Wand abstützen.

Die Küchentür stand weit offen, wie auch die Tür, die zum Hinterhof hinausführte. Tony war jedoch offensichtlich nicht gegangen; Autoschlüssel und Brieftasche steckten in der Red-Sox-Baseballkappe, die auf der Anrichte lag.

Vielleicht raucht er draußen eine, dachte sie. Im Haus ihrer Mutter gab es nicht viele Regeln, aber zu rauchen war streng verboten, denn sie hasste den Gestank, der sich in den Gardinen festsetzte.

Carol schaute nach draußen in den Regen, der ein unablässiges Rauschen verursachte. Vor Tonys Auto parkte ein schwarzer Lieferwagen, der offenbar schon bessere Tage gesehen hatte. Eine der Hecktüren stand offen und schlug klappernd gegen den Rahmen der Karosserie, während der Wind dichte Regenschleier über die Straße trieb. Sie glaubte die Scharniere quietschen zu hören, vermutete aber, dass sie sich das nur einbildete. Sie war immer noch benommen von dem Joint, den sie mit Tony geraucht hatte.

Der Lieferwagen gehörte wahrscheinlich Peter Lombardo, dem Sohn des Nachbarn, der immer wieder einmal monatelang verschwunden war, um schließlich kaputt und ausgebrannt nach Hause zurückzukehren. Sobald er aber genug Geld beisammenhatte, zog er wieder los. Anscheinend hatte er es wegen des Regens eilig gehabt, ins Haus zu kommen, und darüber vergessen, den Wagen abzuschließen.

Carol wollte sich gerade einen Regenmantel überwerfen, nach draußen gehen und die Wagentür zudrücken, als sie Schritte hinter sich hörte. Arme schlossen sich um ihre Hüfte und hoben sie hoch. Kichernd drehte sie den Kopf, um Tony einen Kuss zu geben.

Plötzlich spürte sie einen stinkenden Lappen an Mund und Nase.

Sie wandte sich ab und versuchte sich den Armen zu entwinden, die sie in die Küche zurückziehen wollten. Ihr Fuß traf vor die Wand, von der sie sich mit einer solchen Kraft abstemmte, dass der Mann, der sie hielt, rücklings gegen den Türknauf prallte. Der Griff öffnete sich, sie fiel zu Boden.

Der Lappen, der ihr vor Mund und Nase gepresst worden war, enthielt offenbar etwas, das sie noch schwindliger werden ließ, als sie es ohnehin schon war. Sie konnte sich kaum bewegen, sah den Lappen aber auf dem Boden liegen. Der Mann griff in seine Tasche und zog einen kleinen Briefumschlag und eine Plastikflasche daraus hervor, wobei er einen kurzen blauen Faden auf den Boden fallen ließ.

Aus der Plastikflasche drückte er ihr eine kalte, rote Flüssigkeit auf die Finger. *Wie Blut*, dachte sie, als er ihre Hand nahm und die Flüssigkeit auf die Wand neben der Tür schmierte.

Dann hob er den Lappen auf. Carol schnappte nach Luft, um zu schreien, atmete jedoch Chloroform ein. Das Letzte, was sie hörte, war der Donner, der in der Ferne grollte, dann verlor sie das Bewusstsein.

Siebtes Kapitel

Darby McCormick, die auf der rückwärtigen Veranda des Cranmore'schen Hauses stand, fuhr mit dem Strahl ihrer Taschenlampe über die Tür, ein besonders solides Modell aus Stahl mit zwei dicken Riegeln. Das Gewitter hatte aufgehört; allerdings regnete es noch in Strömen.

Mathew Banville, Detective der Kriminalpolizei von Belham, musste, um sich Gehör zu verschaffen, laut rufen, und sein Tonfall verriet, dass er mit seiner Geduld am Ende war.

«Die Mutter, Dianne Cranmore, ist gegen Viertel vor fünf in der Früh nach Hause gekommen, um ihr Scheckheft zu holen. Das brauchte sie, um nach der Arbeit bei der Bank die Hypothek zu bezahlen. Als sie hier ankam, standen beide Türen offen. Und dann hat sie das hier gesehen ...» Banville strahlte mit seiner Stableuchte auf die blutigen Fingerabdrücke an der Wand im Flur. «Ihre Tochter Carol war nirgends zu finden, wohl aber deren Freund Tony Marciello. Er lag auf der Treppe. Tot. Sie hat uns sofort alarmiert.»

«Wer ist außer der Mutter sonst noch im Haus gewesen?»

«Garrett, der Streifenbeamte im Dienst, und die Leute vom Rettungsdienst. Sie sind durch die Vordertür gegangen. Mrs Cranmore hat Garrett die Schlüssel gegeben.»

«Durch diese Tür ist Garrett also nicht gekommen?»

«Er wollte keine Spuren verwischen und hat deshalb alles versiegelt. Die Fahndung ist schon eingeleitet worden, hat aber bislang nichts erbracht.»

Darby warf einen Blick auf ihre Armbanduhr. Es war kurz vor sieben. Carol Cranmore wurde seit zwei Stunden vermisst. Es konnte sein, dass sie Massachusetts bereits verlassen hatte.

Auf dem grauen Teppich lag ein blauer Faden. Darby markierte die Lage des Beweisstückes mit einem kleinen gelben Kegel.

«Dass sich jemand gewaltsam Zutritt verschafft hat, scheint nicht der Fall zu sein. Wer hat sonst noch Schlüssel zum Haus?»

«Die Ex-Ehemänner werden gerade vernommen», antwortete Banville.

«Wie viele gibt's denn?»

«Zwei. Den leiblichen Vater von Carol nicht mit eingerechnet. Er war 1991 mit Mrs Cranmore verheiratet, aber nur eine Viertelstunde lang.»

«Hat dieser feine Herr auch einen Namen?» Darby musterte den Küchenboden und freute sich zu sehen, dass er mit Linoleum belegt war – die ideale Oberfläche, um Fußabdrücke darauf auszumachen.

«Mrs Cranmore bezeichnet ihn als ‹Spermaspender›. Sie sagt, dass er nach Irland zurückgekehrt sei, gleich nachdem er erfahren habe, dass er Vater wird. Seitdem hat sie nichts mehr von ihm gehört.»

«Und dabei heißt es immer, die besten Männer seien schon vergeben», witzelte Darby und kramte in ihrer Tasche.

«Von den beiden anderen Ex-Gatten lebt einer in Chicago und der andere hier im wunderschönen Lynn», sagte Banville. «Letzterer ist der Interessantere von beiden. In der Szene wird er LBC genannt, was für Little Baby Cool steht. Fragen Sie mich nicht, was das bedeuten soll. Sein richtiger Name ist Trenton Andrews. Er saß fünf Jahre in der Haftanstalt von Walpole ein wegen versuchter Vergewaltigung einer Fünfzehnjährigen. Die Polizei von Lynn hat ihn zur Fahndung ausgeschrieben. Wir suchen darüber hinaus nach allen einschlägig bekannten Triebtätern, die in dieser Gegend wohnen.»

«Das werden nicht wenige sein.»

«Brauchen Sie mich noch, oder kann ich gehen?»

«Einen Moment noch.»

«Aber Beeilung bitte.»

Darby nahm Banvilles schroffe Art nicht persönlich. So sprach er mit allen. Sie hatte schon vorher, in zwei Fällen, mit ihm zusammengearbeitet und schätzte ihn als tüchtigen Ermittlungsbeamten. Persönlich war er jedoch, gelinde ausgedrückt, ausgesprochen ruppig. Es fiel ihm offenbar schwer, seinem Gegenüber in die Augen zu sehen, und er sorgte dafür, dass ihm andere nicht zu nahekamen – wie auch jetzt, da er sich, gut zwei Schritte entfernt, ans Verandageländer lehnte.

Darby nahm eine andere Taschenlampe zur Hand, die schwere Mag Lite, und leuchtete den Küchenboden ab, bis sie fand, wonach sie suchte: feuchte Abdrücke von Schuhen.

«Sieht nach Männerschuhen aus, Größe 44, schätze ich», sagte Darby. «Scheinbar ist unser Mann durch diese Tür hereingekommen und hat das Haus auf demselben Weg auch wieder verlassen. Ich schlage vor, Sie befragen LBC einmal nach seinem bevorzugten Schuhwerk.»

«Sonst noch was?»

«Von mir aus können Sie jetzt gehen.»

Ohne ein Wort des Abschieds setzte sich Banville in Bewegung. Darby begann sofort damit, die Schuhspuren mit Klebestreifen zu markieren. Als sie damit fertig war, setzte sie einen Beweiskegel neben den besten Abdruck, nahm dann ihre Tasche und den Regenschirm und trat in den Regen hinaus.

Durch das Fenster des Nachbarhauses konnte Darby Carols Mutter am Küchentisch sitzen sehen. Sie presste sich von Zeit zu Zeit ein zusammengeknülltes Taschentuch an die Augen und sprach mit einem Detective, der ihre Aussagen zu Protokoll nahm. Darby wandte ihren Blick von dieser traurigen Szene ab und lief ums Haus herum.

Die Straße war voller Einsatzfahrzeuge, deren blau-weiße Blinklichter blitzten. Polizisten standen im Regen, regelten den Verkehr und hielten die Menge der Reporter hinter der Absperrung zurück. So wie es aussah, war die ganze Nachbarschaft auf den Beinen. Die Leute standen vor ihren Haustüren oder schauten neugierig aus den Fenstern, um zu sehen, was in der Straße vor sich ging.

Darby zog ein Paar Einwegüberziehschuhe über ihre Schuhe und betrat die Eingangshalle. Ihr Partner Jackson Cooper, von allen einfach Coop genannt, kauerte vor einem jungen, muskulösen Mann, der bis auf eine enge, schwarze Unterhose vollkommen nackt war. Der Körper lag, seltsam verdreht, am unteren Treppenabsatz vor der Wand. Unter ihm hatte sich eine Blutlache gebildet und den Teppich durchnässt. Darby zählte drei Einschüsse – einen in die Stirn, zwei dicht nebeneinander in den eintätowierten Puma über dem Herzen.

Coop deutete auf die Brust des Teenagers. «Zwei Schüsse auf ein und dasselbe Ziel – er wendet die Double-Tap-Methode an.»

«Lässt auf einen geübten Schützen schließen», sagte Darby.

«Ich würde sagen, der Junge hat ein Geräusch gehört und ist nach unten gegangen, um nachzusehen. Er kommt die Treppe herunter, checkt die Eingangstür und wird, als er wieder nach oben geht, zweimal in der Brust getroffen. Er fällt, landet hier und bekommt noch einen Schuss in die Stirn, der sicherstellen soll, dass er nicht mehr aufsteht.»

«Der Treffsicherheit nach zu urteilen, hat unser Mann schon öfter im Dunkeln geschossen.»

Coop nickte. «An Händen oder Armen sind keinerlei Kratzspuren. Der Junge hatte keine Chance, sich zu wehren.»

«Im Unterschied zu seiner Freundin», sagte Darby und berichtete dem Kollegen von dem blutigen Handabdruck.

«Wie will Banville vorgehen?»

«Er nimmt sich erst einmal die Ex-Gatten zur Brust.»

«Warum hat der Täter den Jungen umgebracht, statt ihn unschädlich zu machen? Warum zum Kidnapping noch Mord hinzufügen?»

«Wer weiß?»

«Ich sehe schon, deine Doktorarbeit in Kriminalpsychologie zahlt sich aus», sagte Coop ironisch. «Ist die Spurensicherung schon da?»

«Noch nicht.» Darby berichtete von den Schuhabdrücken in der Küche. «Ich sehe mich noch etwas um, und dann können wir alles Stück für Stück durchgehen.»

Ein hellblauer Teppich bedeckte die Stufen und die winzige Diele, die in ein geräumiges Wohnzimmer mit minzegrünen Wänden und einer braunen Sitzgarnitur führte. Der Sessel war an einer Stelle mit Klebestreifen geflickt. Bunte Kissen, ein Läufer und diverse Dekogegenstände sorgten für Gemütlichkeit.

Ein offener Türbogen trennte das Wohn- vom Esszimmer. Auf dem Tisch lagen Liebesromane von Nora Roberts und jede Menge Coupons in kleinen Stapeln. Beide Zimmer hatten den leichten Beigeschmack von zu viel Fastfood und ewiger Geldknappheit.

An den Wänden im Obergeschoss hingen Dutzende von Fotos und Urkunden von Carol. Eines zeigte sie als Kleinkind mit Zahnbürste. Auf einem anderen war sie mit Mickymausohren in Disney World zu sehen. In einem teuren Rahmen steckte ein Zertifikat der Belham High School, das sie als besonders begabte Schülerin auswies. Ebenfalls gerahmt war eine Belobigung für ihre Leistungen als Vorsitzende des Schülerrats. Daneben hing ein Aquarell, ausgezeichnet mit einem Band übereck. Carol hatte den ersten Preis eines Malwettbewerbs gewonnen.

Mrs Cranmore hatte die Preise und Auszeichnungen ihrer Tochter sicherlich nicht ohne Grund auf Augenhöhe an die Wand neben deren Schlafzimmer gehängt. Wenn Carol morgens aufstand oder abends zu Bett ging, wurde sie so immer wieder an ihre vielen Talente erinnert.

In diesem Moment hört Darby Autotüren zuschlagen. Das Team der Spurensicherung schien eingetroffen zu sein. Sie nahm ihren Regenschirm und ging nach draußen zu den Beamten. Nachdem sie Mary Beth Pallis auf die Schuhabdrücke in der Küche hingewiesen hatte, untersuchte sie die Stufen unter dem Vordach der Eingangstür.

Eine Streichholzdose war der einzig interessante Fund, Darby stellte einen Beweiskegel daneben. Dann trat sie zurück und musterte das Vordach. Es thronte auf zwei Säulen. Ein weißlackiertes Holzgitter reichte an beiden Seiten bis zum Boden hinab. Auf der linken Seite führte eine kleine

Tür in einen Verschlag unter der Veranda. Darin befanden sich die Mülltonnen, wie durch das Gitterwerk zu erkennen war.

Eine der Tonnen war umgekippt. In ihr steckte ein Waschbär; seine Augen glühten im Schein der Taschenlampe –

«Oh, mein Gott!»

Entsetzt öffnete Darby die Tür. In der Mülltonne kauerte eine Frau, die nun einen gellenden Schrei ausstieß.

Achtes Kapitel

Darby ließ vor Schreck die Taschenlampe fallen. Sie starrte mit weit aufgerissenen Augen auf die Frau, die aus ihrem Versteck gekrabbelt war und nun eine Mülltonne in den Eingang zum Verschlag schob, um ihn zu verbarrikadieren.

Auf den Schrei hin kamen Polizisten herbeigelaufen. Einer von ihnen packte Darby beim Arm und zerrte sie von der Tür weg. Ein anderer griff nach der Tonne, um sie nach draußen zu ziehen und den Weg zu der Frau frei zu machen.

Die Frau versuchte ihn vergeblich daran zu hindern. Schließlich biss sie zu, und ihre Zähne – die wenigen, die ihr geblieben waren – bohrten sich ihm ins Handgelenk. Sie ließ nicht los und schüttelte den Kopf hin und her wie ein Hund, der seine Beute zu zerfleischen versuchte.

«Meine Hand! Die verdammte Hexe hat sich in meiner Hand verbissen!»

Ein anderer Polizist eilte mit einem Pfefferspray herbei und wollte ihm zu Hilfe kommen. Als die Frau die Sprühdose sah, ließ sie von der Hand ab, stieß schreiend die Mülltonne um und verkroch sich unter dem Vorbau.

Darby schob den Polizisten beiseite und schlug die Tür zum Verschlag zu.

«Was zum Teufel haben Sie vor?», fragte der Beamte mit der Sprühdose verständnislos.

«Die Frau soll sich erst einmal beruhigen», antwortete Darby. Dann sah sie nach dem verletzten Polizisten, der Tränen in den Augen hatte und mit zitternden Fingern den blutigen Hautlappen betastete, der von seinem Handgelenk herabhing. «Sehen Sie zu, dass ihm jemand hilft.»

«Mit Verlaub, Ihr Job ist es ...»

«Lassen Sie die Einfahrt räumen. Und sorgen Sie dafür, dass der Krankenwagen ohne Sirenengeheul hier auftaucht.»

Darby wandte sich den Männern zu, die sich hinter ihr versammelt hatten. «Gehen Sie zurück! Ich will, dass Sie Abstand halten.»

Niemand rührte sich.

«Tun Sie, was sie verlangt.» Das war Banvilles Stimme. Als er aus der Menge heraustrat, sah Darby, dass seine schwarzen Haare klatschnass waren.

Während die Polizisten die Einfahrt räumten, stellte sich Banville zu ihr, und sie erzählte ihm, was sie gesehen hatte.

«Vielleicht ist sie ein Junkie», sagte Banville. Er überlegte. «Weiter unten an der Straße steht ein verlassenes Haus. Da hängen manche dieser Typen herum.»

«Ich will versuchen, sie herauszulocken.»

Banville starrte auf die kleine Tür. Regenwasser rann ihm über das fleischige Gesicht. Darby fand, dass er mit seinen hängenden Pausbacken und der für ihn typischen Trauermiene verblüffende Ähnlichkeit mit der Comicfigur Droopy Dog hatte.

«Versuchen Sie's», sagte er schließlich. «Aber gehen Sie auf keinen Fall in den Verschlag.»

Das ließ sich Darby nicht zweimal sagen. Sie legte ihren Regenschirm beiseite und öffnete vorsichtig die Tür. Im Verschlag blieb es still. Um mit der Frau auf Augenhöhe zu sein, ging Darby in die Hocke. Die auf dem Boden liegende Taschenlampe brannte noch und spendete genügend Licht.

Als Studentin hatte Darby Ausschnitte eines körnigen Schwarzweißfilms von Häftlingen aus Hitlers Konzentrationslagern gesehen. Die Frau in dem Verschlag sah ähnlich aus: Sie war schrecklich ausgemergelt, die wenigen Haare, die sie noch hatte, waren dünn und strähnig, die Wangen eingefallen, die Haut wächsern und fahl. Die einzige Farbe im Gesicht stammte von dem Blut an ihren Lippen.

«Keine Sorge, ich tue Ihnen nichts», sagte Darby mit sanfter Stimme. «Ich will mich nur mit Ihnen unterhalten.»

Doch die Frau reagierte nicht, sie schien durch sie hindurchzustarren. Leere Augen, dachte Darby.

Doch plötzlich schärfte sich der Blick. Die Augen verengten sich argwöhnisch und weiteten sich dann plötzlich vor Verwunderung. Oder vor Erleichterung?

«Terry? Bist du's, Terry?»

Geh darauf ein. Nutze die Gelegenheit.

«Ja, ich bin's.» Darbys Mund war trocken. «Ich bin hier, um ...»

«Sprich leiser. Er beobachtet uns.» Die Frau legte ihren Finger an den Mund und deutete mit einer Kopfbewegung nach oben.

Unter der Decke waren nur Spinngewebe und die Reste eines alten Hornissennestes zu entdecken.

«Ich mache einfach die Taschenlampe aus», schlug Darby vor. «Dann kann er uns nicht sehen.»

«Okay, gut. Das ist gut. Clever wie immer. So kenn ich dich, Terry.»

Darby schaltete die Taschenlampe aus. Das Blaulicht blinkte durch das Gitterwerk hindurch. Die Frau hielt eine der Tonnen umklammert und benutzte sie als Schutzschild.

Soll ich sie nach ihrem Namen fragen? Nein. Sie glaubt ja, dass ich sie kenne. Darby wollte nicht riskieren, dass die Kommunikation abbrach. Es war besser, die Rolle weiterzuspielen.

«Ich dachte, du wärst tot», sagte die Frau.

«Wie kommst du darauf?»

«Du hast so geschrien. Du hast um Hilfe geschrien, aber ich war nicht rechtzeitig zur Stelle.» Die Frau verzog das Gesicht. «Du hast dich nicht mehr gerührt und warst voller Blut. Ich habe versucht, dich zu wecken, aber du hast dich nicht mehr bewegt.»

«Ich habe ihn an der Nase herumgeführt.»

«Ich auch. Ich hab ihn diesmal ordentlich ausgetrickst, Terry.» Die Frau grinste. Darby musste wegsehen, der Anblick des nahezu zahnlosen Mundes war zu viel für sie. «Ich wusste, was er vorhat, als er mich in seinen Lieferwagen stieß. Ich war darauf gefasst.»

«Welche Farbe hatte dieser Lieferwagen?»

«Schwarz. Er steht immer noch da draußen, Terry.»

«Hast du das Nummernschild gesehen?»

«Er sucht nach mir – nach uns.»

«Er? Wie ist sein Name?»

«Wir müssen uns versteckt halten, bis die Schreie endlich aufhören.»

«Ich kenne einen Fluchtweg», sagte Darby beschwörend. «Komm, ich zeig ihn dir.»

Die Frau rührte sich nicht vom Fleck und gab auch keine Antwort. Sie hockte hinter der umgekippten Tonne und starrte unter die Decke.

Es gab zwei Möglichkeiten. Entweder versuchte sie selbst, die Frau nach draußen zu führen, oder sie überließ alles Weitere den Kollegen.

Darby überlegte nicht lang, sie rückte die Tonne beiseite, die den Eingang versperrte. Dass die Frau nicht zu schreien anfing, ermutigte sie, in den Verschlag hineinzuschlüpfen.

Neuntes Kapitel

Ich komme ein bisschen näher, damit wir uns besser unterhalten können», sagte Darby. «Okay?»

Sie kroch über Abfall, leere Getränkedosen und Zeitungen. Ein schlimmer, ja geradezu unerträglicher Körpergeruch schlug ihr entgegen. Sie fing an zu würgen, hustete.

«Ist alles in Ordnung mit dir, Terry? Sag bitte, dass alles in Ordnung ist.»

«Mir geht's gut.» Darby atmete durch den Mund. Sie lehnte sich, kaum einen Schritt von der Frau entfernt, gegenüber an die Wand. Es war schwer zu ertragen: Die Frau trug weder Hose noch Schuhe, sie war nur Haut und Knochen.

«Hast du Jimmy gesehen?», fragte die Frau.

Darby kam eine Idee. «Ja, ich habe ihn gesehen, aber auf den ersten Blick nicht erkannt.»

«Du warst lange weg, und er hat sich verändert.»

«Ja, das hat er, aber ... ich habe Probleme, mich an früher zu erinnern, und habe viele Einzelheiten vergessen, zum Beispiel seinen Nachnamen.»

«Mastrangelo. Jimmy Mastrangelo. Wirst du mich ihm vorstellen? Du hast so viel von ihm erzählt, dass ich den Eindruck habe, ihn genauso gut zu kennen wie du.»

«Er würde dich sicher gern kennenlernen. Aber zuerst einmal müssen wir hier raus.»

«Es gibt keinen Ausweg, allenfalls andere Orte, an denen ich mich verstecken könnte.»

«Doch, ich habe einen Ausweg gefunden.»

«Das kann ich nicht glauben. Ich hab's versucht, erinnerst du dich nicht? Wir haben es beide versucht.»

«Und – bin ich etwa nicht zu dir zurückgekehrt?» Darby zog ihre Windjacke aus und hielt sie der Frau hin. «Zieh das an. Es wird dich wärmen.»

Die Frau streckte den Arm aus, zog ihn dann aber wieder zurück.

«Was ist?»

«Ich habe Angst, dass du wieder verschwindest», sagte die Frau leise. «Ich will nicht, dass du wieder weggehst.»

«Hier, nimm und zieh das an. Ich werde nicht wieder verschwinden. Versprochen.»

Es dauerte eine Weile, bis die Frau einen Entschluss fasste und die Jacke entgegennahm. Schrecken, Schmerz und Furcht, all das schien endlich von ihr abzufallen. Sie drückte die Jacke an ihre Brust, vergrub das Gesicht in den Falten und schaukelte vor und zurück.

Inzwischen war der Krankenwagen eingetroffen, ohne Sirene oder rotierendes Rotlicht. *Danke, Gott, auch für die kleinen Gefälligkeiten.*

«Kennst du wirklich einen Ausweg?», fragte die Frau neugierig.

«Ja. Und den nehmen wir jetzt.»

Darby scheute vor dem zurück, was sie zu tun gedachte, ignorierte dann aber alle Vorbehalte und streckte die Hand aus.

Die Frau griff zu. Zwei Finger ihrer Hand waren gebrochen und, wie Darby deutlich spürte, falsch zusammengewachsen. Wieder starrte die Frau unter die Decke.

«Du brauchst vor niemandem mehr Angst zu haben», sagte Darby beruhigend. «Du hältst meine Hand, und wir beide gehen durch diese Tür nach draußen. Du bist in Sicherheit, ich verspreche es dir.»

Zehntes Kapitel

Darby wunderte sich, war aber gleichzeitig erleichtert, dass sich die Frau weder wehrte noch zu schreien anfing, als sie sie über die Einfahrt auf die blinkenden Lichter der Einsatzfahrzeuge zuführte. Sie drückte Darbys Hand.

«Hier wird dir niemand etwas zuleide tun», sagte Darby und spannte den Schirm auf. Sie wollte verhindern, dass der Regen eventuelle Spuren verwischte. «Niemand tut dir was, das kannst du mir glauben.»

Als wären die freundlichen Worte zu viel für sie, drückte die Frau die Jacke vor das Gesicht und fing an zu schluchzen. Darby legte ihr einen Arm um die Taille. Ihre Knochen fühlten sich so dünn und zerbrechlich an wie die eines Vogels.

Vorsichtig und langsam führte sie die Frau auf den wartenden Krankenwagen zu. Zwei Sanitäter standen davor, einer hielt gut verborgen eine Spritze in der Hand.

Es ging kein Weg daran vorbei, sie mussten die Frau beruhigen, und zwar noch ehe man sie auf die Trage im Inneren legte. Falls sie in der engen Kabine durchdrehte, würde es eine Katastrophe geben.

Die beiden Sanitäter kamen näher. Polizisten hielten sich bereit, um notfalls einzugreifen.

«Wir sind gleich da», flüsterte Darby. «Halt meine Hand, und alles wird gut.» Noch während sie das sagte, drückte der Sanitäter der Frau schon die Injektionsnadel ins Gesäß. Darby hielt die Luft an und war auf alles gefasst. Doch die Frau reagierte nicht.

Als ihre Lider zu flattern anfingen, nahmen sich die Sanitäter ihrer an.

«Schnallen Sie sie bitte noch nicht fest», sagte Darby. «Ich brauche ihr Hemd. Außerdem müssen noch ein paar Fotos gemacht werden.»

Coop war mit seinem Koffer schon zur Stelle. Der Krankenwagen bot nur wenig Raum zur freien Bewegung. Darby, klein und zierlich, stieg ein, während Coop vor den Hecktüren zurückblieb. Sie alle trugen jetzt Masken, um sich vor dem Gestank zu schützen. Das kranke, röchelnde Atmen der Frau übertönte den Regen, der aufs Dach trommelte.

Mary Beth reichte Darby die Kamera. Sie fotografierte die Frau, die jetzt rücklings auf der Trage lag, und machte Nahaufnahmen von den Rissen in ihrem schwarzen T-Shirt.

Mit einer Schere schnitt Darby das Hemd auf beiden Seiten bis zu den Ärmeln auf und streifte es der Frau vom Leib. Ihre bleiche Brust war voller Narben und schwärender Wunden. Die Rippen traten deutlich zum Vorschein.

«Ein Wunder, dass sie überhaupt noch lebt», bemerkte Mary Beth.

Darby faltete das T-Shirt und steckte es in die von Coop bereitgehaltene Plastiktüte. «Mach du einen Abstrich von den Fingernägeln», sagte sie zu ihm.

Während Darby mit einem Tupfer eine Speichelprobe von den Innenseiten der Wangen nahm, machte sich Coop mit einem kleinen Holzspatel am Daumennagel zu schaffen. Der Nagel brach in der Mitte entzwei, worauf der Finger zu bluten anfing.

«Um Himmels willen, was ist mit ihr bloß geschehen?», fragte Coop entsetzt.

Wenn ich das nur wüsste. «Nehmen wir lieber auch gleich ihre Fingerabdrücke», antwortete Darby grimmig.

Elftes Kapitel

Das gerichtsmedizinische Labor war ein langgestreckter, gutgelüfteter Raum mit schwarzen Arbeitsplätzen, die als Bänke bezeichnet wurden. Vor den hohen Fenstern waren grüne Hügel zu sehen, zwei Basketballfelder und, direkt unterhalb, ein aus Beton gegossener Gehweg mit Picknicktischen, an denen bei schönem Wetter die Mittagspause verbracht wurde.

Leland Pratt, der Leiter des Labors, erwartete Darby in der Tür. Er duftete nach Shampoo und einem frischen Deodorant – was nach dem scheußlichen Geruch der Frau, der ihr immer noch in der Nase und den Kleidern hing, sehr angenehm war.

«Die Nachrichten sind voll davon», sagte er und führte sie zu einer Bank in der äußersten Ecke, an der Erin Walsh, der Spezialist für DNA-Analysen, arbeitete. «Wer leitet die Ermittlungen?»

«Mathew Banville.»

«Dann ist das Schicksal des Mädchens in guten Händen», sagte Leland. «Wie steht's um diese unbekannte Frau, die Sie in dem Verschlag unter der Veranda gefunden haben?»

«Hat sie's auch schon bis in die Nachrichten geschafft?»

«Im Fernsehen war ein kurzer Videoausschnitt zu sehen, in dem Sie diese Frau zum Krankenwagen führen. Ihr Name wurde jedoch nicht erwähnt.»

«Wir wissen noch nicht, wer sie ist – wir wissen überhaupt nichts über sie.»

Darby überreichte Erin vier markierte Plastikumschläge. «Blut vom Kücheneingang. Eine Speichelprobe der Unbekannten. Und in den beiden anderen Umschlägen sind Vergleichsproben, Carol Cranmores Zahnbürste und Kamm. Wenn Sie Fragen haben – ich bin gleich nebenan.»

«Halten Sie mich auf dem Laufenden», sagte Leland.

«Mache ich, wie immer», erwiderte Darby und ging mit einem fünften Umschlag, der den am Tatort gefundenen marineblauen Faden enthielt, nach nebenan ins Labor der kriminaltechnischen Abteilung, um dort ihrem Kollegen Coop zu assistieren.

Weil ihre blutverschmierten Kleider biologisch kontaminiert waren, schlüpfte sie in einen Schutzanzug aus Papier. Dann setzte sie noch einen Mundschutz auf sowie eine Sicherheitsbrille und streifte Gummihandschuhe über.

«Sieh dir das an», sagte Coop und trat vor dem Mikroskop beiseite.

Ein weißes Partikel mit Spuren getrockneten Blutes steckte in der Textilprobe. Mit einer Pinzette klaubte Darby das Partikel vorsichtig heraus und betrachtete die Rückseite unter dem Mikroskop.

«Sieht aus wie ein Lacksplitter. Und dieser Fleck da ist wahrscheinlich Rost.»

Coop nickte. «Das T-Shirt ist völlig verschmutzt», sagte er kopfschüttelnd. «Wahrscheinlich brauchen wir den ganzen Tag, um alle Spuren aufzunehmen.»

Eine halbe Stunde später hatten sie zwei weitere Partikel isoliert.

Über den Lautsprecher meldete sich die Stimme der Sekretärin: «Darby, Mary Beth auf Anschluss zwei.»

Darby sammelte die Plastikhüllen ein. «Damit gehe ich runter zu Pappy.»

Mary Beth saß vor ihrem Computer. Ihre blonden Haare waren dunkelrot, und Darby fragte sich, wann sie sie gefärbt hatte. Waren ihre Haare vorhin schon rot gewesen?

Auf dem Monitor zeigte sich ein schwarzer Schuhabdruck. Im Profil der Sohle waren deutliche Einschnitte und Furchen zu erkennen, die von scharfen Gegenständen wie Reißzwecken, Nägeln oder Glassplittern herrührten. All diese Merkmale wie auch die besondere Abnutzung der Sohle machten einen solchen Abdruck so einzigartig wie einen Fingerabdruck.

«Wann hast du dir die Haare gefärbt?», fragte Darby erstaunt, als sie sich setzte.

«Gestern. Ich brauchte mal eine kleine Veränderung.»

«Die hat nicht zufällig etwas mit Coop zu tun?»

«Wieso fragst du?»

«Du hast mit uns zu Mittag gegessen, als er sagte, dass er ein Faible für Rothaarige hat.»

«Augenblick. Ich bin gleich fertig.»

Darby rückte näher. «Coop interessiert sich nur für Frauen, die Sätze mit nicht mehr als vier Wörtern von sich geben. Darauf legt er Wert.»

Mary Beth ging nicht darauf ein, sondern zeigte auf den Monitor. In einem Kreis waren Linien zu erkennen, die an die Silhouette eines Berggipfels erinnerten; darunter befand sich ein Zeichen, das wie ein R aussah.

«Das ist der Stempel des Herstellers», erklärte Mary Beth. «Manche Firmen prägen ihr Logo in die Schuhsohlen. Ich bin mir ziemlich sicher, dass dieses Logo von Ryzer Footwear stammt.»

«Nie gehört.»

«Auch nicht von Ryzer Gear?»

«Das ist doch der Hersteller dieser lachhaft teuren Winterjacken, oder?»

«Die gehören beide zusammen», sagte Mary Beth. «Als Ryzer aufmachte – ich glaube, das war schon in den Fünfzigern –, produzierten sie ausschließlich Stiefel fürs Militär. Dann kamen Wanderstiefel dazu, die man nur über den Versand beziehen konnte, beste Qualität, aber auch überteuert. Während der achtziger Jahre ging Ryzer in ein internationales Unternehmen über, und aus Ryzer Footwear wurde Ryzer Gear. Die produzieren immer noch Wanderstiefel, darüber hinaus aber auch wetterfeste Kleidung sowie Brieftaschen und Gürtel. In jüngster Zeit bieten sie auch Artikel für Kinder an, Kleidung und Accessoires. Sie sind so was wie Timberland für die High Society.»

«Woher weißt du das alles? Hast du etwa Anteile an diesem Unternehmen?»

«Als Teenager bin ich gern gewandert. Ich habe lange Touren unternommen und dafür einmal von meinen Eltern zu Weihnachten ein paar Ryzer-Wanderschuhe geschenkt bekommen. Heute wird nur noch Massenware und Schrott verkauft. Aber die Ryzer-Schuhe ... wenn man sie ordentlich pflegt, halten sie ein ganzes Leben lang. Ich habe meine immer noch. Es sind zweifellos die bequemsten Schuhe, die ich je getragen habe. Darum habe ich das Logo wiedererkannt; es ist das alte Logo. Dieser Abdruck, den wir hier sehen, stammt von Stiefeln, die nicht mehr hergestellt werden.»

«Dann werde ich zusehen, dass wir ihren Träger finden. Danke, Mary Beth.»

«Du irrst dich übrigens, was Coop betrifft. Er steht auf kluge Frauen. Zum Beispiel auf dich.»

«Wir sind Partner, nichts weiter.»

«Wenn du das sagst ...», erwiderte Mary Beth. «Ach, und noch etwas: Du solltest dringend duschen. Und ein paar Pfefferminzbonbons würden ehrlich gesagt auch nicht schaden.»

Zwölftes Kapitel

Die Datei der Schuhabdrücke in der Gerichtsmedizin umfasste etliche Ringbuchordner.

Darby verbrachte den Rest des Vormittags mit der Sichtung von Schuhspuren, die im Zuge von Ermittlungen im Bostoner Raum katalogisiert worden waren. Der von Mary Beth analysierte Abdruck war jedoch mit keinem identisch.

Während der Mittagspause loggte sich Darby im Internet ein und konsultierte zwei kriminaltechnische Foren, die sich ausschließlich mit Schuhspuren befassten. Dabei stieß sie auf den Namen eines ehemaligen FBI-Agenten, der auf die Identifizierung solcher Spuren spezialisiert und häufig als Gutachter vor Gericht zurate gezogen worden war. Vielleicht konnte er helfen.

Weil ihr vor Hunger der Magen knurrte – sie hatte das Frühstück ausgelassen –, eilte sie nach unten in die Cafeteria und kehrte mit einem Thunfischsalat und einer Cola zurück. Unterwegs klopfte sie an der Bürotür von Leland an, um ihn über den neuesten Ermittlungsstand zu informieren, doch er schien nicht dort zu sein.

Zurück an ihrem Platz, sah sie, dass der Anrufbeantworter blinkte. Es war Sheila, ihre Mutter, die die Morgennachrichten gesehen und angerufen hatte, um zu fragen, ob mit ihr alles in Ordnung sei. Als sie noch darüber nachdachte, ob sie sie jetzt gleich zurückrufen sollte, steckte Sturgis «Pappy» Papagotis den Kopf zur Tür herein. «Hast du einen Moment Zeit?», fragte er.

«Komm rein.»

Pappy rückte sich Coops Stuhl zurecht. Er schien einfach nicht älter zu werden. Doch das war eher Fluch als Segen: Er war knapp über eins fünfzig und hatte ein so jugendliches Gesicht, dass jeder Türsteher seinen Ausweis besonders aufmerksam unter die Lupe nahm.

«Ich habe die weißen Partikel durch das Spektrometer geschickt», sagt er. «Aluminium und Alkydmelamin.»

«Also Autolack. Und was ist mit Styrol?»

«Fehlanzeige. Der Lack stammt aus einer Fabrik und wurde nicht in einer Karosseriewerkstatt gemischt. Was weißt du über Autolacke?»

«Melamin ist ein Harz, das einer Farbe beigegeben wird, um sie widerstandsfähiger zu machen.»

«Korrekt. Lack besteht im Wesentlichen aus Acrylmelamin und Polyestermelamin. Alkydmelamin ist eine der speziellen Alkydharzlacke, die in den sechziger Jahren entwickelt wurden. Die meisten Autohersteller ziehen heute allerdings Polyurethanlacke vor, nicht zuletzt der Kosten wegen. Sie trocknen nämlich an der Luft, während eine Melaminbeschichtung eingebrannt werden muss. Das Farbpartikel, das du gefunden hast, stammt aus einer Originalcharge.»

«Welche Farbe?»

«Keine Ahnung», antwortete Pappy. «Mit der SPM bin ich nicht weitergekommen.»

«Das will nichts heißen.»

«Ich weiß, das Ergebnis der Spektrophotometrie ist natürlich abhängig von unserer Datenbank und meiner Ausführung. Ich wollte damit auch nur sagen, dass ich das Lackpartikel keinem konkreten Fall aus unseren Akten zuordnen konnte. Also habe ich die Datenbank unserer kanadischen Freunde in Anspruch genommen. Hat aber auch nichts gebracht. Ich werde jetzt dem FBI eine Probe zukommen lassen. Dessen Labors speichern auch die unbekannteren, selten verwendeten Lackmuster in ihrer eigens für Autolacke eingerichteten Datenbank.»

«Hast du die Feds früher schon mal zurate gezogen?»

«Das war nie nötig, weil die kanadische Datenbank für gewöhnlich ausreicht. Wenn wir auch beim FBI nicht fündig werden sollten, könnten wir es bei den Deutschen versuchen. Sie haben angeblich die größte Datenbank für Lacke weltweit.»

«Kennst du jemanden im Labor der Feds?»

«Ich war einmal bei einer Weiterbildung, die vom Chef der Abteilung für Elementaranalyse geleitet wurde. Sein Name ist Bob Gray. Ich kann ihn anrufen, wenn du möchtest.»

«Sag ihm, wir arbeiten an einem Entführungsfall und hätten es sehr eilig.»

«Fragen kostet ja nichts.» Pappy grinste.

«Schon gut, ich weiß, was du mir sagen willst: Es könnte eine Weile dauern», sagte Darby seufzend.

Darby versuchte erneut, Leland zu erreichen. Der war jedoch noch immer nicht in seinem Büro, also ging sie nach unten ins Erdgeschoss.

Dort hing am Ende des langen Gangs ein Schild mit der Aufschrift «VERMISSTE PERSONEN» von der Decke. Darunter befand sich ein Schalter, hinter dem eine schlanke Frau in dunkelgrauem Kostüm stand. Ihr Namensschild wies sie als Mabel Wantuck aus. Mabel lächelte weder auf dem Passbild noch jetzt, da Darby auf sie zuging.

«Guten Morgen», sagte Darby freundlich. «Vielleicht können Sie mir helfen.»

Mabel Wantucks Miene verriet, was sie dachte. *Verlassen Sie sich nicht darauf.*

«Ich bin an einem Tatort auf Indizien gestoßen, die zur Auffindung einer vermissten Person beitragen könnten», erklärte Darby.

«Sie wissen doch hoffentlich, dass ich Ihnen nicht so ohne weiteres ...»

«Ich weiß, dass nur einem Detective Einsicht in Ihre Akten gestattet ist. Ich will auch nur wissen, ob die Person, die ich meine, tatsächlich als vermisst gemeldet ist.»

Mabel Wantuck nahm hinter einem Schreibtisch Platz, auf dem neben Stapeln von Papieren mehrere gerahmte Fotos von schokoladenbraunen Labrador-Retrievern zu sehen waren.

«Wie ist der Name?»

«Ich weiß nicht genau, wie er buchstabiert wird. Wir müssten also ein paar Varianten ausprobieren.»

«Zuerst der Nachname.»

«Mastrangelo», sagte Darby. «Ich buchstabiere ...»

Dreizehntes Kapitel

Coop rollte eine Kugel aus Play-Doh-Knete zwischen den Handflächen, während Darby ihm mitteilte, was sie in der Vermisstenabteilung in Erfahrung gebracht hatte. Sie hatte ihn gerade auf den neuesten Stand gebracht, als die Sekretärin zur Tür hereinschaute.

«Leland wünscht Sie in seinem Büro zu sehen, Darby.»

Leland telefonierte gerade. Als er Darby in der Tür stehen sah, deutete er auf einen Stuhl vor seinem Schreibtisch. Sie setzte sich und nutzte die Gelegenheit, um sich in Ruhe in seinem Büro umzuschauen.

An der Wand hinter ihm hingen jede Menge Fotos, aufgenommen während einer exklusiven Benefizveranstaltung. Man sah Leland, den stolzen Republikaner, flankiert von George Bush junior und dessen Vater. Daneben Leland, den sozial eingestellten Republikaner, der am Thanksgiving Day gemeinsam mit dem Gouverneur Truthahnbraten an Bedürftige verteilte. Um zu beweisen, dass jemand in teuren Anzügen von Brooks Brothers durchaus Humor haben konnte, hing rechts davon ein Bild von Leland, dem witzigen Republikaner, mit einer Ausgabe von *The Complete Cartoons of the New Yorker* in der Hand, die er zum Geburtstag geschenkt bekommen hatte.

Darby dachte gerade an die Bilder, die im Haus von Carol Cranmore hingen, als Leland den Telefonhörer auflegte.

«Das war gerade der Commissioner, der sich über den Stand der Ermittlungen informieren wollte. Er war ein wenig überrascht, als ich ihm sagte, dass wir noch nichts Konkretes haben.»

«Ich habe zweimal bei Ihnen angeklopft», verteidigte sich Darby. «Vergeblich.»

«Wofür haben wir denn den Anrufbeantworter?»

«Ich dachte, es wäre Ihnen lieber, wenn ich persönlich vorsprechen würde, für den Fall, dass Sie irgendwelche Fragen haben.»

«Jetzt haben Sie meine volle Aufmerksamkeit», sagte Leland und lehnte sich in seinem Sessel zurück.

Darby berichtete ihm zuerst von den Lackpartikeln, dann von der Schuhspur.

«Größe 44. Es handelt sich mit ziemlicher Sicherheit um Stiefel von Ryzer Footwear. Das in die Sohle eingeprägte Logo war das zweite und letzte Markenzeichen dieser Firma, bevor sie 1983 an einen Konzern verkauft wurde und in Ryzer Gear überging. Meinen Recherchen nach sind nur vier Modelle hergestellt und per Versand beziehungsweise über Fachgeschäfte im Nordosten vertrieben worden. Die Kundenzahl dürfte sehr begrenzt sein. Ich bin bereits die Schuhspuren durchgegangen, die bei unseren Fällen katalogisiert wurden, doch das hat nichts ergeben.»

«Dann sollten Sie eine Kopie an die Feds schicken und veranlassen, dass sie das Muster mit ihren Daten abgleichen.»

«Der normale Behördenweg nähme mindestens einen Monat in Anspruch.»

«Ich kann es nicht ändern.»

«Vielleicht doch», sagte Darby ruhig. «Ich habe vorhin mit einem Mann namens Larry Emmerich gesprochen. Er ist Spezialist in Sachen Schuhspuren und hat früher für das FBI-Labor gearbeitet. Jetzt ist er pensioniert, lässt sich aber noch als Berater anheuern. Er hat nicht nur alle alten Ryzer-Kataloge gesammelt, sondern auch Informationen über Händler und Kunden. Er unterhält noch gute Kontakte zum FBI-Labor und wäre bereit, sich der Sache sofort anzunehmen. Wenn wir herausfinden, um welches Modell es sich handelt, brauchten die Feds den Abdruck nur noch durch ihre Datenbanken laufen zu lassen. Das Ergebnis könnte schon einen Tag später vorliegen.»

«Und was verlangt er für seine Dienste?»

Darby nannte ihm die Summe.

Leland sperrte ungläubig die Augen auf.

«Was sagt Banville dazu?»

«Ich habe noch nicht mit ihm gesprochen», antwortete Darby.

«Dann kann ich Ihnen nur viel Glück wünschen.»

«Wenn ihm Emmerich zu teuer ist, schlage ich vor, dass wir die Rechnung auf unsere Kappe nehmen. Der Kidnapper von Carol Cranmore muss dringend gestoppt werden – er hat vor ihr mindestens schon zwei andere Frauen entführt.»

Leland schüttelte den Kopf. «Damit kommen wir nicht durch ...»

«Aber wir haben Beweise: Die Unbekannte aus dem Verschlag hat mich mit einer gewissen Terry Mastrangelo verwechselt. Ich habe die Kollegen von der Vermisstenabteilung gebeten, diesen Namen in ihren Computer einzugeben. Terry Mastrangelo ist zweiundzwanzig Jahre alt und in New Brunswick, Connecticut, gemeldet. Ihre Zimmergefährtin sagt aus, dass Terry Eiscreme kaufen wollte. Sie ging zu Fuß los und ist nicht mehr zurückgekehrt.»

«Seit wann wird sie vermisst?»

«Seit mehr als zwei Jahren.»

Leland richtete sich auf.

«Terry Mastrangelo hat einen Sohn mit Namen Jimmy, auch diesen hat die Frau, die wir am Tatort gefunden haben, erwähnt», fuhr Darby fort. «Er ist jetzt acht und lebt bei seiner Großmutter. Mehr weiß ich nicht. Ich selbst komme an die Akten nicht heran. Banville muss sie anfordern.»

«Es würde nicht schaden, beim VICAP nachzufragen und zu sehen, ob da irgendwas vorliegt, zum Beispiel Hinweise auf Schuhabdrücke.»

«Das habe ich ihm auch schon empfohlen. Hier ist übrigens eine Kopie des Fotos von Terry Mastrangelo.»

Leland betrachtete das Bild.

«Sie sehen ihr tatsächlich ähnlich», sagte er. «Helle Haut, kastanienbraune Haare.» Er legte das Blatt auf seine Schreibunterlage. «Wissen Sie, wie es der Frau geht, die Sie in dem Verschlag gefunden haben?»

«Nein», antwortete Darby. «Aber das AFIS kümmert sich um ihre Fingerabdrücke.»

«Der Kidnapper wird Carol Cranmore also wahrscheinlich irgendwo versteckt halten – womöglich an demselben Ort, wo er auch Terry Mastrangelo und die Frau aus dem Verschlag festgehalten hat.»

«Ja, das tut er. Jetzt verstehen Sie wohl auch, warum ich darauf dränge, den gefundenen Schuhabdruck so schnell wie möglich identifizieren zu lassen.»

«Ich werde mit Erin sprechen», versprach Leland, der ihre Einschätzung der Lage zu teilen schien. «Übrigens, das Blut an der Wand gehört zur Gruppe AB negativ. Das von Carol ist 0 positiv. Erin hat auch auf dem blauen Faden und dem T-Shirt Blutspuren gefunden. Das auf dem Faden entspricht dem Blut an der Wand.»

Darby zweifelte daran, dass CODIS da weiterhelfen konnte. Dieses hochentwickelte genetische Fingerabdrucksystem des FBI war noch relativ neu; es hatte nur die jüngsten Fälle gespeichert. Und weil das Budget nicht reichte – eine DNA-Analyse kostete Hunderte von Dollars –, waren die Möglichkeiten einer solchen Beweisaufnahme begrenzt.

«Die Spurensicherung meint, die marineblaue Faser stamme aus einem handelsüblichen Läufer. Das ist alles, was wir bis jetzt wissen.» Darby stand auf.

«Augenblick. Da wäre noch etwas.»

Darby ahnte, was nun kommen würde.

«Entführungsfälle sorgen immer für viel Aufmerksamkeit und viel Druck von außen. Wenn die Medien erst einmal eine Verbindung zwischen Carol Cranmore und Mrs XY herstellen – und wir wissen beide, dass ihnen das gelingen wird –, werden sie vor unserem Haus campieren, und Leute wie Nancy Grace werden allabendlich im Fernsehen die Tage zählen – wie beim Countdown –, bis wir Carol Cranmores Leiche gefunden haben.

Ich weiß, dass Sie momentan bei Ihrer Mutter wohnen, um ihr ... in ihrer Situation zu helfen», sagte Leland. «Ein Fall wie dieser verlangt jedoch vollen Einsatz. Es könnte sein, dass einiges an Zeit und Kraft, die Sie dafür aufwenden müssen, von der Pflege Ihrer Mutter abgeht. Aber Sie haben ja noch jede Menge Urlaub, den Sie einsetzen können, und außerdem stehen Ihnen die gesetzlich vorgeschriebenen Freitage für Familienangelegenheiten zu.»

«Haben Sie ein Problem mit meiner Arbeitsleistung?»

«Nein, natürlich nicht.»

«Dann sind es wohl persönliche Vorbehalte, weil mein ehemaliger Partner dafür belangt wurde, dass er den Vergewaltiger Nelson mit getürkten Beweisen überführt hat.»

Leland verschränkte die Hände hinterm Kopf und schwieg.

«Sie wissen, dass ich in dieser Sache völlig unschuldig bin, was im Übrigen auch vom Gericht bestätigt worden ist», sagte Darby ärgerlich. «Genauso wenig anzukreiden ist mir, dass Steve Nelson, kaum auf freien Fuß gesetzt, eine andere Frau vergewaltigt hat. Und für die anschließende Medienschelte bin ich erst recht nicht verantwortlich.»

«Das ist mir bewusst.»

«Warum kommen wir dann wieder auf dieses Thema zu sprechen?»

«Weil uns die Presse bei diesem Fall allein schon Ihretwegen wieder auf den Pelz rücken könnte. Im Fernsehen sind Sie ja bereits zu sehen. Ich möchte nicht, dass die Medien den Nelson-Fall wieder aufkochen.»

«Der jetzige Fall wird Schlagzeilen machen, das verspreche ich Ihnen – egal, ob ich nun an den Ermittlungen mitwirke oder nicht.»

Leland schwieg und vermittelte Darby – wieder einmal – den Eindruck, dass er sich im Stillen längst seinen Reim auf sie gemacht hatte. Leland Pratt zählte zu jener Sorte Männer, die anderen heimlich auf die Finger schaute und schnell mit einem Urteil zur Hand war. Darby hatte sich schon häufiger dabei ertappt, dass sie doppelt hart arbeitete, nur um ihm ein Lob zu entlocken. Sie hoffte auch jetzt noch, ihn irgendwann einmal beeindrucken zu können.

«*Ich* komme damit klar, Leland. Aber falls Sie auch nur den geringsten Zweifel an meinen Fähigkeiten haben sollten und mir die Ermittlungen in diesem Fall nicht zutrauen, will ich, dass Sie mir das hier und jetzt sagen. Hören Sie endlich damit auf, meinen Einsatz in Frage zu stellen, nur weil Sie Angst haben, ich könnte dem Ruf Ihres Labors schaden. Das ist nicht fair.»

Leland starrte auf die gerahmten Zertifikate und Diplome, die hinter ihr an der Wand hingen. Dann endlich richtete er den Blick zurück auf sie. «Ich möchte über alle Einzelheiten informiert werden. Falls ich nicht in meinem Büro sein sollte, hinterlassen Sie mir bitte eine Nachricht. Sie können mich auch jederzeit übers Handy erreichen.»

«Kein Problem», sagte Darby. «Sonst noch etwas?»

«Wenn Banville den Experten für Schuhabdrücke nicht bezahlen will, lassen Sie es mich wissen – ich werde sehen, was sich machen lässt.»

Darby betrat das Büro, das sie sich mit Coop teilte. Er war gerade am Telefon und blätterte durch ein Comic-Heft. Ihr Partner hatte sich umgezogen und trug jetzt Jeans und ein T-Shirt mit dem Aufdruck «Bier beweist, dass Gott uns liebt und möchte, dass wir glücklich sind».

«Ich wusste gar nicht, dass Wonder Woman solche großen Möpse hat», sagte Darby mit Blick auf das Heftchen, als Coop aufgelegt hatte.

«Das ist die neue, aufgemotzte Version.»

«Super. Jetzt sieht sie aus wie eine Stripperin.»

«Du siehst aus, als wäre dir die Petersilie verhagelt. Komm, wir spielen mit Play-Doh-Knete. Das beruhigt die Nerven.»

«Unser Boss zweifelt an meinen Fähigkeiten.»

«Lass mich raten: der Fall Nelson.»

«Bingo.»

Darby fasste in knappen Worten das Gespräch mit Leland zusammen.

«Warum grinst du?», fragte sie.

«Erinnerst du dich an Angela, mit der ich vor ein paar Monaten was hatte?»

«Das Dessousmodel aus *The Improper Bostonian*?»

«Nein, das war Brittney. Angela ist die Engländerin mit dem Bauchnabelpiercing und dem Diamantstecker.»

«Erstaunlich, dass du sie immer noch alle auseinanderhalten kannst.»

«Ich weiß, ich hätte ein Sonderbegabtenstipendium verdient. Wie dem auch sei, ich war mit Angela eines Abends aus, habe ihr von meiner Arbeit berichtet und Leland Pratts Namen erwähnt. Sie hat ziemlich gelacht, denn in England bedeutet ‹prat› offenbar Trottel oder Idiot. Das könntest du dir in Zukunft bei Bedarf in Erinnerung rufen.»

Vierzehntes Kapitel

Darby machte noch einen Umweg über das Fitnessstudio, ehe sie nach Hause zurückkehrte.

Sauber gewaschen, die Haare noch feucht vom Duschen, betrat sie die Eingangshalle von *Mass General*, Bostons größtem Krankenhaus. Eine Auskunft hatte sie nicht nötig; sie wusste, wo sich die Intensivstation befand. Sie war selbst schon dort gewesen, um von ihrem Vater Abschied zu nehmen.

Vor der Doppeltür zur Intensivstation stand ein Schild mit der Aufschrift «MOBILTELEFONE UND ELEKTRONISCHE GERÄTE AUSSCHALTEN». Darby schaltete ihr Handy aus, zeigte einem Pfleger, der am Anmeldeschalter saß und Kaffee trank, ihren Ausweis und fragte ihn nach dem Zustand der Frau aus Belham, die vergangene Nacht eingeliefert worden war. Er wusste es nicht – er hatte gerade erst seinen Dienst angetreten – und zeigte auf den Schutzbeamten, der am Ende des langen Korridors auf einem Stuhl saß.

Auf einer Intensivstation gibt es keine Privatsphäre. Glasfenster gewähren Einblick in jedes Zimmer. Überall sah man schockierte oder verängstigte Familienmitglieder, die darauf warteten, als Nächste einem geliebten Menschen die Hand zu halten oder sich verabschieden zu müssen.

Erinnerungen an ihren Vater stürzten auf Darby ein, als sie an dem leeren Zimmer vorbeikam, in dem er gestorben war.

Der Schutzbeamte, ein Mann kurz vor der Pensionierung, blickte von seinem Golfmagazin auf und prüfte ihren Ausweis. Seine Nase war mit einem Netz feiner Äderchen überzogen.

«Sie haben das Aufregendste verpasst!», sagte er und reckte sich. «Die Pennerin ist über eine Krankenschwester hergefallen.»

«Was ist passiert?»

«Sie hat mit einem Bleistift zugestochen. Die Ärztin ist gerade bei ihr. Ich schlage vor, Sie halten sich die Nase zu.»

Die Ärztin stand vornübergebeugt neben dem Bett der Unbekannten und lauschte ihrem Herzschlag durch ein Stethoskop. Im grellen Neonlicht sah die Frau noch abgezehrter aus. Sie hing am Tropf und hatte einen Schlauch in Hals und Nase stecken, für die transnasale Magensonde. Arme und Beine waren fixiert, und es gab kaum eine Stelle an ihrem weißen Körper, die nicht bandagiert oder mit Gaze umwickelt war.

Darby näherte sich dem Bett und bemerkte helle Blutstropfen auf dem Laken. Das Luftholen der Frau klang jetzt noch besorgniserregender und gequälter als am frühen Morgen.

Die Augen unter den papierdünnen Lidern zuckten unruhig hin und her. *Was träumt sie wohl?*

«Sie sind vom kriminaltechnischen Labor?», fragte die Ärztin mit überraschend weicher Stimme, die so gar nicht zu ihrer strengen Miene passte.

Darby stellte sich vor. Der Name der Ärztin war Tina Hathcock.

«Sie sind doch hoffentlich nicht wegen der Sachen hier, die Sie im Krankenwagen zurückgelassen haben», sagte Hathcock. «Die hat nämlich schon jemand abgeholt.»

«Nein, ich bin gekommen, um zu sehen, wie's ihr geht.»

«Sind Sie diejenige, die ihr aus dem Verschlag herausgeholfen hat?»

«Ja.»

«Dachte ich mir doch. Ich kenne Sie aus dem Fernsehen, man sieht Sie auf allen Kanälen.»

Großartig, dachte Darby. «Ich habe gehört, sie ist über eine Krankenschwester hergefallen.»

«Vor zwei Stunden», erklärte die Ärztin. «Die Krankenschwester hatte gerade die Infusion überprüft, als unsere Patientin hier mehrere Male mit einem Bleistift zustieß. Die Schwester wird gerade operiert. Hoffentlich wird man ihr Auge retten können.»

«Woher hatte sie den Bleistift?»

«Vermutlich von dem Klemmbrett am Fußende des Bettes. Stimmt es, dass sie einen Polizeibeamten gebissen hat?»

Darby nickte. «Er hat die Hand nach ihr ausgestreckt, um ihr zu helfen. Sie glaubte offensichtlich, dass er ihr etwas tun wollte.»

«Konfusion und Delirium sind Symptome der Sepsis – das ist eine Blutvergiftung durch Bakterien, in diesem Fall durch Staphylokokken. Mehrere Wunden und Geschwüre auf ihrem Arm sind damit infiziert. Wir behandeln sie mit einem Breitband-Antibiotikum. Allerdings sind Staphylokokken in den letzten Jahren sehr resistent geworden. Da unsere Patientin in einem allgemein schlechten Zustand und ihr Immunsystem extrem geschwächt ist, fällt die Prognose düster aus.»

«Hat sie etwas gesagt, als sie bei Bewusstsein war?»

«Nein. Sie hat die Kanüle herausgerissen und wollte fliehen. Wir mussten ihr wieder ein Sedativum verabreichen, was wegen ihrer Herzschwäche ziemlich heikel ist. Ich möchte sie nicht länger als nötig auf diese Weise ruhigstellen, will aber auch nicht riskieren, dass es noch einmal zu einer psychotischen Episode kommt. Wissen Sie inzwischen, wer sie ist?»

«Nein, noch nicht.»

Hathcock wandte sich wieder der Patientin zu. «Wie Sie sehen, ist sie sehr ausgemergelt. In einem solchen Zustand schalten die wichtigsten Organe einen Gang zurück. Der Puls wird langsamer und unregelmäßig. Proteinmangel führt dazu, dass die Haare ausfallen. Extremer Vitaminmangel ist Ursache für den gräulichen Farbton ihrer Haut. Und sehen Sie den Flaum? Das ist die sogenannte Lanugobehaarung, wie sie auch bei Magersucht im späten Stadium auftritt. So reagiert der Körper auf den Verlust von Muskelmasse und Fettgewebe, gewissermaßen in einem letzten verzweifelten Versuch, den Körper warm zu halten.»

Darby starrte auf das kranke, verwahrloste Wesen, das vor ihr im Bett lag und nach Luft rang. Sie dachte an das Bild von Terry Mastrangelo und versuchte, die junge Frau so zu sehen, wie der Entführer sie gesehen hatte – als Objekt und Mittel zum Zweck. Wie lange wurde sie nun schon vermisst? Was hatte sie alles ertragen müssen?

«Kann ich mal Ihren Leuchtstift haben?», sagte Darby aufgeregt. Ihr war etwas aufgefallen.

«Natürlich», sagte die Ärztin und langte in die Kitteltasche.

Darby musterte erneut den linken Unterarm der Kranken. Zwischen den Verbänden standen mit blauer Tinte Reihen winziger Buchstaben und Zahlen auf der Haut geschrieben: 1 L G 2R L R 3R G 2R 3L.

Darunter drei weitere Zeilen:

2 R R G 2L G R R L 3R G.

3 L 2R G G 2R L R 4R.

Die vierte Zeile war unleserlich.

«Was in Gottes Namen kann das sein?», fragte die Ärztin.

«Auf Anhieb würde ich sagen: eine Wegbeschreibung – L für links, R für rechts, G für geradeaus.»

«Dieser letzte Buchstabe – oder ist es eine Zahl? – sieht so aus, als hätte sie abrupt mit dem Schreiben aufgehört», sagte Hathcock langsam. «Vielleicht ist in diesem Moment die Schwester ins Zimmer gekommen.»

Darby hatte ähnliche Überlegungen angestellt. «Entschuldigen Sie mich bitte.»

Der Erkennungsdienst hatte schon Feierabend gemacht. Darby rief daher in der Zentrale an und betete, dass Mary Beth noch im Labor war. Gott sei Dank war sie es, sie versprach, so schnell wie möglich zu kommen.

Es würde jedoch mindestens eine Stunde dauern, bis Mary Beth im Krankenhaus einträfe, deshalb begann Darby, mit ihrer Digitalkamera Fotos für ihre Unterlagen zu machen.

Die Unbekannte war so stark sediert, dass die Ärztin einwilligte, die Fesseln zu lösen, damit Darby Nahaufnahmen machen konnte. Sie untersuchte dabei den Rest des Körpers, fand aber keine weiteren Zeichen.

«Gleich kommt eine Kollegin vom Erkennungsdienst, die weitere Aufnahmen machen wird», erklärte Darby, als sie fertig war. «Dann müssten eventuell die Fesseln noch einmal gelöst werden.»

«Solange das Sedativum wirkt, ist das kein Problem. Was ich Sie noch fragen wollte: Können Sie sich erklären, warum Sie von ihr nicht angegriffen worden sind?»

«Ich glaube, ich erinnere sie an jemanden.» Darby zog eine Visitenkarte aus der Tasche, schrieb ihre Privatnummer auf die Rückseite und gab sie der Ärztin. «Darunter können

Sie mich auch zu Hause erreichen. Rufen Sie mich bitte an, wenn sie aufwacht, egal wann. Ich lasse mein Handy eingeschaltet.»

«Wenn Sie den erwischen, der ihr das angetan hat, hoffe ich, dass Sie geistesgegenwärtig genug sind, um dieses Miststück an seinen Eiern aufzuhängen.»

Fünfzehntes Kapitel

Darby nahm Mary Beth den Schreibkram ab. Als die beiden die Intensivstation verließen, schaltete Darby ihr Mobiltelefon ein und prüfte nach, ob Nachrichten eingegangen waren. Sheila hatte angerufen und um Rückruf gebeten. Ihrer Stimme war anzuhören, da sie sich Sorgen machte. Die zweite Nachricht stammte von Banville.

Weil der Akku fast leer war, steuerte Darby auf einen Münzfernsprecher zu, der neben dem Getränkeautomaten an der Wand hing. Auf der anderen Seite des Flurs befand sich das Wartezimmer für die Intensivstation, ein kleiner Raum mit Plastikstühlen und abgegriffenen Magazinen. Ein Mann mit einem Rosenkranz in den Händen starrte auf den Boden, während eine Frau weinend in der Ecke saß, unter einem Fernseher, der Nachrichten vom Krieg im Irak ausstrahlte.

Als Banville endlich abnahm, schilderte Darby ihm, was sie in Erfahrung gebracht hatte.

«Ja, Sie haben recht, die Buchstaben könnten Richtungsangaben sein», sagte Banville, als sie ihren Bericht beendet hatte. «Aber was sollen die Zahlen bedeuten?»

«Womöglich irgendwelche Kürzel.»

«Und die einzige Person, die uns das erklären kann, ist ruhiggestellt. Fabelhaft.»

«Ich habe die Ärztin gebeten, mich anzurufen, sobald die Patientin aufwacht. Ich würde gern dabei sein, wenn Sie sie vernehmen.»

«Einverstanden. Ihre Gegenwart wird sie beruhigen. Hoffen wir, dass sie bald aufwacht.»

«Ich habe übrigens schon gehört, dass ich auf allen Nachrichtenkanälen auftauche.»

«Es gibt da einen kurzen Filmausschnitt, der zeigt, wie Sie zu der Frau in den Verschlag kriechen. Er wird überall gesendet», sagte Banville. «Das ist gar nicht schlecht. Ich schätze, unser Galgenvogel wird allmählich nervös.»

«Hoffentlich. Wie geht's der Mutter von Carol Cranmore?»

«Wie wahrscheinlich jeder Mutter in einer solchen Situation», antwortete Banville. «Die Polizei von Lynn hat die zuletzt bekannte Adresse von Little Baby Cool überprüft. Aber da wohnt er nicht mehr, und stellen Sie sich vor, er hatte es versäumt, seinem Bewährungshelfer mitzuteilen, dass er umgezogen ist.» Nach kurzem Schweigen fügte er hinzu: «Sonst noch irgendwelche Neuigkeiten?»

Darby erzählte ihm von den Schuhabdrücken. «Es gibt da eine Möglichkeit, sie im Eilverfahren überprüfen zu lassen», sagte sie und begründete, warum es angebracht war, den Spezialisten zurate zu ziehen.

«Ich denk drüber nach», erwiderte Banville.

«Bis spätestens morgen um sieben müssten Sie sich entschieden haben. Emmerich hat mir versprochen, sich der Sache gleich morgen als Erstes anzunehmen.»

«Es ist ein verdammt hoher Einsatz für ein Spiel, von dem wir nicht wissen, wie es ausgeht.»

«Was, glauben Sie, wird Carol wohl von uns erwarten?»

«Ich wusste gar nicht, dass Sie mit dem Opfer auf Du und Du sind», sagte Banville ironisch. «Ich melde mich.»

Darby hörte nur noch das Freizeichen. Sie biss die Zähne zusammen und legte den Hörer auf. Ihr Blick fiel auf den Mann mit dem Rosenkranz.

Plötzlich sah sie sich selbst, vierzehnjährig und mit einem Rosenkranz in der Hand im Zimmer auf und ab laufen, darauf wartend, dass ihre Mutter vom Krankenhaus zurückkehrte, wo sie mit den Ärzten hatte sprechen wollen. Ihr Vater würde es schaffen. Big Red war schon häufiger in brenzliger Lage gewesen; er würde auch das überstehen. Gott hielt seine Hand schützend über gute Menschen.

Jetzt, mit neununddreißig, wusste sie es besser.

Darby dachte an ihre Mutter, die zu Hause immer mehr verkümmerte. Als sie auf die Fahrstühle zuging, spürte sie dort, wo ihr Herz war, nur Kälte und Leere.

Sechzehntes Kapitel

Daniel Boyle ließ die Perlen seines Rosenkranzes durch seine Hände gleiten und schaute der attraktiven rothaarigen Frau vom Erkennungsdienst hinterher, die Rachel Swanson aus dem Verschlag geholfen hatte und jetzt hinter einer Ecke verschwand. Als sie zum Telefon gegangen war, hatte er die Ohren gespitzt und zu seiner Erleichterung mit angehört, dass der Polizei seine auf dem Küchenboden hinterlassenen Schuhspuren aufgefallen waren.

Wenn erst einmal das Blut an der Wand analysiert und mit der DNA-Datenbank abgeglichen wäre, würde die Polizei unweigerlich auf Earl Slavick stoßen. Das FBI fahndete nach Slavick im Zusammenhang mit mehreren vermissten Frauen, einer Serie von Fällen, die in Colorado ihren Anfang genommen hatte.

Das FBI wusste nicht, dass Slavick inzwischen in Lewiston, New Hampshire, lebte. Wenn es Boyle gelänge, die Polizei zu Slavicks Wohnung zu führen, würde sie dort in einem Büroschrank ein Paar Ryzer-Wanderstiefel, Größe 44, vorfinden, zusammen mit weiteren wertvollen Indizien, die Slavick mit dem Verschwinden der Frauen in New England in Zusammenhang bringen würden.

Sorgen machte sich Boyle allerdings wegen der auf Rachels Armen gefundenen Zeichen. Er ahnte, was die Zahlen und Buchstaben bedeuteten, war aber überzeugt davon, dass sie der Polizei ein Rätsel bleiben würden, solange Rachel nicht aufwachte und zu reden anfing.

Er hatte mitbekommen, dass Rachel bereits einmal aufgewacht war und dabei eine Krankenschwester angefallen hatte. Falls sie wieder aufwachte und es gelänge, ihren Zustand mit Hilfe irgendwelcher Antipsychotika zu stabilisieren, würde sie der Polizei Auskunft darüber geben können, was ihr und den anderen Frauen im Keller widerfahren war. Das durfte nicht geschehen!

Ihm war immer noch schleierhaft, wie ihr die Flucht hatte gelingen können. Er hatte sie mit Handschellen gefesselt und ihr einen Ball als Knebel in den Mund gesteckt, als er losgezogen war, um Carol zu holen. Außerdem war Rachel krank und kaum in der Lage, sich aus eigener Kraft zu befreien. Doch als er zurückgekehrt war, hatten die Hecktüren des Lieferwagens offen gestanden, und die Handschellen wie auch der Knebel hatten auf dem Boden gelegen.

Ihm war zuvor noch keine entkommen.

Boyle umklammerte den Rosenkranz. Wieder einmal hatte er diese Schlampe unterschätzt und vergessen, wie gerissen sie war – was er ironischerweise an ihr schätzte. Rachel erinnerte ihn sehr an seine Mutter.

Vor gut zwei Wochen hatte sich Rachel krank gestellt und tagelang gehungert. Als er sie dann in ihrer Zelle aufsuchte, war sie über ihn hergefallen und hatte ihm mit einem Fausthieb das Nasenbein gebrochen. Er fiel zu Boden, worauf sie ihn mit Fußtritten traktierte, bis er die Besinnung verlor.

Die Schlüssel, die sie ihm aus der Tasche genommen hatte, passten allerdings nicht zum Vorhängeschloss an der Kellertür. Der richtige Schlüssel befand sich in seinem Arbeitszimmer. Und dort traf er sie schließlich an. Sie hatte auf der Suche nach Schlüsseln und vielleicht auch nach seinem Handy das ganze Zimmer auf den Kopf gestellt. Möglich, dass ihr dabei die Ersatzschlüssel für die Handschellen in die Hände gefallen waren. Er hatte nicht bemerkt, dass sie fehlten, weil er vollauf damit beschäftigt gewesen war, das Zimmer wieder aufzuräumen.

Er hätte Rachel in ihrer Zelle zurücklassen und, wie ursprünglich geplant, allein nach Belham fahren sollen. Erst dann, wenn er mit Carol nach Hause zurückgekehrt wäre, erst *dann* hätte er wieder losfahren sollen, um Rachel zu verscharren.

Stattdessen aber hatte er der Verlockung nachgegeben, Rachel mitzunehmen, um sie im Wald von Belham gleich neben seiner Mutter am Salmon Brook Pond unter die Erde zu bringen. Dort war er seit Jahren nicht mehr gewesen, so lange nicht, dass er sich an die genaue Lage des Grabes nicht mehr erinnern konnte.

Boyle hatte alle Grabstellen kartographiert. Doch die Karte, auf der das Grab seiner Mutter verzeichnet war, hatte er nicht mehr finden können. Sich dort zu orientieren fiel ihm schwer, und so war er fast vier Stunden lang umhergeirrt, ehe er endlich die Stelle fand. Danach hatte er noch eine weitere Stunde aufwenden müssen, um das Grab auszuheben. Die Idee, Rachel unmittelbar neben seiner Mutter beizusetzen, ließ ihn nicht mehr los. Doch nicht nur, dass er sie nicht umsetzen konnte – sie hatte auch fatale Folgen. Weil er, anstatt diszipliniert vorzugehen, einem verrückten Wunsch gefolgt war, lag Rachel nun in einem Krankenhausbett des *Mass General.*

Jetzt gingen die Türen zur Intensivstation auf, und heraus trat eine umwerfende Frau mit schulterlangen schwarzen Haaren und dunkelbraunen Augen. Sie war jung und von geradezu makelloser Schönheit und trug knallenge Jeans, hochhackige Pumps sowie ein knappes Oberteil, das einen schmalen Streifen ihres glatten, flachen Bauches frei ließ. Boyle schätzte sie auf Mitte bis Ende zwanzig. Sie kam ins Wartezimmer und kramte eine Packung Papiertaschentücher aus der Umhängetasche. Die Packung war leer. Sie warf sie in den Papierkorb. Alle Männer, die eben noch bekümmert auf ihren Stühlen gesessen hatten, weideten sich an ihrem Anblick.

Die Frau war sich der bewundernden Blicke bewusst. Sie knöpfte ihren Mantel zu und kehrte den Männern den Rücken. Genau das hatte Boyles Mutter auch immer getan, wenn es sie störte, begafft zu werden. Gutaussehenden Männern zeigte sie sich dagegen gern; und wenn sie reich waren, gab sie sich ihnen auch hin.

Die junge Frau blieb stehen. Sie verschränkte die Arme vor der Brust und starrte auf die Türen zur Intensivstation. Offenbar wartete sie auf jemanden. Nicht auf ihren Ehemann – sie trug keinen Ring am Finger. Vielleicht auf ihren Freund. Nein. Der wäre wohl kaum von ihrer Seite gewichen.

Sie war sichtlich niedergeschlagen, aber weit davon entfernt, in Tränen auszubrechen, nicht hier, vor all diesen Leuten.

Boyle wusste, dass er es schaffen würde, sie zum Weinen zu bringen. Und auch dazu, dass sie bettelte. Er konnte sie dazu bringen, ihre Maske fallen zu lassen, ihre Arroganz abzulegen, und dazu würde es schneller kommen, als eine Schlange ihre Haut abstreifte.

Er griff nach der Schachtel Kleenex-Taschentücher, die neben ihm auf einem Tischchen stand, stand auf und ging auf sie zu. Sofort nahm er den Duft ihres Parfüms wahr. Zu manchen Frauen passte dieser Duft nicht. Zu ihr sehr wohl.

Boyle reichte ihr die Schachtel. Die Frau wandte sich ihm zu, sichtlich verärgert darüber, gestört zu werden. Doch als sie den Anzug, die Krawatte und seine teuren Schuhe registrierte, zeigte sie eine freundlichere Miene. Zudem trug er eine edle Armbanduhr und einen Ehering, was ihn vertrauenswürdig machte.

«Ich möchte Sie nicht belästigen», sagte Boyle höflich, «aber vielleicht können Sie das hier brauchen. Ich habe selbst schon eine ganze Schachtel aufgebraucht.»

Nach kurzem Zögern zupfte sie eines der hauchdünnen Tücher aus der Schachtel und betupfte damit die Augenränder, vorsichtig, um das Make-up nicht zu verschmieren. Sie bedankte sich nicht.

«Liegt ein Angehöriger von Ihnen hier?» Sie deutete mit einer Kopfbewegung auf die Intensivstation.

«Meine Mutter», antwortete Boyle.

«Was hat Sie denn?»

«Krebs.»

«Und wo?»

«Bauchspeicheldrüse.»

«Mein Vater hat Lungenkrebs.»

«Das tut mir leid», sagte Boyle in mitfühlendem Ton. «Hat er geraucht?»

«Zwei Packungen am Tag. Ich werde damit aufhören. So wahr mir Gott helfe.» Sie bekreuzigte sich, um ihren Vorsatz zu bekräftigen. «Entschuldigen Sie meine Unhöflichkeit. Es ist nur ... dieses Warten zehrt an den Nerven. Und ich bin es auch leid, darauf zu warten, dass mein Vater endlich loslässt, wenn Sie verstehen, was ich meine. Das mag hartherzig klingen, aber er quält sich so. Und zu allem Überfluss muss man auch noch ständig auf die Ärzte warten. Es gefällt ihnen anscheinend, andere warten zu lassen.»

«Gut möglich. Ich für mein Teil wünschte, dass ich Familie hätte, die mich ein bisschen entlasten könnte. Aber ich bin Einzelkind, und mein Vater ist schon vor Jahren gestorben.»

«Mir geht es ähnlich. Mein Vater ist alles, was ich noch an Familie habe. Wenn er geht ...», sie holte tief Luft, «stehe ich allein da.»

«Haben Sie keinen Mann?»

«Weder Mann noch Freund, Mutter oder Kinder.»

Boyle dachte an die leere Zelle in seinem Keller und fragte sich, ob diese Frau überhaupt von irgendjemandem vermisst würde, wenn sie verschwände. Eine solche Schönheit hatte er noch nie entführt. Sie hatte genau das richtige Gewicht. Die Schwereren hielten allzu lange durch, während die Dünnen viel zu schnell schlappmachten, es sei denn, sie waren so jung wie Carol.

«Wohnen Sie in der Gegend?», fragte Boyle interessiert. «Mir ist so, als hätte ich Sie schon mal gesehen. Ich wohne ganz in der Nähe, in Beacon Hill.»

«Ich bin aus Weston, komme aber häufig nach Boston. Freunde von mir wohnen am Hill. Wie ist Ihr Name?»

«John Smith. Und wie heißen Sie?»

«Jennifer Montgomery.»

«Ihr Vater ist nicht zufällig Ted Montgomery, der Immobilieninvestor, dem jede Menge Wohnhäuser in meiner Nachbarschaft gehören?»

«Nein, mein Vater hat einen Parfümhandel.»

Es würde für Boyle ein Leichtes sein, herauszufinden, wo dieser Montgomery wohnte.

In diesem Moment gingen die Türen zur Intensivstation auf. Ein Arzt trat in den Flur hinaus und steuerte auf Jennifer Montgomery zu.

«Viel Glück», sagte Boyle zum Abschied und schlüpfte durch die Tür, ehe sich die Flügel automatisch schlossen.

Boyle schaute sich unauffällig um. Die Überwachungskamera war auf den Schalter der Anmeldung gerichtet; gegenüber befand sich eine Monitorwand, auf der die gesamten medizinischen Daten eines jeden Patienten der Intensivstation zu sehen waren. Am Ende des Ganges registrierte er einen Schutzmann vor der Tür zu Rachels Zimmer, der dort auf einem Stuhl saß. Wegen der Überwachungskamera machte sich Boyle keine Sorgen. Er würde beim nächsten Besuch sein Aussehen wieder verändert haben.

Die Schwester hinter dem Schalter blickte zu ihm auf. «Kann ich Ihnen helfen?»

«Hätten Sie eine Schachtel Kleenex für mich? Meine Cousine weint sich die Augen aus.»

«Selbstverständlich.»

Als sich die Schwester bückte, um unter dem Schalter nach Taschentüchern zu suchen, prägte sich Boyle schnell die Namen der zurzeit gemeldeten Besucher ein, die auf dem Klemmbrett aufgelistet waren. Er würde sich etwas einfallen lassen müssen, wie er sich auf dieser Liste eintragen konnte, ohne Fingerabdrücke zu hinterlassen.

Boyle nahm die Kleenex-Schachtel entgegen und bedankte sich. «Wo liegt Cliff Montgomery? Ich möchte ihm morgen ein paar Filme mitbringen.»

«Mr Montgomery liegt auf Zimmer zweiundzwanzig. Und denken Sie daran, es sollten Videos sein. Wir haben hier nämlich keine DVD-Player.»

Boyle warf einen Blick in den Gang und stellte fest, dass sich Montgomerys Zimmer drei Zimmer vor dem von Rachel befand. Perfekt.

Boyle verließ die Intensivstation und ging den Flur entlang. Die Taschentücher warf er in einen Abfalleimer.

Während er über Jennifer Montgomery nachdachte, wartete er auf den Fahrstuhl. Sie war jung. Junge Frauen hatten Ausdauer. Die älteren, Endvierziger bis Mittfünfziger, hielten nicht lange genug durch. An ihnen war er weniger interessiert. Doch weil er verhindern wollte, dass sich die Polizei ein Bild von ihm machte, hatte er Frauen allen Alters, jeder Größe und Gesichtsfarbe in sein Haus geschleppt. Die Opfer möglichst willkürlich auszuwählen war ihm wichtig. Boyle hatte die Vorgehensweise und Methoden der Polizei genau studiert. Es gab Bücher darüber und nicht zuletzt das Internet. An Informationen mangelte es nicht.

Boyle dachte an die Frau vom Erkennungsdienst, an die Rothaarige. Er hatte noch nie eine Kripobeamtin entführt. Sie war bestimmt eine Kämpferin. Wie Rachel.

Die Fahrstuhltür ging auf. Boyle steckte die Hände in die Hosentaschen und befühlte die Ränder der Plastiktüten, in denen er chloroformgetränkte Lappen aufbewahrte. Er trug sie immer bei sich für den Fall, dass ihm ein mögliches Opfer über den Weg lief. Seit er damals vor Jahren ein junges Mädchen aus dem Haus ihrer Freundin entführt hatte, die Zeugin seines Überfalls auf eine Frau im Wald gewesen war, mussten es immer zwei Tüten sein, in jeder Tasche eine.

Boyle hielt plötzlich inne. Diese roten Haare und die auffällig grünen Augen! Nein, unmöglich, es konnte nicht ein und dieselbe Person sein. Es war zu lange her, er musste sich irren.

Schnell schob er den Gedanken beiseite. Nach Hause zurückgekehrt, konnte er ihn wieder aufgreifen. Doch jetzt wollte er lieber darüber nachdenken, was für wunderschöne Dinge er mit dieser Jennifer Montgomery in seinem Keller anstellen könnte.

Siebzehntes Kapitel

Darby brachte ihr Auto hinter einem Streifenwagen zum Stehen, der vor Mrs Cranmores Haus parkte. Seltsam – es war gespenstisch still auf der Straße. Sie hatte dagegen einen Auflauf von Reportern erwartet.

«Wo sind denn all die Pressefritzen?», fragte Darby erstaunt den Polizisten, der hinter dem Steuer des Streifenwagens saß und vor sich hin döste.

«In der Innenstadt, auf einer Pressekonferenz. Mrs Cranmore ist auch dort.»

«Das erklärt einiges. Ich schau mich noch einmal um.»

«Rufen Sie, wenn Sie mich brauchen.»

In der vergangenen Nacht und am frühen Morgen hatte Darby viel Zeit darauf verwendet, das Haus und den Verschlag unter der Veranda nach Spuren abzusuchen. Sie war auch mit der Taschenlampe ums Haus herumgegangen, hatte aber nichts weiter gefunden.

Jetzt nahm sie noch einmal den Garten unter die Lupe in der Hoffnung, irgendein bis jetzt übersehenes Indiz zu entdecken, das ihr weiterhelfen würde. Zweimal ging sie ums Haus herum, handelte sich dabei aber nur schmutzige Schuhe ein.

Frustriert beendete sie ihren Rundgang schließlich in der Einfahrt neben dem Auto von Carols Freund. Das schwächer werdende Sonnenlicht spiegelte sich dunkelrot in Fensterscheiben und Pfützen.

Okay, wir wissen, dass du hier deinen Wagen abgestellt hast und ins Haus gegangen bist, wahrscheinlich mit einem Schlüssel, denn es gibt keinerlei Hinweise auf ein gewalt-

sames Eindringen. Du hast den Freund erschossen und dir das Mädchen geschnappt, das sich in der Küchentür noch zu wehren versuchte. Weil du nicht riskieren konntest, dass sie mit ihrem Geschrei das Donnern und den rauschenden Regen übertönt und die Nachbarschaft alarmiert, hast du sie irgendwie ruhiggestellt und über die Schulter geworfen, um die Hände frei zu haben. Dann bist du mit ihr zu deinem Lieferwagen gelaufen. Du fährst einen Lieferwagen, weil sich darin eine oder mehrere Personen verstecken lassen. Du hast die Hecktüren geöffnet, um Carol auf die Ladefläche zu legen, gleich neben Mrs Unbekannt – nur, die war nicht mehr da.

Darby stellte sich Carols Kidnapper vor, wie er durch den strömenden Regen zurückrannte, nach der verschwundenen Frau suchte und in Panik geriet.

Wie gründlich hatte er nach ihr gesucht? Wie lange? War er dabei durch die Nachbarschaft gefahren? Aus welchen Gründen hatte er beschlossen, die Suche aufzugeben und nach Hause zu fahren?

Plötzlich kam ihr ein Gedanke, der sie nach dem Notizblock und dem Kugelschreiber in ihrer Brusttasche greifen ließ: Was, wenn er sich in der Nähe aufgehalten und gesehen hätte, wie die Unbekannte aus dem Verschlag geführt worden war? Was, wenn er dem Krankenwagen gefolgt wäre? Darby notierte sich, mit Banvilles Hilfe zu veranlassen, dass der Personenschutz von Mrs Unbekannt verstärkt wurde.

Darby fragte sich, wie der Entführer wohl reagiert haben mochte, als er erfuhr, dass sich die Unbekannte ganz in der Nähe zwischen Mülltonnen unter der Veranda versteckt hatte. Entzückt darüber war er ganz sicher nicht.

Wieso war die Frau überhaupt in dem Lieferwagen gewesen?

Mögliche Antwort: Er wollte sie loswerden, weil sie krank war.

Aber wie hatte er sie sich vom Hals schaffen wollen?

Er hätte sie gewiss nicht einfach irgendwo aus dem Wagen geworfen, sondern getötet und an einer Stelle vergraben, wo sie unauffindbar bliebe. Hatte er zuerst Carol entführen und dann die Unbekannte irgendwo in der Umgebung von Belham verscharren wollen?

Viel zu riskant. Was, wenn Carol wieder zur Besinnung gekommen und abgehauen wäre? Wahrscheinlicher war, dass er sie gleich zu sich nach Hause hatte schaffen wollen.

Vielleicht hatte er seinen ursprünglichen Plan, die Unbekannte zu vergraben, spontan abgeändert, um stattdessen Carol zu entführen.

Darby ging auf die Eingangsveranda zu. Die kleine weiße Tür zum Verschlag war versiegelt. Sie lehnte ihre Stirn an das kühle, feuchte Holzgitter.

Ich hab ihn diesmal ordentlich ausgetrickst, Terry. Ich wusste, was er vorhat, als er mich in seinen Lieferwagen packte. Ich war darauf gefasst.

Hinter ihr hörte sie eine Autotür zuschlagen. Darby drehte sich um und sah Dianne Cranmore die Einfahrt heraufkommen. Sie hielt ein gerahmtes Foto ihrer Tochter in der Hand.

Dianne Cranmore war Mitte bis Ende dreißig, hatte wasserstoffblondes Haar und ein rundes, stark geschminktes Gesicht. Sie erinnerte Darby an jene Frauen, die in den vornehmeren Bars von Boston anzutreffen waren, Frauen aus Chelsea und Southie, die sich Mühe gaben, charmant und elegant zu wirken, während sie Männer zu betören versuchten, um sich von ihnen aus ihrem tristen Alltagsleben entführen zu lassen.

Carols Mutter warf einen Blick auf die Dienstmarke an der Kette, die um Darbys Hals hing. «Sie sind vom Erkennungsdienst?», fragte sie.

«Ja.»

«Kann ich Sie mal sprechen?» Die Augen der Frau waren vom vielen Weinen verquollen und gerötet.

Der Polizeibeamte hatte den Streifenwagen verlassen und stand jetzt in der Einfahrt. «Mrs Cranmore, wäre es nicht besser ...»

«Lassen Sie mich in Ruhe», sagte sie heftig. «Ich möchte ihr ein paar Fragen stellen. Ich habe ein Recht darauf zu erfahren, was geschieht, und bin es leid, immer nur Ausflüchte zu hören.»

«Schon gut», sagte Darby mit Blick auf den Polizisten. «Geben Sie uns ein paar Minuten Zeit.»

Der Beamte rückte unschlüssig seine Schirmmütze zurecht, zog sich dann aber zurück.

«Danke», sagte Carols Mutter. «Und jetzt erklären Sie mir bitte, was im Fall meiner Tochter unternommen wird.»

«Wir ermitteln in aller Gründlichkeit.»

«Mit anderen Worten: ‹Von mir erfahren Sie nichts.› Verstehen Sie denn nicht – meine Tochter ist verschwunden. *Meine* Tochter. Sagt Ihnen das überhaupt etwas?»

«Mrs Cranmore, wir tun wirklich alles, um ...»

«Bitte, *bitte*, fangen Sie nicht wieder damit an. Seit vierundzwanzig Stunden höre ich nichts anderes. Alle Ihre Kollegen sind fleißig bei der Arbeit, verfolgen jede Spur, ja, ich weiß. Ich habe all Ihre Fragen beantwortet, und jetzt bin ich an der Reihe. Sie könnten damit anfangen, dass Sie mir etwas über die Frau sagen, die unter meiner Veranda vorgefunden wurde.»

«Ich schlage vor, dass Sie sich darüber mit Detective Banville unterhalten.»

«Und wenn meine Tochter tot ist? Werden Sie *dann* mit mir reden?» Dianne Cranmores Stimme versagte. Verzweifelt presste sie das Foto ihrer Tochter an die Brust.

«Ich kann mir vorstellen, was Sie durchmachen», sagte Darby.

«Haben Sie Kinder?»

«Nein.»

«Dann können Sie sich das nicht vorstellen.»

«Ja, vielleicht haben Sie recht», sagte Darby leise.

«Wer Kinder hat, empfindet ... ja, so viel Liebe für sie, dass das Herz zu zerspringen droht, wenn ihnen etwas passiert. So fühlt es sich an. Aber tausendmal schlimmer ist es noch, wenn man fürchten muss, dass sie leiden und vergeblich um Hilfe flehen. Aber für Sie und Ihre Kollegen ist es nur ein Job. Und wenn Sie meine Tochter tot auffinden, drehen Sie sich um und machen Feierabend.»

Darby spürte, wie ihr Gesicht brannte. Sie glaubte, etwas sagen zu müssen, und suchte nach Worten.

«Es tut mir leid.»

Doch Carols Mutter konnte sie nicht mehr hören. Sie hatte sich schon abgewendet und ging die Stufen zum Haus hoch.

Achtzehntes Kapitel

Sheilas Pflegerin Tina stellte gerade das Essen aufs Tablett, als Darby die Küche ihrer Mutter betrat.

«Wie geht es ihr?»

«Sie hat heute einen guten Tag und jede Menge Anrufe bekommen von Freunden, die ihr mitteilen wollten, dass sie Sie, Darby, im Fernsehen gesehen haben. Ich habe Sie auch gesehen. In diesen Verschlag zu gehen war sehr mutig von Ihnen.»

Darby dachte an den Tag zurück, als ihre Mutter ihr sagte, welche Diagnose der Arzt gestellt hatte. Darby wäre vor Verzweiflung in sich zusammengesunken, wenn Sheila sie nicht in die Arme geschlossen und festgehalten hätte.

Bei einer Routineuntersuchung war ein Melanom gefunden worden. Daraufhin hatte ihr ein Bostoner Chirurg ein großes Stück Haut aus dem Arm und etliche Lymphknoten herausgeschnitten. Doch an den Krebs, der schon die Lunge befallen hatte, war nicht mehr heranzukommen.

Sheila verzichtete auf eine Chemotherapie, weil sie wusste, dass sie sie nicht retten würde. Zwei neue Behandlungsmethoden, die man an ihr ausprobiert hatte, waren gescheitert. Sie hatte nicht mehr lange zu leben.

Darby stellte ihren Rucksack auf dem Küchenstuhl ab. Neben der Hintertür standen zwei Umzugskartons voller Kleider. Obenauf lag der pinkfarbene Kaschmirpullover, den Darby ihrer Mutter zu Weihnachten geschenkt hatte.

Darby nahm den Pullover in die Hand. Die Erinnerung an ihre Mutter, wie sie vor Big Reds Kleiderschrank stand, versetzte ihr einen Stich. Es war einen Monat nach seiner

Beerdigung gewesen. Sheila hatte mit Tränen in den Augen eines seiner Flanellhemden berührt und plötzlich die Hand zurückgezogen, als wäre sie gebissen worden.

«Ihre Mutter hat gestern ein paar Sachen aussortiert», erklärte die Pflegerin. «Ich soll sie auf dem Nachhauseweg im Pfarramt von St. Stephen's abgeben. Für einen guten Zweck.»

Darby nickte. Sie wusste, dass ihre Mutter auf diesem Weg mit ihrer Trauer fertigzuwerden versuchte.

«Ich bring sie hin», sagte sie.

«Sind Sie sicher? Mir macht's nichts aus.»

«Ich komme sowieso an St. Stephen's vorbei.»

«Vielleicht sollten Sie vorher noch einmal alle Taschen durchsehen. Ich habe das hier gefunden.» Die Pflegerin reichte ihr ein Foto von einer Frau mit Sommersprossen, blonden Haaren und strahlend blauen Augen, aufgenommen während eines Picknicks, wie es schien.

Darby hatte keine Ahnung, wer diese Frau sein mochte. Sie legte das Foto neben dem Abendessen für Sheila aufs Tablett. «Danke, Tina.»

Sheila saß aufrecht im Bett und las den neuesten Krimi von John Connolly. Darby war froh über das weiche Licht der beiden Lampen. Es ließ das Gesicht ihrer Mutter weniger abgezehrt und krank erscheinen. Der Rest von ihr war unter der Decke versteckt.

Darby setzte das Tablett auf Sheilas Schoß ab und gab dabei auf den Infusionsschlauch acht, über den ihr das Morphium zugeführt wurde.

«Wie ich hörte, hattest du einen guten Tag.»

Sheila griff nach dem Foto.

«Woher hast du das?»

«Tina hat es in der Tasche einer der Hosen gefunden, die du abgeben willst. Wer ist diese Frau?»

«Das ist Regina, Cindy Greenleafs Tochter», klärte Sheila sie auf. «Ihr habt früher oft zusammen gespielt. Sie sind dann nach Minnesota umgezogen; ich glaube, du warst damals fünf. Cindy schickt mir jedes Mal zu Weihnachten eine Grußkarte mit einem Bild von Regina.»

Sheila ließ das Foto in den Papierkorb fallen und richtete den Blick auf die Wand hinter dem Fernsehapparat.

Nachdem ihr die Diagnose mitgeteilt worden war, hatte sie zahlreiche Fotos einrahmen lassen und die ganze Wand damit vollgehängt, um sie vom Bett aus jederzeit im Auge zu haben.

Angesichts dieser Bilder fühlte sich Darby an den Flur vor Carol Cranmores Zimmer erinnert. Und sie dachte an Carols Mutter, an deren Worte über die herzzerreißende Liebe zu den eigenen Kindern. Darby hatte schon oft davon gehört – eine solche Liebe dauerte ein Leben lang an, was auch passierte.

«Die Frau, die du in diesem Verschlag gefunden hast, sieht aus wie ein Hungeropfer», sagte Sheila jetzt.

«Von nahem sieht sie noch schlimmer aus. Sie hat am ganzen Körper Narben und eitrige Wunden. Und schreckliche Entzündungen.»

«Was ist mit ihr?»

«Keine Ahnung. Wir kennen weder ihren Namen noch ihren letzten Wohnsitz. Zurzeit liegt sie im *Mass General* und wird mit Medikamenten ruhiggestellt.»

«Ist sie krank?»

«Sie hat eine Blutvergiftung.» Darby berichtete von ihrem Gespräch mit der Ärztin und dem, was im Krankenhaus vorgefallen war.

«Die Chancen für eine Genesung bei einer Blutvergiftung hängen vom Allgemeinzustand des Patienten ab, von dessen Immunsystem und davon, ob es ein wirksames Antibiotikum gibt», überlegte Sheila. «Wenn ich höre, dass der Blutdruck dieser Frau viel zu niedrig ist und ihre Organe schon in Mitleidenschaft gezogen sind, würde ich sagen, dass sie einen septischen Schock erlitten hat.»

«Ja, es steht sehr schlimm um sie. Wir können nur hoffen, dass sie aufwacht. Vielleicht weiß sie, wo Carol ist – dieses vermisste Mädchen. Carol Cranmore.»

«Ich hab's in den Nachrichten gesehen. Gibt's irgendwelche Spuren?»

«Leider nur wenige. Hoffentlich finden wir bald etwas, was uns weiterbringt.» Hoffentlich. Hoffnung. Doch damit war es nicht weit her. Darby fühlte sich mutlos, und das zehrte an ihren Nerven.

Sie setzte sich in den alten Lehnstuhl ihres Vaters. Er war aus dem Wohnzimmer nach oben gebracht worden und stand jetzt neben dem Bett ihrer Mutter.

Anfangs hatte Darby mit ihren Besuchen Sheila nur Gesellschaft leisten wollen. Doch je weiter die Krankheit fortschritt, desto mehr rückte in den Fokus, da zu sein und sie zu halten, wenn es Zeit sein würde, Abschied zu nehmen.

«Vor knapp einer Stunde ist mir Carols Mutter begegnet», berichtete Darby. «Sie zu sehen und zu hören, was sie durchmachen muss, hat mich an Melanies Mutter erinnert. Weißt du noch, unser erstes Weihnachten nach Mels Verschwinden? Du und ich im Auto unterwegs, zum Einkaufen oder sonst wohin, als wir Mels Eltern gesehen haben, wie sie in der East Dunstable Road eine Sperrholztafel mit Mels Foto an einem Telegraphenmast befestigt haben?»

Sheila nickte und verzog das Gesicht in kummervoller Erinnerung.

«In der Stadt wussten alle über Victor Grady Bescheid, doch Mels Eltern standen da draußen in bitterer Kälte, weil sie die Hoffnung nicht aufgeben wollten oder sich einfach weigerten, die Wahrheit zu akzeptieren», erinnerte sich Darby. «Ich wollte, dass du den Wagen anhältst, doch du bist an ihnen vorbeigefahren.»

«Ich wollte dir weiteres Leid ersparen. Du hattest schon genug gelitten.»

Darby erinnerte sich, in den Rückspiegel geblickt und Mrs Cruz nachgeschaut zu haben, die sich mit dem Rücken zum Wind stellte und die Abzüge von Mels Foto an die Brust drückte, damit sie nicht wegflogen. Melanies Mutter war kleiner und kleiner geworden und schließlich verschwunden. Darby hatte aus dem Auto springen, zurücklaufen und ihr helfen wollen.

Ob Helena Cruz' Liebe zu ihrer Tochter heute immer noch so intensiv war wie damals vor zwanzig Jahren? Oder hatte sie gelernt, sie verstummen zu lassen?

«Du hättest für sie nichts tun können», sagte Sheila behutsam.

«Ich weiß. Ich weiß aber auch, dass sie mir die Schuld an ihrem Unglück gegeben haben, und das tun sie vielleicht immer noch.»

«Was mit Melanie passiert ist, war nicht deine Schuld.»

Darby nickte.

«Ich weiß. Aber ich werde die Erinnerung an damals einfach nicht los. Wenn ich jetzt Dianne Cranmore in ihrer Verzweiflung sehe, drängt es mich, ihr irgendwie zu helfen.»

«Du hilfst ihr doch.»

«Aber das reicht nicht.»

«Du wirst nie das Gefühl haben, dass es reicht», erwiderte ihre Mutter ernst.

Neunzehntes Kapitel

Daniel Boyle schloss die Kellertür auf und ging an dem Schreibtisch, den Computermonitoren und den Schaufensterpuppen vorbei, die seine Kostüme trugen. Das, wonach er suchte, befand sich im Raum nebenan. Er nahm seine Schlüssel und öffnete den Aktenschrank.

Die Hängerordner mit seinen jüngeren Projekten waren chronologisch geordnet und griffbereit; die älteren Projekte lagen in der unteren Schublade – der Ordner mit der Aufschrift BELHAM ganz zuunterst.

Staub wirbelte auf, als er die vergilbten Zeitungsausschnitte zum Fall Victor Grady durchblätterte. Ganz hinten fand er mehrere Polaroid-Fotos.

Die Farben auf den Fotos waren verblichen, das Gesicht von Melanie Cruz dennoch gut erkennbar. Sie stand im Weinkeller, gefangen hinter Eisengittern. Die anderen fünf Bilder zeigten, was er mit ihr getan hatte. Während er sie genau betrachtete, fühlte er den Beginn einer Erektion.

Er hatte noch andere Fotos aufgenommen – von Melanie Cruz, tot im Wald von Belham liegend. Diese Bilder wie auch die Lageskizze ihres Grabes waren durch den Brand vernichtet worden. Boyle wusste noch, wie er das Feuer gelegt hatte, konnte sich aber nicht mehr daran erinnern, wo Melanie und die anderen Frauen vergraben waren.

Er nahm nun einen Stapel Bilder zur Hand, die einen Teenager mit dunkelroten Haaren und auffällig grünen Augen zeigten. Er entfernte das Gummiband, das den Stoß zusammenhielt, und betrachtete das erste Foto.

Der Name des Mädchens war Darby McCormick. Es sah

der Frau vom Erkennungsdienst, der er im Krankenhaus begegnet war, verblüffend ähnlich.

Aber war es tatsächlich dieselbe Person? Es gab eine Möglichkeit, es herauszufinden.

Boyle zog sein Mobiltelefon aus der Tasche und rief die Auskunft an, um sich die Nummer des kriminaltechnischen Labors in Boston geben zu lassen. Er wurde verbunden. Weniger als eine Minute später hörte er die Stimme eines automatischen Anrufbeantworters, die erklärte, wie mit bestimmten Angestellten des Labors Kontakt aufgenommen werden konnte: entweder über eine Direktwahl oder die Eingabe der ersten vier Buchstaben des Nachnamens der betreffenden Person.

Er drückte die entsprechenden Tasten und blätterte, während er darauf wartete, verbunden zu werden, durch die Fotos einer molligen blonden Frau namens Samantha Kent. Er erinnerte sich an ihre Weigerung zu essen, daran, dass sie immer schwächer und schließlich krank geworden war; wie er sie in den Wald von Belham geschleppt und gewürgt hatte, dabei aber gestört worden war, und zwar von Darby McCormick und ihren beiden Freundinnen, jener Melanie Cruz und dem blonden Mädchen, das er später im Haus der McCormicks erstochen hatte. Dabei war eine schreckliche Sauerei entstanden. Er versuchte, sich den Namen des blonden Mädchens in Erinnerung zu rufen, als sich wieder ein Anrufbeantworter meldete.

«Sie sind verbunden mit dem Büro von Darby McCormick. Hinterlassen Sie bitte eine Nachricht ...»

Boyle brach die Verbindung ab und lehnte sich mit dem Rücken an die Wand.

Es war nicht zu fassen: Darby McCormick, die junge Zeugin aus dem Wald, war mittlerweile Polizistin und ermittelte jetzt im Fall Carol Cranmore.

Zwanzigstes Kapitel

Boyle starrte auf die Wand. Sie hing voller Fotos von Frauen, die er über die Jahre gejagt hatte. Manchmal saß er hier stundenlang, betrachtete die Gesichter und schwelgte in Erinnerungen. Ein schöner Zeitvertreib.

In der unteren Ecke hing ein altes Foto von Alicia Cross. Boyle erinnerte sich noch gut an sie. Sie hatte in der Nachbarschaft gelebt, auf der anderen Seite des Waldes, der an das Haus seiner Mutter grenzte. Eines Tages, als sie mit ihrem Fahrrad allein unterwegs gewesen war, hatte er sie auf einer einsamen Straße abgepasst und ihr gesagt, dass er von ihrer Mutter geschickt worden sei, um sie ins Krankenhaus zu bringen; ihr Vater habe einen schweren Verkehrsunfall gehabt. Alicia war so verstört, dass sie das Fahrrad auf der Straße zurückließ und zu ihm ins Auto stieg.

Sie hatte, klein und verängstigt, keinerlei Gegenwehr gezeigt. Boyle war sechzehn Jahre alt und kräftig gewesen.

Eine ganze Woche lang – seine Mutter war damals für einen Monat nach Paris gefahren – hatten Polizei und Freiwillige den Wald und die angrenzenden Wohnbezirke durchkämmt. Als sie in der unmittelbaren Nachbarschaft nach dem vermissten Mädchen suchten, hatte er ihnen von seinem Schlafzimmerfenster aus dabei zugesehen. Er erinnerte sich an die langen Nachmittage im Sommer, als er am Fenster gesessen und Alicias Mutter immer und immer wieder nach ihrer Tochter rufen gehört hatte, während er sich selbst befriedigte.

Nachts ging er nach unten in den Weinkeller und löste ihr die Fesseln. Manchmal jagte er sie durch den dunklen Keller, in dem es viele Möglichkeiten gab, sich zu verstecken. Das hatte ihm Spaß gemacht, war aber kein Vergleich zu der heißen, überwältigenden Wollust, mit der er sie schließlich erwürgte.

In jener Nacht hatte er nicht schlafen können. Sie zu würgen war an sich schon ein phantastisches Erlebnis. Noch befriedigender aber war der Anblick der Angst in ihren Augen, als sie auf den am Boden liegenden Rosenkranz starrte und vergeblich an dem Strick zu zerren versuchte, der ihr den Hals zuschnürte.

Boyle empfand ein ungeahntes Gefühl von Macht – nicht die Macht zu töten, nein, das wäre zu billig gewesen. Was er in der Hand hielt, war die Macht, in Schicksale einzugreifen. Er konnte den Lauf der Dinge nach Lust und Laune beeinflussen. Er konnte sowohl töten als auch verschonen. Er hatte die Macht eines Gottes.

Am nächsten Morgen – es war noch dunkel – ging Boyle mit einer Schaufel in den Wald. Als er zurückkehrte, um die Leiche zu holen, fand er seine Mutter in der Küche vor. Sie hatte ihren Paris-Urlaub vorzeitig abgebrochen. Warum, sagte sie nicht. Sie fragte auch nicht, warum er so schwitzte und seine Sachen schmutzig gemacht hatte. Sie ließ sich von ihm das Gepäck und die Einkaufstaschen nach oben in ihr Schlafzimmer bringen und ging ins Bett.

In der Nacht warf er Alicias Leiche in das ausgehobene Grab. Als er über dem toten Mädchen stand, überkam ihn eine eigentümliche Traurigkeit. Er hätte sie nicht töten sollen. Es wäre besser gewesen, sie nur bis zur Bewusstlosigkeit zu würgen. Wenn sie dann aus der Ohnmacht erwacht wäre, hätte er wieder von vorn anfangen und seine Lust auskosten können, sooft es ihm gefiel.

Plötzlich hörte Boyle einen Zweig im Hintergrund knacken. Er drehte sich um und sah im hellen Mondlicht seine Mutter. Sie wirkte weder wütend noch schockiert oder enttäuscht. Ihre Miene war ausdruckslos.

«Beeil dich und schaufle das Loch zu.» Mehr sagte sie nicht.

Auf dem Rückweg nach Hause verlor sie kein einziges Wort. Er fragte sich, was nun geschehen würde. Als er zwei Jahre zuvor von ihr dabei ertappt worden war, wie er eine Katze stranguliert hatte, hatte sie ihn auf sein Zimmer geschickt, gewartet, bis er eingeschlafen war, und dann mit der schweren Schnalle eines Gürtels auf ihn eingeprügelt. Die Narben waren noch zu sehen.

Seine Mutter verriegelte die Eingangstür. «Hast du sie hier im Haus versteckt gehalten?»

Er nickte.

«Zeig mir, wo.»

Er gehorchte. Alicias Rosenkranz lag auf dem Boden. Er war ihm offenbar aus der Tasche gefallen.

«Heb das Ding auf», sagte seine Mutter.

Er gehorchte. Als er sich wieder aufrichtete, stellte er fest, dass sie die Tür zum Weinkeller zugesperrt hatte.

In den zwei Wochen seiner Gefangenschaft setzte er sich, wenn er musste, auf denselben Wassereimer, den auch Alicia benutzt hatte. Er schlief wie sie auf dem kalten, nackten Estrich. Seine Mutter besuchte ihn kein einziges Mal. Sie stellte ihm auch kein Essen hin.

Eingesperrt in der kalten, immer dunklen Zelle, weinte Boyle kein einziges Mal, noch rief er nach ihr. Die Zeit verbrachte er damit, sich in Gedanken auszumalen, was er als Nächstes tun würde.

Er hatte einige wundervolle Ideen, was seine Mutter betraf.

Eines Tages wurde er von Stimmen geweckt. Im Raum nebenan war ein Lüftungsschacht, durch den er hörte, wie seine Mutter im Erdgeschoss mit jemandem sprach. Hatte sie etwa die Polizei gerufen? Er geriet in Panik, die sich aber schnell wieder legte, als er die Stimme seiner Großmutter hörte.

«Du kannst ihn nicht auf ewig wegschließen», sagte Ophelia Boyle.

«Wie du meinst», entgegnete seine Mutter spitz. «Dann nimm ihn zu dir. Ich finde überhaupt, er sollte mehr Zeit mit seinem Vater verbringen. Soll ich Daniel in den Club oder ins Büro bringen?»

Das war neu für Boyle: Ihm war immer gesagt worden, dass sein Vater schon vor seiner Geburt bei einem Autounfall ums Leben gekommen sei.

«Es war nicht das erste Mal, dass Daniel so etwas getan hat», sagte seine Mutter. «Ich habe dir ja von den Tieren erzählt, die hier vergangenen Sommer verschwunden sind. Und vergessen wir nicht, dass Marsha Erickson ihn dabei erwischt hat, wie er mitten in der Nacht vor dem Fenster ihrer Tochter auf der Lauer lag.»

Boyle musste an seinen Vetter Richard Fowler denken. Richard war Marshas Freund. Er war es auch gewesen, der ihr einmal ein Schlafmittel ins Bier gemischt hatte. Als sie weggedöst war, hatte er ihn, Boyle, angerufen und gesagt, er solle herüberkommen. Die beiden hatten eine herrliche Nacht, in der sie mit Marsha ihre Spielchen getrieben hatten. Ihre Eltern waren übers Wochenende verreist gewesen.

Nach diesem Wochenende war es häufig vorgekommen,

dass er, Boyle, mitten in der Nacht aufwachte und an Marsha dachte. Manchmal war er zu ihrem Haus geschlichen, hatte sie durchs Schlafzimmerfenster beobachtet und sich vorgestellt, was er an neuen und aufregenden Dingen mit ihr treiben könnte – nur dass sie dann bei Bewusstsein wäre. Es würde mehr Spaß machen, wenn sie sich wehrte. Er dachte an die Prostituierte, die Richard auf der Rückbank seines Autos erdrosselt hatte. Sie hatte weder um ihr Leben gebettelt noch zu Gott gebetet, sich aber mit Händen und Füßen gewehrt. Womöglich hätte sie Richard ernstlich verletzt, wenn er, Boyle, ihm nicht mit dem Feldstein zu Hilfe gekommen wäre.

Die Stimme seiner Großmutter riss Boyle aus seinen Tagträumen: «Daniel ist dein Problem, Cassandra. Du musst selbst zusehen, wie du damit fertigwirst.»

«Ich will ihn nicht mehr sehen. Er ist krank.»

«Dann will ich deinem Gedächtnis mal auf die Sprünge helfen», erwiderte die Großmutter kalt. «*Du* wolltest ihn haben. Ich habe dir die Adresse des Schweizer Arztes besorgt, der das Problem mit einem kleinen Eingriff gelöst hätte. Aber du wolltest es anders; du wolltest uns erpressen ...»

«Ich wollte von dir in Schutz genommen werden, wenn Daddy zu mir ins Bett stieg und mir mit seinen Fingern zwischen die ...»

«Du hast mich gehörig büßen lassen, Cassandra. Du hast es sehr wohl verstanden, deinen Vorteil aus dieser Affäre zu schlagen. Ich bin auf alle deine Forderungen eingegangen. Ich habe dir dieses Haus finanziert und es mit allem ausgestattet, was du wolltest. Ich habe dir teure Autos gekauft und jeden Wunsch erfüllt, zusätzlich zu der fürstlichen Summe, die du verlangt hast. Es reicht. Auch wenn du alles ausgegeben haben solltest – von mir bekommst du nichts mehr.»

«Du vergisst, dass Daddy mich geschwängert hat», rief seine Mutter. «Dieser ... dieses *Unding* da unten im Keller ist dein Sohn, nicht meiner.»

«Cassandra ...»

«Schaff ihn weg», sagte seine Mutter, und ihre Stimme bebte vor unterdrückter Wut. «Sonst werde ich ihn beiseiteschaffen.»

Einige Tage danach öffnete seine Großmutter die Tür. Sie forderte ihn auf, sich zu duschen und seinen besten Anzug anzuziehen. Er gehorchte. Dann sagte sie, er solle ins Auto steigen. Er gehorchte. Vier Stunden später hielt sie vor einer Militärschule an, die auf die Erziehung und Ausbildung «schwieriger junger Männer», wie sie sagte, spezialisiert war. Sie schärfte ihm ein, unter keinen Umständen von zu Hause zu erzählen. Das Finanzielle wollte sie regeln. Sie gab ihm ihre private Telefonnummer.

Boyle rief nie bei ihr an. Die einzige Person, mit der er in Kontakt blieb, war sein Vetter Richard.

Während seiner zwei Jahre in der *Vermont's Mount Silver Academy* wurde ihm Disziplin eingetrichtert. Nachdem er seinen Abschluss gemacht hatte, verpflichtete er sich bei der Armee. Dort lernte er, dass er dem heimlichen Verlangen, das in ihm brannte, nicht einfach nachgeben durfte, sondern erst die perfekte Strategie entwickeln musste.

Genau diese Fähigkeit würde ihm auch jetzt in seiner gegenwärtigen Situation zugutekommen. Er war fünfundvierzig Jahre alt, hatte viel Erfahrung gesammelt – er würde auch diesmal davonkommen.

Daniel Boyle erhob sich und ging in den Raum nebenan,

wo er auf die sechs Monitore starrte, von denen ein grüner Schimmer ausging. Rachel Swansons Zelle war dunkel. Die anderen fünf Zellen waren belegt. Alles schlief. Oder halt – Carol Cranmore schien gerade aufzuwachen.

Einundzwanzigstes Kapitel

Boyles Mobiltelefon läutete. Es war Richard. Boyle hörte Verkehrsgeräusche im Hintergrund, Richard rief von einem Münzfernsprecher aus an. Wie immer. Er war sehr vorsichtig.

«Ich habe über die Sache mit Rachel nachgedacht», sagte Richard. «Hast du immer noch den Colt Commander von Slavick?»

«Ja.»

«Gut. Hör mir zu. Ich will, dass du Carol nach Belham zurückbringst.»

«Nein.»

«Wir müssen sie loswerden.»

«Das will ich aber gar nicht.»

«Du wirst Carol nach Belham zurückbringen.»

«Nein.»

«Du wirst mit ihr in den Wald fahren und ihr von hinten eine Kugel durch den Kopf schießen. Und noch etwas: Die Leiche bleibt an Ort und Stelle liegen. Ich will, dass sie schnell gefunden wird.»

«Sie bleibt hier», sagte Boyle störrisch.

«Wenn du sie abgeknallt hast, schmierst du ihr Slavicks Blut auf die Sachen und unter die Fingernägel. Es soll so aussehen, als hätte sie sich gewehrt. Die Bullen werden feststellen, dass es dasselbe Blut wie in Carols Haus ist und von Slavick stammt.»

«Lass uns noch eine Weile mit ihr spielen. Du weißt doch, wie die Mädchen sind, wenn sie sich an den Keller noch nicht gewöhnt haben.»

«Kein Risiko. Im Keller sind zu viele Spuren. Wir wollen doch nicht, dass die Bullen nachher etwas finden, womit sie eine Verbindung zwischen ihr und Rachel herstellen können.»

«Und was machen wir mit der?»

«Muss ich mir noch überlegen.»

«Sie liegt im *Mass General.* Ich weiß, in welchem Zimmer.»

«Darüber reden wir später. Ich werde in ein paar Stunden da sein.»

«Augenblick, da wäre noch was», sagte Boyle. «Wegen Victor Grady.»

«Grady? Was hat der denn mit uns zu schaffen?»

«Erinnerst du dich an die drei Mädchen, die mich mit Samantha Kent im Wald gesehen haben?»

«Soweit ich weiß, sind zwei von ihnen tot.»

«Aber die Dritte lebt. Sie hat rote Haare und heißt Darby McCormick.»

Richard schwieg.

«Sie ist diejenige, die ihren Rucksack im Wald zurückgelassen hatte», sagte Boyle. «Die dir den Arm mit dem Hammer gebrochen hat, als du bei ihr zu Hause warst.»

«Ich weiß, wen du meinst.»

«Weißt du auch, dass sie jetzt beim Bostoner Erkennungsdienst arbeitet?»

Richard antwortete nicht.

«Und im Fall Carol Cranmore ermittelt?», bohrte Boyle weiter.

«Der Grady-Fall ist abgeschlossen.»

«Es gefällt mir nicht, dass sie rumschnüffelt.»

«Bei Grady ist sie auf der falschen Spur. Mach dir keine Gedanken. Sieh zu, dass Carol verschwindet.»

«Morgen. Ich will nur noch eine Nacht mit ihr ...»

«Sofort.» Richard legte den Hörer auf.

Boyle brauchte nicht lange, um sich fertig zu machen.

Er steckte den Colt Commander ins Schulterhalfter unter der Jacke. Den Schalldämpfer und den Elektroschocker stopfte er zu den Plastiktüten in die Hosentaschen. Im Stillen ermahnte er sich, nicht zu vergessen, Carol Blut abzuzapfen. Damit wollte er eine Spur zu Slavick legen. Was ihm nicht schwerfallen sollte: Er hatte Schlüssel zu dessen Haus und Abstellschuppen.

Boyle wollte gerade den Aktenschrank verschließen, besann sich aber und öffnete noch einmal die Schublade, um die alte, aus einer elastischen Bandage zusammengenähte Maske herauszuholen. Er hatte sie seit Jahren nicht getragen. Schmunzelnd streifte er sie sich über den Kopf und griff nach dem Seil, das an der Wand hing.

Zweiundzwanzigstes Kapitel

Carol Cranmore lag auf einer Pritsche, eingewickelt in eine Wolldecke, die sich auf den bloßen Stellen ihres Körpers steif und kratzig anfühlte. Wie lange sie nun schon wach war, wusste sie nicht. Sie wusste nur, dass sie Tonys T-Shirt nicht mehr trug. Die Sachen, die sie stattdessen anhatte – eine etwas zu enge Trainingshose und ein weites Sweatshirt –, rochen nach Weichspüler.

Sie konnte sich nicht daran erinnern, ausgezogen worden zu sein. Es gab nur eine einzige Erinnerung, die ihr immer und immer wieder durch den Kopf schoss, die Erinnerung daran, dass ihr der Fremde ein stinkendes Tuch vor Mund und Nase gepresst hatte.

Carol vergrub verzweifelt die Hände in ihren Haaren. *Das darf doch alles nicht wahr sein. Warum bin ich jetzt nicht in der Schule, wo ich sein sollte? Danach bin ich mit Tony verabredet. Anschließend will ich mit Kari shoppen gehen, denn* Abercrombie and Fitch *haben Ausverkauf; dafür habe ich doch das Geld vom Babysitting gespart. Was habe ich denn getan, dass ausgerechnet mir so etwas passiert?*

Panik überflutete sie wie eine riesige Welle. Carol schnappte nach Luft und schrie so laut, dass ihr die Kehle wehtat; sie schrie, bis ihr die Stimme versagte.

Es blieb dunkel. Carol schloss die Augen und betete inständig. Sie schlug die Augen wieder auf, doch es war immer noch stockdunkel. Sie musste aufs Klo. Gab es hier irgendwo eine Toilette?

Carol stand auf und stieß mit dem Fuß an einen Gegenstand. Sie streckte die Hand aus, tastete danach und erfühlte ein Tablett aus Pappe, auf dem sich ein eingewickeltes Sandwich und eine Getränkedose befanden. Wer immer sie hierhergebracht hatte, hatte mit einer Decke dafür gesorgt, dass sie nicht frieren musste, und ihr etwas zu essen hingestellt.

Sie wischte sich die Tränen vom Gesicht, packte das Sandwich aus und nahm einen Bissen. Erdnussbutter und Marmelade. Es schmeckte ein bisschen nach Kreide. Sie spülte den Happen mit einem Schluck aus der Dose hinunter. Mountain Dew, ihr Lieblingsgetränk.

Während sie aß, fragte sich Carol, ob der Entführer womöglich ihr Vater sein könnte. Sie hatte ihn nie kennengelernt und wusste nicht einmal seinen Namen. Ihre Mutter nannte ihn immer nur den «Samenspender».

Aber wenn ihr Vater wirklich der Entführer wäre – solche Geschichten waren immer wieder einmal in den Nachrichten zu hören –, hätte er sie doch bestimmt nicht in einen dunklen Raum eingesperrt. Nein, er war es nicht. Es musste jemand anders sein.

Carol leerte die Dose und beschloss, nach einem Lichtschalter zu suchen.

Die Wand in ihrem Rücken war so rau wie der Fußboden. Aus Beton, wie es schien. Sie tastete mit der Hand über die Wand hinter der Pritsche. Dass sie auf Anhieb keinen Schalter fand, musste nicht heißen, dass es keinen gab.

Carol versuchte, sich zu orientieren. Okay, hier war die Pritsche zu Ende. Nach rechts oder nach links? Sie bewegte sich nach links, fuhr mit der Hand über die Wand und zählte, einen Fuß vor den anderen setzend, ihre Schritte. Als sie die Ecke erreichte, hatte sie achtzehn Schritte zurückgelegt. Weiter ging es nur nach links.

Nach neun Schritten traf sie mit dem Schienbein auf einen harten Widerstand. Sie erfühlte etwas Kaltes, Glattes, tastete mit der Hand über eine gewölbte Oberfläche und griff in eine Wasserpfütze. Eine Kloschüssel. Gut. Sie musste pinkeln, konnte aber noch eine Weile einhalten. Die Suche ging vor.

Zehn Gänseschritte später erreichte sie ein Waschbecken.

Nach acht weiteren Schritten ertastete sie die Armaturen einer Dusche. Sie drehte den Hahn auf, hörte Wasser in einer Leitung rauschen und aus dem Duschkopf in die Wanne prasseln. Sie war in einem kleinen, kalten Raum mit Pritsche, Toilette, Waschbecken und Dusche eingesperrt. Es *musste* doch irgendwo einen Lichtschalter geben. Bitte, lieber Gott, lass mich einen Lichtschalter finden.

Nach sechs weiteren Schritten war die Wand zu Ende. Carol wandte sich wieder nach links, folgte ihren Händen und zählte: eins, zwei, drei, vier – Moment, da war etwas Raues, hart und kalt. Aus Metall. Sie fuhr mit den Händen auf und ab, hin und her.

Es war eine Tür, wenn auch keine gewöhnliche, enorm breit und aus Stahl. Ohne Knauf oder Klinke. Wenn Tony da wäre, würde er wissen, was es damit auf sich hatte. Sein Vater war schließlich Bauunternehmer –

Tony. Hatte der Entführer auch ihn hierher verschleppt?

«Tony? Tony, wo bist du?»

Carol lauschte angestrengt, hörte aber nur das eigene Blut in den Ohren rauschen.

Plötzlich war ihr, als riefe jemand von weit her. Eine verstellt klingende Stimme, wie unter Wasser ausgestoßen.

Wieder schrie Carol Tonys Namen, so laut, wie sie nur konnte, und presste das Ohr an die metallene Tür. Ja, es versuchte ihr jemand zu antworten. Irgendwo da draußen war jemand, wenn auch, der Stimme nach zu urteilen, weit entfernt.

Wie von ungefähr kam ihr der Gedanke an Morsezeichen. Im Geschichtsunterricht war davon die Rede gewesen. Richtig morsen konnte sie zwar nicht, wusste aber genug, um sich damit verständlich machen zu können.

Carol klopfte zweimal an die Tür. Lauschte.

Nichts.

Versuch's noch einmal.

Zweimaliges Klopfen. Lauschen.

Da – zwei Klopfzeichen als Antwort, schwach, aber eindeutig.

Wenig später öffnete sich eine Klappe in der Tür. Sie blickte in den hell erleuchteten Ausschnitt und sah einen von schmutzigen Bandagen umwickelten Kopf; schwarze Tuchfetzen verdeckten die Augen.

Carol wich taumelnd ins Dunkle zurück und schrie, als sich die Stahltür öffnete.

Dreiundzwanzigstes Kapitel

Boyle zog die Pistole und wollte gerade Carols Zelle betreten, als zum ersten Mal seit Jahren seine Mutter zu ihm sprach:

Du musst sie nicht töten, Daniel. Ich kann dir helfen.

Boyles Atem war heiß und stickig unter der Maske. Carol hatte sich unter die Pritsche gequetscht und flehte ihn an, ihr nichts zu tun. Er wollte sie nicht aufgeben – er wollte keine von ihnen aufgeben. Schließlich hatte er jede Menge Planung und Arbeit in sie investiert.

Du kannst sie behalten, Daniel. Sie und die anderen auch.

Wie?

Warum sollte ich dir das verraten? Nach dem, was ihr mir angetan habt, du und Richard? Wo ich doch jahrelang dichtgehalten habe. Und was war der Dank dafür? Du hast mich bei lebendigem Leibe im Wald vergraben. Aber ich habe dir damals schon gesagt, dass du mich auf diese Weise nicht loswirst. Und ich habe recht behalten. Du tötest all diese Frauen, weil du dich an mich erinnerst. Ich bin nach wie vor bei dir, Daniel, und werde es immer sein. Ich könnte zur Polizei gehen und dafür sorgen, dass sie dich holt.

Die Polizei wird nicht auf mich kommen. Alle Spuren führen zu Earl Slavick. Ich habe ihm schon die Fotos und Lagepläne auf den Computer geschmuggelt. Ein anonymer Anruf, und das FBI steht vor Slavicks Tür.

Das Problem mit Rachel wird damit aber wohl kaum gelöst sein, oder?

Sie weiß nichts. Sie hat keine ...

Immerhin hat sie den Weg in dein Büro gefunden und

die Ordner entdeckt. Ich würde mich an deiner Stelle nicht darauf verlassen, dass sie nichts weiß.

Sie hat mein Gesicht nie gesehen. Und ich habe Slavicks Blut. Ich bin in sein Haus eingestiegen, habe ihn, als er im Bett lag und schlief, mit Chloroform betäubt, ihm Blut abgezapft und ein paar Fasern von dem blauen Teppich seines Schlafzimmers eingesteckt.

Ja, du bist wirklich clever, Daniel. Aber mit Rachel ist dir ein Fehler unterlaufen. Sie hat dich ausgetrickst. Wenn sie aufwacht – und du weißt, sie wird aufwachen –, wird sie vor der Polizei auspacken. Dann bist du geliefert. Du wirst den Rest deines Lebens in einer kleinen dunklen Zelle zubringen müssen.

Nein, eher würde ich mich selbst umbringen.

Du könntest es dir leisten, Carol am Leben zu lassen. Rachel aber wirst du töten müssen, und zwar ehe *sie aufwacht. Ich wüsste, wie sich dieses Problem lösen ließe. Willst du, dass sich dir helfe?*

Ja.

Ja, und?

Ja, bitte. Bitte hilf mir.

Wirst du auch tun, was ich dir sage?

Ja.

Schließ die Tür.

Boyle gehorchte.

Geh in dein Büro zurück.

Boyle tat, was sie verlangte.

Setz dich. So ist es brav, mein Junge. Und jetzt hör mir gut zu …

Boyle ließ sich von seiner Mutter erklären, was zu tun war. Er stellte keine Fragen, denn sie hatte, wie er wusste, recht. Sie hatte immer recht.

Als er wusste, was er zu tun hatte, stand er auf und ging im Zimmer auf und ab. Manchmal blieb er stehen und starrte aufs Telefon. Es drängte ihn, mit Richard zu sprechen, doch der hatte ihm strikt verboten, ihn auf seinem Mobiltelefon anzurufen. Boyle würde ihm erst dann von seinem Plan berichten können, wenn dieser persönlich vorbeikäme. Doch er konnte nicht warten. Boyle war zu aufgeregt. Er musste Richard unbedingt sofort sprechen.

Boyle griff zum Hörer und wählte Richards Nummer. Richard hob nicht ab. Boyle drückte auf die Gabel und wählte erneut. Richard antwortete nach dem vierten Läuten. Er war wütend.

«Ich hatte doch gesagt, du sollst mich nicht ...»

«Ich muss mit dir reden», fiel Boyle ihm ins Wort. «Es ist wichtig.»

«Ich ruf zurück.»

Zu warten war unerträglich. Boyle wippte auf seinem Stuhl hin und her und starrte auf den Apparat. Zwanzig Minuten später klingelte es endlich.

«Wir können Rachel mit Slavick in Verbindung bringen», sagte Boyle.

«Wie?»

«Slavick ist Mitglied der Arischen Bruderschaft. Während seiner Zeit in Arkansas – er lebte damals im Haus der Hand Gottes – hat er eine Achtzehnjährige zu entführen versucht, was aber fehlgeschlagen ist. Wenn die Frau ihn bei der Gegenüberstellung eindeutig identifiziert hätte, wäre er in den Knast gegangen. Er hat auch im Zeughaus der Bruderschaft und in deren Waffenwerkstatt gearbeitet. Und Bomben gelegt in schwarzen Kirchen und Synagogen.»

«Du erzählst mir nichts Neues.»

«Slavick hat vor, hier in New Hampshire seine eigene Gang zu gründen», sagte Boyle. «Ich bin bei ihm gewesen. In seinem Schuppen lagern Kunstdüngerbomben, und in seinem Keller hat er alles, was man zum Herstellen von Sprengstoff braucht – Plastiksprengstoff. Mit diesem Zeugs könnten wir unbemerkt an Rachel herankommen.»

«Du willst doch nicht etwa das Krankenhaus in die Luft jagen?»

«Wenn die Bombe hochgeht, bricht Chaos aus. Man wird glauben, dass Terroristen zugeschlagen haben, so wie am elften September. Auf uns wird niemand achten. Einer von uns könnte zu ihr gehen und ihr über den Infusionsschlauch Luft injizieren. Es sieht dann für alle so aus, als wäre sie an Herzversagen gestorben. Aber für alle Fälle könnten wir die Spritze auch noch Slavick unterjubeln.»

«Wo steckt Slavick zurzeit?»

«Er ist übers Wochenende nach Vermont gefahren, um potenzielle Mitglieder für seine Gang unter die Lupe zu nehmen», antwortete Boyle. «Das GPS-Gerät steckt immer noch in seinem kaputten Porsche. Ich kann dir sagen, wo er jetzt gerade ist, wenn du willst.»

Richard antwortete nicht. Gut. Offenbar dachte er über den Vorschlag nach.

«Wenn wir eine Bombe hochgehen lassen, werden außer Rachel auch noch andere dran glauben müssen. Umso schneller wäre das FBI zur Stelle», sagte Boyle. «Und wenn die Feds Slavicks DNA erst einmal identifiziert haben, ist die Sache für uns geritzt.»

«Ja, und dann werden sie ein handfestes Problem mit den Medien haben.»

«Bei der Gelegenheit könnten wir auch Darby McCormick

aus dem Weg schaffen. Ich hätte da schon eine Idee, wie es sich anstellen ließe, dass es nach einem Unfall aussieht.»

«Wenn wir das wirklich tun, müsste es schnell passieren.»

«Ja. Für mich wird es ohnehin wieder Zeit, den Standort zu wechseln. Ich würde gern nach Kalifornien zurück.»

«Los Angeles kommt aber nicht in Frage. Da suchen sie noch nach dir.»

«Ich dachte an San Diego – genauer gesagt an La Jolla. Irgendetwas Schickes.»

«Darüber sprechen wir noch, wenn ich wieder bei dir bin.»

«Was ist mit Carol? Kann ich sie behalten?»

«Fürs Erste, von mir aus. Aber lass sie nicht aus der Zelle.»

«Ich warte auf dich», sagte Boyle lächelnd. «Dann können wir zusammen mit ihr spielen.»

Vierundzwanzigstes Kapitel

Darby hatte sich in ihrem alten Kinderzimmer einen provisorischen Arbeitsplatz eingerichtet und an die Stelle des Bettes den ehemaligen Schreibtisch ihres Vaters gestellt. Wenn sie davorsaß, konnte sie durch die beiden Fenster in den Vorgarten blicken.

Bevor sie das Büro in der Zentrale verlassen hatte, hatte sie den Bericht der Spurensicherung und alle Fotos kopiert. Die Fotos hingen nun an der Pinnwand über dem Schreibtisch. Mit dem Bericht in der Hand lehnte sie sich in den Sessel zurück.

Für eine Weile war sie sich jedes Geräusches bewusst – das Ticken der Standuhr im Erdgeschoss oder das Schnarchen ihrer Mutter, die in ihrem Zimmer am Ende des Flurs im Bett lag und schlief. Dann vertiefte sich Darby in Akten und nahm nichts anderes mehr wahr.

Zwei Stunden später brummte ihr der Schädel, ihre Gedanken überschlugen sich. Es war kurz vor elf. Sie beschloss, eine Pause einzulegen, und ging nach unten, um eine Kanne Tee aufzusetzen.

Der Karton mit den aussortierten Anziehsachen stand immer noch neben der Tür. Mit Blick auf den pinkfarbenen Pullover erinnerte sie sich an die nach Zigarrenrauch riechende Daunenweste ihres Vaters, die sie sich an dem Wochenende nach dessen Begräbnis – sie war damals fünfzehn Jahre alt und allein zu Haus gewesen – in ihrer Trauer vors Gesicht gedrückt hatte.

Darby zog den Pullover aus dem Karton und setzte sich auf den Boden der Küche, in der nur das Summen des

Kühlschranks zu hören war. Sie streichelte mit der Hand über die weiche Kaschmirwolle und dachte daran, dass bald auch von ihrer Mutter nicht viel mehr übrig bleiben würde als ihre Kleider, der Hauch ihres Parfüms und zu Bildern erstarrte Erinnerungen. Darby schaute auf die Stelle, an der Melanie gestanden und um ihr Leben gebettelt hatte. In diesem Haus spukte auch Victor Grady herum, für immer und ewig, zusammen mit ihrem Vater. Darby konnte nicht verstehen, wie es Sheila in diesem Haus ausgehalten hatte: mit zwei so völlig verschiedenen, aber in ihrer Intensität durchaus vergleichbaren Erinnerungen. Erinnerungen, denen man nicht entkam.

Ein Auto raste vorbei und zog stampfende Rap-Rhythmen hinter sich her. Das brachte Darby wieder zu sich. Sie merkte, dass sie stand, und langte mit zitternder Hand nach dem Pullover. Warum ihr Schweiß auf die Stirn getreten war, konnte sie sich nicht erklären.

Es war inzwischen fast Mitternacht geworden. Zeit, schlafen zu gehen. Morgen früh würde sie zusammen mit Coop noch einmal zum Haus der Cranmores fahren, wo sie, ausgeruht und mit frischem Blick, etwas zu finden hoffte, was sie bislang übersehen hatten.

Darby kehrte nach oben zurück und streckte sich im Liegesessel aus. Endlich eingeschlafen, träumte sie von einem Haus mit labyrinthischen Gängen und Türen, die sich zu schwarzen Löchern öffneten.

Auch Carol Cranmore träumte. Ihre Mutter stand in der Tür zu ihrem Schlafzimmer und sagte, dass es Zeit sei, aufzustehen und sich für die Schule fertig zu machen. Als Carol in der düsteren Zelle die Augen aufschlug, sah sie immer noch das lächelnde Gesicht ihrer Mutter vor sich. Sie spürte die kratzige Wolldecke an ihrer Haut und wusste nun wieder, wo sie sich befand und was ihr widerfahren war.

Panik überkam sie, verschwand aber seltsamerweise wieder. Seltsam war es auch, dass ihr immer noch schläfrig zumute war. Dermaßen erschöpft hatte sie sich schon lange nicht mehr gefühlt, genau genommen seit der Wochenendparty von Stan Petrie im vergangenen Sommer, als sie die ganze Nacht durchgezecht und dann am Strand stundenlang Brennball gespielt hatten.

Carol fragte sich, ob womöglich Drogen unter das Essen gemischt worden waren. Das Sandwich hatte, wie sie sich erinnerte, einen leicht kalkigen Beigeschmack gehabt. Später, nachdem der Mann mit der Maske die Tür wieder geschlossen hatte, war sie plötzlich schrecklich müde gewesen, was sie im Nachhinein überraschte. In ihrer Situation müde zu sein war unerklärlich. Sie hätte vor Angst hellwach sein müssen, konnte aber kaum die Augen offen halten. Und wieder musste sie pinkeln. Zu dumm.

Sie stand von der Pritsche auf, streckte die rechte Hand aus und berührte die Wand. Wie viele Gänseschritte waren es bis zur Ecke? Acht? Zehn? Wankend und mit weit aufgesperrten Augen tappte sie durchs Dunkle. So mussten sich Blinde fühlen.

Endlich. Sie fand die Kloschüssel und nahm darauf Platz. Aus unerfindlichen Gründen tauchte das Bild ihres Schreibtisches vor ihrem inneren Auge auf, dahinter das Fenster mit Blick auf die hässliche Straße und die Bäume, deren Blätter golden, rot und gelb verfärbt waren. Sie fragte sich, wie viel Uhr es jetzt wohl sein mochte. War es Tag oder Nacht? Regnete es noch?

Als sie die Klospülung bediente, fühlte sie sich endlich ein wenig besser. Wacher. Jetzt konnte sie sich ihrer Angst stellen.

Carol wusste, dass sie einen Plan fassen musste. Der Mann, der sie hier eingesperrt hatte, würde bald zurückkommen. Kräftemäßig war sie ihm wahrscheinlich weit unterlegen. Vielleicht gab es etwas, das sich als Waffe einsetzen ließ. Moment mal – die Pritsche. Sie bestand aus Metallrohren. Vielleicht konnte sie eins der Rohre abmontieren und damit zuschlagen.

Carol tastete sich durch die Dunkelheit und überlegte, wer die andere Person sein mochte, die der Kidnapper gefangen hielt. Sie hoffte mit jeder Faser ihres Herzens, dass es Tony sein würde. Vielleicht tappte auch er jetzt durch seine Zelle und suchte nach etwas, womit er sich verteidigen könnte –

Plötzlich stieß sie mit dem Kopf gegen einen festen Gegenstand. Ihr entfuhr ein Schrei, als sie zurückschreckte und ins Wanken geriet.

Eine Wand war es nicht. Es hatte nicht deren harte, raue Oberfläche. Das Waschbecken konnte es ebenfalls nicht sein. Dieser Gegenstand war neu in ihrem Verlies. Was immer es sein mochte, es versperrte ihr den Weg.

Ein winziges grünes Licht glühte in der Dunkelheit, unmittelbar vor ihr.

Der Mann mit der Maske hielt eine Kamera auf sie gerichtet.

Ein Blitzlicht zuckte auf, gleißendes Weiß, das ihr in die Augen stach. Geblendet wich Carol zurück. Sie stieß gegen das Waschbecken, stolperte und fiel zu Boden.

Noch ein Blitz.

Panisch vor Angst kroch Carol weg; helle Lichtpunkte flimmerten vor ihren Augen. Es blitzte ein drittes Mal. Ihr Kopf schlug in den Winkel zweier Wände. Sie steckte in der Falle.

Fünfundzwanzigstes Kapitel

Es war noch dunkel, als Darby am nächsten Morgen aufbrach.

Polizisten regelten den Verkehr in der Coolidge Road, der sich nicht nur hier, sondern auch in der ganzen Nachbarschaft staute, weil immer mehr Streifenwagen, Zivilfahrzeuge von Kriminalbeamten und TV-Übertragungswagen die Straßen in der Nähe von Carol Cranmores Haus blockierten. Trupps von Freiwilligen hatten sich zusammengefunden, um Flugblätter mit einem Porträt von Carol zu verteilen.

Dass auch Nationalgardisten mit Such- und Rettungshunden im Einsatz waren, überraschte Darby, denn wegen der angespannten Haushaltslage wurden diese Einheiten für gewöhnlich nicht in Anspruch genommen, wenn es um die Suche nach vermissten oder entführten Personen ging.

«Ich frage mich, wer die Rechnung für die Hunde bezahlt», sagte Coop, der offenbar genau dasselbe dachte.

«Vielleicht die *Sarah-Sullivan-Stiftung.*» Sarah Sullivan war ein Mädchen aus Belham, das vor mehreren Jahren entführt worden war. Ihr Vater, ein Bauunternehmer, hatte eine Stiftung gegründet, die finanzielle Unterstützung leistete, wenn die Suche nach Vermissten zusätzliche Kosten verursachte.

Darby musste darauf warten, dass die Polizei den Weg für sie frei machte und die Straßensperre wegräumte. Reporter und Kameraleute, die ihren Dienstwagen erkannten, kamen herbeigerannt und bestürmten sie mit Fragen.

Als das Haus der Cranmores endlich erreicht war, brummten ihr die Ohren, und sie fühlte sich ein wenig benommen. Darby schloss die Haustür auf und stellte ihren Einsatzkoffer in den Flur. Der Kupfergeruch von Blut wurde stärker, als sie über die Treppe nach oben ging.

Diannes Schlafzimmer war noch so aufgeräumt, wie es das in der Nacht zuvor gewesen war. Doch jetzt stand eine Kommodenschublade halb offen, so wie auch die Kleiderschranktür. Auf dem Boden stand ein Safe, einer jener tragbaren, feuerfesten Modelle, die zur Aufbewahrung wichtiger Dokumente verwendet wurden.

Anscheinend war Carols Mutter zurückgekehrt, um ein paar Sachen zu packen. Darby erinnerte sich mit Schrecken daran, selbst in ihrem Schlafzimmer gestanden und unter den Augen eines Detectives einen Koffer für den Umzug ins Hotel gepackt zu haben.

Sie betrat Carols Zimmer. Durch die Fenster fiel frühes, goldenes Tageslicht. Sie betrachtete die zur Erkennung von Fingerabdrücken mit schwarzem Pulver bedeckten Oberflächen und versuchte, den Lärm der Straße auszublenden, das Hundegebell, die Rufe der Reporter und das ständige Gehupe der Autos in der Coolidge Road.

«Wonach suchen wir eigentlich?», fragte Coop.

«Ich weiß nicht.»

«Prima. Das sollte uns helfen, die Suche einzugrenzen.»

Die Kleider des Mädchens hingen an Drahtbügeln im Schrank. Die meisten Oberteile und Hosen stammten, wie an den Aufnähern zu erkennen, aus Discounterläden. Die Schuhe waren ordentlich aufgereiht und nach Jahreszeiten sortiert: Sommerschuhe und Sandalen standen in der hinteren Reihe, die Herbst- und Winterstiefel in der vorderen.

Das Fenster neben dem Schreibtisch wies auf den Hinterhof des Nachbarhauses hinaus, wo zwischen dem Pfosten der Veranda und einem Baum eine Wäscheleine gespannt war. Direkt unterhalb, vor der Zaunkette, lag eine von Unkraut umwucherte Holzleiter auf dem Boden. Verbeulte Bierdosen und Zigarettenstummel rundeten den trostlosen Zustand des Vorgartens ab. Darby fragte sich, wie Carol es geschafft hatte, diesen unansehnlichen Anblick zu ignorieren.

Der Schreibtisch war sauber und aufgeräumt. In einem Glas steckten verschiedene Farbstifte. Die mittlere Schublade enthielt eine Kohleskizze, die Carols Freund darstellte, im Sessel sitzend und lesend. Es war offenbar der Sessel aus dem Wohnzimmer; nur hatte Carol die Flicken aus Klebeband weggelassen.

In einem Ordner befanden sich Zeitungsausschnitte mit den biographischen Profilen erfolgreicher Frauen. Verschiedene Zitate waren mit roter Tinte unterstrichen und an den Rändern mit Worten wie «wichtig» oder «Merken!» kommentiert. Auf der Innenseite des Ordnerdeckels stand in schwarzen Blockbuchstaben zu lesen: «Hinter jeder erfolgreichen Frau steht niemand anders als sie selbst.»

In einem Ringbuch waren Artikel über Schönheitstipps gesammelt. Ein mit «Training» überschriebener Abschnitt enthielt Diätempfehlungen. Als Vorbild hatte Carol das Foto eines äußerst dünnen Models eingeklebt, das eine große runde Sonnenbrille trug.

«Hier bin ich wohl überflüssig», sagte Coop, nachdem er einen Blick darauf geworfen hatte. «Ich nehme mir lieber nochmal die Küche vor. Ruf mich, wenn du was gefunden hast.»

Die Bettwäsche war abgezogen und in den Wäschesack

gesteckt worden. Darby setzte sich auf die durchgelegene Matratze und blickte durchs Fenster auf die Fernsehkameras eines Übertragungswagens. Sie fragte sich, ob auch Carols Entführer zuschaute.

Was genau hoffte sie eigentlich zu finden?

Gab er irgendwelche Parallelen zwischen Carol und den anderen vermissten Frauen?

Sowohl Carol als auch Terry Mastrangelo waren vom Aussehen her eher durchschnittlich. Terry zeigte auf ihrem Foto jenen unzufriedenen und erschöpften Gesichtsausdruck, den Darby schon häufig bei alleinstehenden Müttern registriert hatte. Carol war fünf Jahre jünger und stand kurz vor dem Abschluss der Highschool. Obwohl viel zu dünn, war sie mit ihren scharfen blauen Augen und der hellen, sommersprossigen Haut die Hübschere der beiden.

Nein, Attraktivität gab nicht den Ausschlag; dessen war sich Darby sicher. Was die beiden jungen Frauen miteinander gemein hatten, musste etwas anderes sein.

Doch leider kannte Darby von Carol nicht viel mehr als die gerahmten Fotos im Flur und ein paar in Plastiktüten gesammelte Beweisstücke. Und von Terry Mastrangelo wusste sie fast nichts. Nur, dass sie alleinerziehende Mutter war.

Das traf auch auf Dianne Cranmore zu.

War womöglich Carols Mutter das eigentliche Ziel der Entführung gewesen?

Dianne Cranmore war zwar über zehn Jahre älter als Terry, doch schien das Alter bei der Auswahl der Opfer keine Rolle zu spielen. Mit diesem Gedanken beschäftigt, kehrte Darby ins Schlafzimmer der Mutter zurück.

Dianne hatte für ihre Bettdecke und die Laken sicherlich einiges ausgegeben. Sie besaß ein paar schöne Schmucksachen, aber nichts, was einen Einbruch gelohnt hätte. Die Kleider im Schrank waren aufgetragen. Es schien, dass sie ein Faible für Schuhe hatte.

Auf einem schlichten Bücherregal neben dem Bett standen gerahmte Fotos von Carol als Kleinkind. Beide Regalbretter waren vollgepackt mit Liebesschmonzetten, offensichtlich bei Ausverkäufen der Bibliothek erworben. Die Bücher und Nippsachen auf dem unteren Brett waren verstaubt – mit Ausnahme dreier in schwarzes Leder gebundener Alben. Diese waren offenbar häufiger zur Hand genommen worden.

Ob sie auch in der vergangenen Nacht durchgeblättert worden waren? Vielleicht hatte Dianne nach einem weiteren Bild von Carol gesucht, nach demjenigen, das jetzt auf den Handzetteln abgedruckt war.

Darby streifte sich ein Paar Latexhandschuhe über und setzte sich auf den Teppich, um das untere Regalbrett in Augenschein zu nehmen.

Unter dem Sockel und auf den ersten Blick kaum zu sehen, befand sich eine kleine schwarze Plastikbox, kaum größer als eine Zigarettenschachtel. Aus der Seite ragte etwas um circa einen Zentimeter heraus – eine Antenne.

Ein Abhörgerät.

Darby zog die Stableuchte aus der Tasche, legte sich flach auf den Boden und untersuchte die schwarze Box. Sie war mit einem Klettband unter das Regalbrett montiert worden. Keine Drähte – anscheinend batteriebetrieben.

Auf dem Markt waren Geräte erhältlich, die, um Energie zu sparen, per Fernbedienung ein- und ausgeschaltet werden konnten; manche ließen sich auch akustisch aktivieren. Sie hatten unterschiedliche Funkreichweiten. Es war äußerst wichtig, die technischen Merkmale dieses Gerätes festzustellen, da sie Aufschluss über den Aufenthaltsort desjenigen geben würden, der sie abhörte.

Darby rückte näher an das Gerät heran und suchte nach dem Namen des Herstellers und einer Modellnummer. Vergeblich. Wahrscheinlich befanden sich diese Angaben auf der Rückseite, die zur Wand zeigte. Sie würde das Gerät abmontieren müssen, doch das würde Geräusche verursachen.

Falls jetzt jemand lauscht, wird er es hören und wissen, dass wir das Ding gefunden haben.

Darby kam eine Idee. Sie stand auf und eilte auf wackligen Beinen in Carols Zimmer zurück.

Sechsundzwanzigstes Kapitel

Darby fand ein zweites Abhörgerät unter Carols Bett, montiert an der Zarge, und zwar so, dass Herstellername und Modellnummer wiederum nicht zu erkennen waren.

Zwei Abhörgeräte. Sie fragte sich, ob noch weitere im Haus versteckt sein mochten.

Darüber lohnte es sich nachzudenken: Wenn sich Carols Entführer die Mühe gemacht hatte, das Haus zu verwanzen, würde er womöglich auch den Polizeifunk und Handygespräche abhören. *Radio Shack* verkaufte Polizeifunk-Scanner, und wenn man das richtige Gerät hatte, war es ein Leichtes, die entsprechenden Mobilfunkfrequenzen aufzufangen.

Darby fand Coop in der Küche. Sie hielt sich den Zeigefinger vor die Lippen und schrieb auf sein Klemmbrett, was sie im Obergeschoss gefunden hatte.

Er nickte und machte sich von neuem daran, die Küche zu durchsuchen. Darby ging währenddessen nach draußen.

Das Gebell von Spürhunden hallte aus dem angrenzenden Wald. Darby stand auf der Eingangsveranda, wählte Banvilles Nummer und sah einen Mann auf einen Telegraphenmast zuhinken, wo er mit einem Tacker das Flugblatt mit Carols Foto anheftete. Sie fragte sich, ob Carols Entführer jetzt irgendwo in seinem Auto hockte und zuhörte.

Sie erinnerte sich noch gut an die Überwachungsausrüstung, die von den Feds im vergangenen Jahr eingesetzt wurde, um die Ermittlungen in einem Fall zu unterstützen, an dem sie und Coop gearbeitet hatten. Es war ein großes, sperriges Gerät gewesen. Falls auch Carols Entführer ein solches

Gerät benutzte, müsste er es im Laderaum eines Lieferwagens verstecken.

Banville meldete sich.

«Wo sind Sie?», fragte Darby.

«Auf dem Rückweg in die Zentrale», sagte Banville. «Ich war in Lynn bei LBC. Er wohnt seit zwei Monaten im Haus seiner Freundin. Er hat Schuhgröße 43, besitzt keine Stiefel und kann Zeugen benennen, die beschwören, dass er in der Nacht von Carols Verschwinden bei ihnen war. Ich glaube, wir können ihn von der Liste der Verdächtigen streichen. Wir haben übrigens alle einschlägig bekannten Pädophilen aus unserem Bezirk vorgeladen. Sie sind jetzt in der Zentrale.»

«Wann werden Sie wieder in Belham sein?»

«Bin schon da. Worum geht's?»

«Wo genau sind Sie jetzt?»

«Ich trinke gerade einen Kaffee bei Max in der Edgell Road.»

Darby kannte das Lokal. «Bleiben Sie da. Ich bin in zehn Minuten bei Ihnen.»

Sie verabschiedete sich von Coop, verließ das Haus und beschloss, zu Fuß zu gehen. Mit dem Auto käme sie bei all dem Verkehr weniger schnell voran, und außerdem würde sie die Zeit nutzen können, um ihre Gedanken zu ordnen.

Daniel Boyle stand auf der anderen Straßenseite und schaute Darby McCormick nach, die, die Hände in den Taschen ihrer Windjacke vergraben, mit gesenktem Kopf und schnellen Schritten die Coolidge Road entlangging.

Während der letzten Stunde nach außen hin damit beschäftigt, Flugblätter in die Briefkästen der Nachbarschaft und unter Scheibenwischer zu stecken, hatte er den Bewegungen von Darby und deren Partner im Haus der Cranmores über seine Kopfhörer gelauscht. Der iPod in seiner Tasche war in Wirklichkeit ein Sechs-Kanal-Receiver, der es ihm erlaubte, die sechs verschiedenen Abhörgeräte, die im Haus versteckt waren, anzusteuern.

Er hatte der belanglosen Unterhaltung zwischen Darby und ihrem Partner in Carols Zimmer zugehört und, als der Partner gegangen war, mitbekommen, wie Darby noch eine Weile in dem Schlafzimmer herumgestöbert und Schubladen aufgezogen hatte, bevor sie ins Schlafzimmer der Mutter zurückgekehrt war. Dort hatte sie sich ebenfalls zu schaffen gemacht, vor allem in der Nähe des Regals, unter dessen Sockel er eines der Abhörgeräte installiert hatte.

Nachdem sie sich dann noch einmal fast eine halbe Stunde lang in Carols Zimmer aufgehalten hatte, war sie nach unten in die Küche gegangen. Mit ihrem Partner hatte sie dort kein einziges Wort gewechselt. Minuten später war sie mit einem Mobiltelefon in der Hand auf der Veranda zu sehen gewesen.

Warum hatte sie den Anruf nicht im Haus getätigt? Warum war sie deswegen vor die Tür getreten?

Die Abhörgeräte waren gut versteckt. Hatte sie sie womöglich entdeckt?

Irgendetwas schien sie gefunden zu haben. Am Telefon hatte sie einen nervösen und aufgeregten Eindruck gemacht und mit ihren Blicken die Straße abgesucht, als ahnte sie, dass er sich in der Nähe und unter all den anderen freiwilligen Helfern aufhielt. Sie hatte ihm nachgeschaut, als er auf den Telegraphenmast zugehinkt war, um das Flugblatt anzutackern. Dem Polizisten, der die Flugblätter verteilte, war er nicht weiter aufgefallen.

Boyle sah Darby nach rechts in die Drummond Avenue einbiegen. Er wollte ihr folgen, um zu sehen, wohin sie ging.

Nein. Zu riskant. Sie hatte ihn gesehen. Besser wäre, er verschwände.

Boyle steuerte die Wanze in der Küche an und hinkte zu seinem Wagen zurück. Mehr als das Echo von Schritten war nicht zu hören.

Der Empfang über den iPod wurde schwächer. Der Receiver im Auto hatte eine sehr viel größere Reichweite. Weil die Polizei höchstwahrscheinlich nach einem Lieferwagen Ausschau hielt, hatte er sich vor kurzem einen alten Aston Martin Lagonda zugelegt, jenes Modell, das auch sein Großvater beziehungsweise Vater gefahren hatte. Motor und Getriebe waren brandneu, die Karosserie jedoch hatte etliche Macken. An mehreren Stellen blätterte der Lack ab, besonders da, wo sich Rost gebildet hatte.

Boyle griff nach seinem neuen BlackBerry-Handy. Richard hatte es ihm am Abend zuvor gegeben. Es war mit einem Dekodiersystem ausgestattet, mit dessen Hilfe er den Polizeifunk mithören oder feststellen konnte, ob man ihn über einen Scanner zu orten versuchte. Das gestohlene Gerät war so umprogrammiert worden, dass sich ausgehende Gespräche nicht verfolgen ließen.

«Was macht die McCormick gerade?»

«Sie ist immer noch unterwegs», antwortete Richard. «Ich frage mich, ob sie deine Wanzen im Haus entdeckt hat.»

«Das frage ich mich auch. Wie soll's denn weitergehen?»

«Wir sollten davon ausgehen, dass sie sie gefunden hat. Wo hast du sie gekauft?»

«Nirgends. Sie sind selbstgebastelt.»

«Gut. Dann führt keine Spur zu dir. Hast du noch welche in Reserve?»

«Ja.»

«Wir sollten welche in Slavicks Haus verstecken.»

«Willst du, dass wir an unserem Plan festhalten?»

«Unbedingt», antwortete Richard. «Wir müssen sie von unserer Spur abbringen. Ich rufe später wieder an.»

Boyle startete den Motor und fuhr los, um sich in eine ruhigere Gegend zurückzuziehen.

Zwanzig Minuten später steuerte er durch eine der besseren Wohngegenden. Hier sah man keine mit Parkkrallen stillgelegten Autos, und auf den Veranden lungerten keine Arbeitslosen herum. Die Rasenflächen waren gemäht, die Häuser tadellos gepflegt.

Er erinnerte sich, dass Darby McCormick in diesem Viertel aufgewachsen war. Vielleicht wohnte ihre Mutter immer noch hier. Das herauszufinden war ein Kinderspiel.

Da, das weiße Haus. Die Tür hinter dem Fliegengitter stand offen.

Boyle fuhr bis ans Ende der Straße. Er zog Handschuhe an und langte nach dem gepolsterten Briefumschlag unterm Sitz. Er drehte das Fenster herunter, wendete den Wagen und warf den Umschlag auf die Eingangsstufen des weißen Hauses.

Als er den Highway erreicht hatte, fühlte sich Boyle entspannt und wohl. Der Plan war in Gang gesetzt. Jetzt brauchte er sich nur noch einen Lieferwagen von FedEx oder UPS zu besorgen – und eine Leiche.

Siebenundzwanzigstes Kapitel

Darby traf Banville in der zuhinterst gelegenen und mit rotem Vinyl bezogenen Sitzecke des Diners vor einer Tasse Kaffee an. Er war der einzige Gast. Am Fenster, das zum Parkplatz wies, klebte ein Vermisstensteckbrief mit dem Porträt von Carol Cranmore.

«Ich habe Wanzen bei ihr zu Hause gefunden», sagte Darby anstelle einer Begrüßung und nahm am Tisch Platz. «Lange können sie da noch nicht sein, denn es hat sich noch kein Staub darauf abgelegt.»

«Wanz*en*? Wie viele sind es denn?»

«Ich habe vier entdeckt – eine im Schlafzimmer der Mutter, eine in Carols Zimmer und zwei auf Schränken in der Küche. Über den Hersteller und das Modell kann ich noch nichts sagen. Sie sind mit Klettbändern angebracht worden, die sich nicht lösen lassen, ohne dass Geräusche entstehen.»

«Wenn wir es versuchen und er hört mit, wird er wissen, dass wir die Dinger gefunden haben.»

«Genau das ist das Problem. Wir können noch nicht einmal Fingerabdrücke abnehmen, ohne dass es ihm auffällt.» Nach einer kurzen Pause fügte sie hinzu: «Ein weiteres Problem liegt darin, dass sie batteriebetrieben sind. Sie werden also aller Wahrscheinlichkeit nach nicht rund um die Uhr in Betrieb sein. Ich vermute, sie lassen sich über eine Fernsteuerung ein- und ausschalten, um die Batterien zu schonen. Wenn Hersteller und Modell bekannt wären, könnte ich einfach über Google die technischen Daten in Erfahrung bringen. Dann wüssten wir, wie lange die Batterien halten, ob die Dinger tatsächlich ferngesteuert werden und wie groß ihre Reichweite ist. Manche haben einen Radius von bis zu einem Kilometer, und für die meisten sind Mauern und Fenster überhaupt kein Hindernis.»

«Wie kommt's, dass Sie sich mit Wanzen so gut auskennen?»

«Einer meiner ersten Fälle hatte mit Mafiageschäften zu tun, und dank der Feds habe ich einen Schnellkurs über Abhörgeräte absolviert. Was ich da bei den Cranmores gesehen habe, scheint mir nicht besonders raffiniert konstruiert zu sein. Vielleicht sind diese Wanzen sogar Eigenfabrikat.»

«Apropos Feds. Das Bostoner Büro hat mir heute Morgen mitgeteilt, dass ein Profiler in der Stadt ist und mit mir sprechen will.»

«Worüber?»

«Keine Ahnung.»

«Ich glaube, unser Mann hat Carol aus dem Haus geschleppt, in seinen Lieferwagen gepackt und dabei festgestellt, dass die Unbekannte verschwunden ist. Er hat nach ihr gesucht, konnte sie nicht finden und ist schließlich ohne sie abgehauen. Vorher ist er aber noch einmal ins Haus zurückgegangen, um die Wanzen unterzubringen, mit denen er nun jede Bewegung im Haus mithören kann. Ich wette, er hat uns auch letzte Nacht belauscht. Wie viele Kollegen bewachen das Krankenzimmer unserer Unbekannten?»

«Im Moment ist es nur einer.»

«Stellen Sie ein paar mehr ab. Und sorgen Sie dafür, dass sich jeder ausweist, der die Intensivstation betritt.»

«Ist schon angeordnet worden. Die Presse hat erfahren, dass sie im *Mass General* liegt. Das Fernsehen war live vor Ort und hat gesendet.»

«Und unsere Unbekannte?»

«War heute Morgen um neun immer noch nicht ansprechbar.»

«Ich glaube, es wäre gut, eine Liste der Namen aller Freiwilligen zusammenzustellen, die bei der Suche nach Carol Cranmore helfen. Lassen Sie auch die Führerscheine überprüfen und feststellen, ob jemand von außerhalb dabei ist. Haben Sie schon irgendwelche Angehörigen von Terry Mastrangelo ausfindig machen können?»

«Noch nicht.» Banville stellte die Tasse auf den Unterteller zurück. «Noch einmal zurück zu den Wanzen», sagte er. «Haben Sie eine Ahnung, was für eine Art von Empfangsgerät unser Mann verwenden könnte?»

«Es könnte ein einfacher FM-Receiver sein, wenn die Funksignale der Wanzen stark genug sind. Ich habe von Empfängern gehört, die als Walkman getarnt wurden. Das würde aber nur bei geringer Reichweite funktionieren. Wenn er so etwas benutzt, hält er sich in der Nähe des Hauses auf. Für größere Reichweiten käme nur ein Empfänger in Frage, der nicht so leicht zu verstecken wäre.»

«Es könnte also sein, dass unser Mann zurzeit irgendwo in der Nähe des Cranmore-Hauses in seinem Lieferwagen sitzt.»

«Ich hoffe, Sie haben nicht vor, Streifenbeamte loszuschicken und die ganze Gegend durchforsten zu lassen», entgegnete Darby. Wenn Carols Entführer von einer solchen Maßnahme Wind bekäme, würde er sich sofort aus dem Staub machen, womöglich in Panik geraten und Carol töten.

«Das wäre naheliegend, aber viel zu riskant. Nein, ich überlege nur, wie wir aus dem Umstand, dass er womöglich in der Nähe ist, den größtmöglichen Vorteil schlagen könnten.»

«Stellen Sie ihm eine Falle.»

«Es scheint, als hätten Sie da schon etwas Spezielles im Sinn.»

«Zuerst sollten wir die Reichweite der Wanzen zu bestimmen versuchen. Dann lassen Sie in diesem Umkreis Straßensperren einrichten und jeden möglichen Fluchtweg blockieren. Während ich mich schließlich mit Coop im Haus der Cranmores über irgendwelche erfundenen Beweise und Erkenntnisse unterhalte, versuchen Sie, die Funkfrequenz zu ermitteln.»

«Keine schlechte Idee. Aber für Letzteres haben wir nicht die nötige Ausrüstung.»

«Wir schalten die Feds ein. Die können das. Es bleibt uns nicht viel Zeit. Ich bin mir ziemlich sicher, dass die Wanzen per Batterie betrieben werden. In ein, zwei Tagen geht denen der Saft aus.»

Banville schaute zum Fenster hinaus. Seine Miene war wie immer ausdruckslos. Er ließ sich nie irgendetwas anmerken.

«Heute Morgen hat mich ein Reporter von *Herald Tribune* in die Enge getrieben und gefragt, ob Carols Verschwinden möglicherweise mit dem Fall der vermissten Terry Mastrangelo in Zusammenhang stehe.»

«Verdammt.»

«Tja. Zu allem Überfluss haben wir's jetzt auch noch mit einer undichten Stelle zu tun.» Er sah ihr wieder in die Augen. «Wer weiß von Mastrangelo?»

«Wir beide und die Kollegen vom Erkennungsdienst», antwortete Darby. «Und wie steht's mit Ihren Leuten?»

«Ich habe nur meine engsten Mitarbeiter eingeweiht. Das Problem ist, dass Vermisstenfälle, vor allem solche dieser

Größe, immer für Wirbel und Konkurrenz unter den Reportern sorgen. Jeder will der Erste sein, wenn es darum geht, mit Informationen aus erster Hand aufwarten zu können. Und das Geld dafür kassieren. Es wird Sie überraschen, wie viel Geld bisweilen im Spiel ist.»

«Hat man Ihnen ein Angebot gemacht?»

«Nicht mir. Dafür kennt man mich zu gut. Aber es gibt viele Kollegen in der Abteilung, die einem Zubrot nicht abgeneigt wären, weil sie Alimente zahlen müssen oder ein neues Auto haben wollen. Wer von Ihnen im Labor weiß etwas von den Wanzen?»

«Im Moment nur Coop und ich.»

«Dabei sollte es bleiben.»

«Unser Chef will aber informiert werden», sagte Darby zögernd. «Sie bringen mich da in eine heikle Lage.»

«Wenn es darum geht, bin ich es eben, der die Wanzen gefunden hat. Sie wissen von nichts.»

«Wie wär's, diesen Reporter für uns einzuspannen? Wir tischen ihm eine Geschichte auf, wonach das Labor eine Hausdurchsuchung vorhat, sagen wir morgen Abend. So können wir sicher sein, dass unser Mann mithört.»

«Daran habe ich auch schon gedacht. Ich werde jetzt ein paar Anrufe machen und mich danach wieder mit Ihnen in Verbindung setzen. Soll ich Sie zu Hause absetzen?»

«Danke. Ich bestelle mir jetzt auch einen Kaffee und gehe dann zu Fuß. An der frischen Luft kommen mir immer die besten Ideen.»

Als sie auf ihren Kaffee wartete, klingelte das Mobiltelefon. Es war Leland.

«AFIS hat die Fingerabdrücke der Unbekannten identifiziert. Sie heißt Rachel Swanson und stammt aus Durham,

New Hampshire. Zum Zeitpunkt ihres Verschwindens war sie dreiundzwanzig Jahre alt.»

«Seit wann ist sie als vermisst gemeldet?»

«Seit fast fünf Jahren. Mehr weiß ich noch nicht. Haben Sie irgendwas bei den Cranmores gefunden?»

«Nein, nichts Neues.» Es gefiel Darby nicht, Leland zu belügen, aber Banville leitete die Ermittlungen und wollte es so.

«Ich habe Neil Joseph im Bereitschaftszimmer angetroffen und beauftragt, über das NCIC herauszufinden, was über diese Swanson bekannt ist. Mit den Kollegen vom Erkennungsdienst in New Hampshire habe ich mich auch schon in Verbindung gesetzt. Sie schicken uns ihre Unterlagen per Fax.»

«Ich bin sofort da.»

Achtundzwanzigstes Kapitel

Gegen Mittag hatte Darby alles Wissenswerte über das Verschwinden von Rachel Swanson erfahren.

In der Nacht zum Neujahrstag 2001 hatte sich die dreiundzwanzigjährige Rachel Swanson von ihren Freunden in Nashua, New Hampshire, verabschiedet und war nach Durham zurückgefahren, wo sie seit kurzem mit ihrem Freund Chad Bernstein zusammenlebte. Der hatte wegen einer Erkrankung nicht an der Party teilnehmen können. Lisa Dingle, eine Nachbarin, die gerade selbst von einer Silvesterfeier zurückgekehrt war, hatte Rachels Honda gegen zwei Uhr in die Einfahrt einbiegen sehen.

Eine Stunde später hörte Mrs Dingle, die unter Schlaflosigkeit litt und lesend im Bett lag, einen Wagen starten. Sie blickte auf und sah Chad Bernsteins schwarzen BMW rückwärts aus der Einfahrt rangieren.

Fünf Tage später meldete sich Lisa Dingle bei der Polizei, nachdem sie erfahren hatte, dass Bernstein und seine Freundin spurlos verschwunden waren.

Die Polizei richtete ihre Aufmerksamkeit auf Bernstein. Der sechsunddreißigjährige Softwareentwickler hatte sich vor kurzem von seiner Frau scheiden lassen, die der Polizei bereitwillig berichtete, dass sie von ihrem Ex-Mann häufig misshandelt worden sei, was auch aktenkundig war. Sie hatte sich schon dreimal über den Notruf bei der Polizei gemeldet. Während des letzten Streits war sie von Chad Bernstein mit einem Messer bedroht worden.

Bernstein war geschäftlich oft auf Reisen gewesen. Dreimal im Jahr hatte er die Londoner Niederlassung seiner

Firma besucht. Sein Reisepass war trotz gründlicher Hausdurchsuchung nicht gefunden worden. Auch der BMW blieb verschwunden.

Um Viertel vor eins kam das Fax vom Erkennungsdienst New Hampshires mit der Beweisaufnahme des Falls. Es hatte keine Spuren eines gewaltsamen Eindringens in das Haus der beiden gegeben. Allerdings waren in einem Blumenbeet vor dem Gartenfenster Schuhabdrücke entdeckt worden – Männerstiefel, Größe 44. Ein Kollege der Kriminaltechnik hatte Darby versprochen, ihr die Kopie eines Gipsabdrucks über FedEx zuzuschicken.

«Anstatt ihn zu erschießen, hat unser Mann den Freund von Rachel also gleich mit entführt», sagte Coop. Er und Darby nutzten das ungewöhnlich warme Herbstwetter und joggten durch den Public Garden, um den Kopf frei zu bekommen. «Es stellt sich die Frage, warum.»

«Vielleicht um kein Muster erkennen zu lassen», antwortete Darby. «Der Kerl ist ja auch so clever, seine Entführungsopfer in verschiedenen Staaten zu suchen. Ein Detective, der die Datenbanken von NCIC oder VICAP zurate zieht, wird auf keinen gemeinsamen Nenner stoßen. Schließlich verschwinden ständig irgendwo Frauen.»

«Du könntest recht haben. Auch was den Tathergang angeht, scheint er gern zu variieren: Terry Mastrangelo wurde vor ihrem Haus entführt. Rachel Swanson wurde zusammen mit ihrem Freund verschleppt. Im Fall Cranmore erschießt er den Freund und verschwindet mit dem Mädchen.»

«Hätte Rachel Swanson nicht fliehen können, hätten wir die Spur in eine völlig andere Richtung verfolgt.»

«Ich frage mich, wie lange er schon sein Unwesen treibt.»

«Na ja, soviel wir wissen, seit mindestens fünf Jahren – seit

Rachel verschwand», sagte Darby. «Wichtig ist vor allem, herauszufinden, was er mit den Frauen anstellt. Ich hoffe, wir erfahren über CODIS, von wem das Blut im Haus stammt.»

«Mir gehen ständig die Zeichen durch den Kopf, die du auf Rachel Swansons Handgelenk entdeckt hast. Mir fällt dazu nichts ein. Dir?»

«Nur das, was ich schon erwähnt habe. Es könnten Richtungshinweise sein.»

Sie liefen über die Brücke des Ententeichs in Richtung Spielplatz. Darby musste sich anstrengen, um Schritt zu halten.

Zehn Minuten später blieb sie vor einem Hot-Dog-Stand stehen. «Ich muss was essen; sonst mach ich schlapp», sagte sie schwer atmend. «Willst du auch was?»

«Nur 'ne Flasche Wasser.»

Während sich Darby einen Chili-Dog und eine Coke bestellte, flirtete Coop mit einer Joggerin, die ein äußerst knappes Trikot trug. Zwei ähnlich aufreizend bekleidete Frauen saßen auf einer Bank und aßen zu Mittag. Sie taxierten Coop mit unverhohlenem Interesse. Darby fragte sich, ob auch Carols Entführer hier oder in irgendeinem anderen Park mit den Frauen angebändelt hatte, die er später entführte.

War es wirklich so einfach, wie sie dachten? Darby hoffte, dass Carols und Rachels Entführer in seiner Auswahl nicht dem bloßen Zufall folgte, sondern dass vielmehr alle drei Frauen irgendetwas miteinander gemein hatten. Sie mussten nur darauf kommen, was.

Darby reichte Coop die Flasche Wasser. Sie setzten sich auf eine der Bänke, die im Kreis um einen Springbrunnen standen, vor dem Kinder spielten, von ihren Müttern beaufsichtigt.

«Dem Hot Dog fehlt was», sagte Darby.

«Echtes Fleisch?»

«Nein, Fritten.»

«Bei deiner Ernährung wundert es mich, dass du keinen Elefantenhintern hast.»

«Tja, vielleicht sollte ich wie deine letzte Freundin nur Salatherzen essen. Es war zu schön, wie ihr bei der Weihnachtsparty schlecht geworden ist.»

«Ich hatte ihr gesagt, sie solle mal über die Stränge schlagen und zu ihren Selleriestiften einen Löffel Ranch-Dressing nehmen.»

«Im Ernst, schämst du dich nicht manchmal wegen deiner Oberflächlichkeit?»

«Doch. Ich weine mich deswegen nachts in den Schlaf.» Coop lehnte sich mit geschlossenen Augen zurück und genoss die letzten Sonnenstrahlen.

Darby schüttelte den Kopf, bei Coop war wirklich Hopfen und Malz verloren. Sie sammelte den Abfall zusammen und brachte ihn zur Mülltonne.

«Entschuldigung.» Es war die hübsche Blondine, mit der sich Coop kurz zuvor unterhalten hatte. «Halten Sie mich bitte nicht für aufdringlich, aber darf ich fragen, ob der Mann, mit dem Sie da zusammensitzen, Ihr Freund ist?»

Darby kaute noch an ihrem letzten Bissen und verschluckte sich fast. «Er war's, bis er sich zum anderen Ufer bekannte.»

«Warum sind nur alle gutaussehenden Kerle schwul?»

«Seien Sie bloß froh. Der Typ ist überdimensional bestückt. Er heißt Jackson Cooper und wohnt in Charlestown. Warnen Sie alle Ihre Freunde.»

Coop musterte Darby mit kritischem Blick, als sie zurückkehrte. «Was wollte sie von dir?»

«Wissen, wie man zum *Cheers* kommt.»

«Darb, du bist doch in Belham aufgewachsen.»

«Ja, leider.»

Er wechselte das Thema: «Erinnerst du dich an den ‹Sommer der Angst›?»

Sie nickte. «Victor Grady hat in diesem Sommer sechs Frauen verschwinden lassen.»

«Eine davon war Pamela Driscol aus Charlestown», sagte Coop langsam. «Eine Freundin meiner Schwester Kim. Die beiden waren eines Abends auf irgendeiner Party. Pam machte sich dann allein auf den Weg nach Hause und ist seitdem verschwunden. Sie war ein wirklich nettes Mädchen. Ziemlich schüchtern. Wenn sie lachen musste, legte sie eine Hand auf den Mund, weil sie einen kleinen Überbiss hatte. Wenn sie zu uns kam, schenkte sie mir immer einen Hershey's Kiss. Ich weiß noch, wie sie im Zimmer meiner Schwester hockte, Platten von Duran Duran hörte und für Simon LeBon schwärmte.»

«Ich stand mehr auf den Bassisten.»

«Der war nicht mein Fall.» Coops Miene wurde ernst. «Nachdem Pam verschwunden war, glaubten alle, dass ein Schwarzer Mann nachts durch die Gegend streifte. Meine Mutter war so paranoid, dass sie für meine Schwestern ein Zimmer unterm Dach einrichtete. Sie wollte sogar eine Alarmanlage installieren lassen, die konnten wir uns aber nicht leisten. Mein Vater musste stattdessen sämtliche Schlösser auswechseln und zusätzliche Riegel anbringen. Manchmal wachte ich mitten in der Nacht auf und hörte meine Mutter nach unten laufen, um sich davon zu überzeugen, dass alle Fenster und Türen zugesperrt waren. Meine Schwestern durften nicht mehr allein ausgehen. Was auch verboten war, denn die Stadt hatte eine Ausgangssperre verhängt.»

Coop wischte sich den Schweiß von der Stirn. «Ein Opfer von Victor Grady stammte doch aus Belham, oder?»

«Zwei», antwortete Darby wie aus der Pistole geschossen. «Melanie Cruz und Stacey Stephens.»

«Kanntest du sie?»

«Wir sind zusammen zur Schule gegangen. Mit Melanie war ich befreundet. Sehr eng.»

«Dann weißt du, wovon ich spreche», sagte Coop. «Unser Fall erinnert mich an damals. Es herrscht die gleiche Angst.»

Sie blieben noch eine Weile schweigend sitzen, joggten dann aber zum Institut zurück und duschten. Darby trocknete sich die Haare, als ihr Mobiltelefon klingelte. Dr. Hathcock vom *Mass General* war dran. Ihre Stimme war kaum zu verstehen, weil im Hintergrund jemand schrie.

«Entschuldigung, was haben Sie gesagt?», fragte Darby.

«Ich sagte, dass unsere Unbekannte soeben aufgewacht ist. Sie ruft nach einer Person namens Terry.»

Neunundzwanzigstes Kapitel

Erleichtert nahm Darby zur Kenntnis, dass zwei weitere Sicherheitsleute vor dem Eingang der Intensivstation postiert waren.

«Die Ärztin erwartet Sie schon», sagte der eine, ein rundlicher Typ, mit schiefem Grinsen. «Viel Spaß.»

Darby fragte sich, was er wohl damit meinte, als ihr Blick auf einen stämmigen, kahlköpfigen Mann fiel, der gegenüber von Rachel Swansons Zimmer an der Wand lehnte und sich mit Dr. Hathcock unterhielt. Er hieß Dr. Thomas Lomborg, war Chefarzt der Psychiatrie und Autor mehrerer kriminologischer Fachbücher zum Thema abweichenden Verhaltens.

«Verflixt», sagte Coop, als er ihn sah, und kramte in seinen Taschen.

«Was ist?»

«Ich habe meinen Abwehrspray für aufgeblasene Wichtigtuer vergessen.»

«Benimm dich.»

Ein schriller Schrei, der durch den Flur hallte, ließ Darby zusammenfahren. *«TERRY! Hilf mir!»*

Nachdem sie sich einander vorgestellt hatten, sagte Lomborg: «Ich habe unserer Patientin ein leichtes Beruhigungsmittel gegeben. Wie Sie hören, lässt seine Wirkung zu wünschen übrig. Dr. Hathcock und ich stimmen darin überein, dass ihr schlechter Zustand eine Einnahme von Psychopharmaka wohl verbietet. Vor allem müsste ich mir vorher erst ein Bild von ihrer psychischen Verfassung machen. Dr. Hathcock hat mir gesagt, dass unsere Patientin Sie für diese Person namens Terry hält. Ist das richtig?»

«Dafür hat sie mich jedenfalls gehalten, als ich sie in dem Verschlag unter der Veranda gefunden habe», antwortete Darby.

«Gibt es diese Terry tatsächlich?»

«Ja. Auf Einzelheiten der Ermittlungen darf ich nicht eingehen, nur so viel: Terry und die Patientin kannten sich.»

«Können Sie mir wenigstens verraten, welcher Art dieses Verhältnis war? Es würde mir die Diagnose erleichtern.»

«Sie wurden beide auf gleiche Weise traumatisiert», sagte Darby.

«Auf welche Weise?»

«Das weiß ich nicht.»

«Und was wissen Sie über unsere Patientin?»

«Nichts, was Ihnen weiterhelfen würde», antwortete Darby wahrheitsgemäß. «Hat sie etwas gesagt?»

«Nicht, dass ich wüsste.» Lomborg richtete den Blick auf Dr. Hathcock, die aber nur mit dem Kopf schüttelte.

«TERRY, WO BIST DU?»

«Ich würde jetzt gern zu ihr reingehen. Vielleicht kann ich sie dazu bewegen, mit mir zu sprechen.»

«Ich begleite Sie», sagte Lomborg.

«Es wird ihr wahrscheinlich kein Wort zu entlocken sein, wenn jemand anders zugegen ist.»

«Dann lausche ich an der Tür.»

«Tut mir leid, das kann ich nicht zulassen», sagte Darby bestimmt. «Die Frau vertraut mir – aus welchen Gründen auch immer. Ich möchte dieses Vertrauen nicht missbrauchen.»

Lomborg kniff die Brauen zusammen. Er hatte offenbar versucht, mit einem beigefarbenen Korrekturstift seine dunklen Augenringe zu kaschieren, um sich den TV-Kameras vor dem Krankenhaus von seiner Schokoladenseite zu zeigen.

«Werden Sie das Gespräch aufzeichnen?» Er ließ nicht locker.

«Ja.»

«Dann hätte ich gern eine Kopie, bevor Sie gehen.»

«Die bekommen Sie, wenn wir die Aussagen überprüft haben.»

«Das wäre ein Verstoß gegen unsere Hausordnung.»

«TEERRYYYYY!»

«Dr. Lomborg, wir sollten jetzt nicht streiten, sondern zusehen, dass sich die Frau beruhigt», sagte Darby, die langsam genug hatte. «Was meinen Sie, wie soll ich vorgehen?»

«Schwer zu sagen. Über den Fall an sich oder die Umstände ihres Traumas weiß ich zu wenig. Die Patientin ist sehr erregt und wehrt sich gegen ihre Fixierung. Die dürfen Sie keinesfalls lösen. Auch wenn Sie gestern erfolgreich mit ihr Kontakt aufgenommen haben, können wir nicht davon ausgehen, dass sie heute ebenso zahm sein wird. Sie hat eine Krankenschwester attackiert.»

«Ich weiß. Dr. Hathcock hat mir davon berichtet.»

«Ich beziehe mich auf einen Vorfall, der sich *heute* Morgen zugetragen hat», entgegnete Lomborg von oben herab. «Eine Schwester hat ihr den Verband wechseln wollen und glaubte, dass sie noch betäubt wäre. Sie ist von ihr ins Handgelenk gebissen worden. Übrigens, was mag es mit den Zahlen und Buchstaben auf sich haben, die sie sich auf den Unterarm geschrieben hat?»

«Das wissen wir noch nicht.» *Jetzt mach schon, du Quacksalber, lass mich endlich zu ihr rein.*

«Versuchen Sie sie davon zu überzeugen, dass wir ihr nur helfen wollen. Anscheinend glaubt sie, von uns eingesperrt zu sein. Mehr kann ich Ihnen auch nicht raten.»

Rachel Swanson schrie um Hilfe und schien zu toben: Das Bettgestell schlug gegen die Wand.

«Die beiden Herren in Weiß, die vor der Tür stehen, sind Pfleger in der Psychiatrie», sagte Lomborg. «Sie verstehen sich darauf, Patienten in Schach zu halten, wenn es sein muss.»

«Schön. Aber sie sollen sich zurückhalten. Ich will auch nicht, dass sie sich hinter der Glasscheibe zeigen. Es könnte die Frau verunsichern.» Darby nahm ihren Kassettenrecorder zur Hand, ein kleines Gerät, das sich leicht in der Hemdtasche verbergen ließ.

«Ich weiß, sie drängen darauf, mit der Patientin zu sprechen», sagte Lomborg. «Aber bitte denken Sie daran: Unser Haus übernimmt keinerlei Haftung für den Fall, dass Ihnen irgendetwas zustoßen sollte. Sind Sie sich darüber im Klaren?»

Darby nickte. Sie drückte die Aufnahme-Taste und ließ den Recorder in die Hemdtasche gleiten.

Mit der Hand am Türgriff suchte sie krampfhaft nach einem Bild aus ihrer Vergangenheit, das ihr helfen sollte, der Angst zu begegnen, die in ihr aufkeimte. Beispielsweise war sie damals, als sie endlich wieder nach Hause hatten zurückkehren können, von Sheila bei der Hand genommen, durch die ganze Wohnung geführt und damit getröstet worden, dass sie in Sicherheit sei. Jetzt war ihre Mutter nicht bei ihr, niemand, der ihre Hand hielt. Aber es hielt auch niemand Carol Cranmores Hand.

Darby holte tief Luft und öffnete die Tür.

Dreißigstes Kapitel

Rachel Swanson war schweißgebadet. Die Augen fest zugekniffen, flüsterte sie etwas vor sich hin, das wie ein Stoßgebet klang.

Darby kam ihr mit leisen Schritten näher. Rachel Swanson rührte sich nicht. Als Darby den Rand des Bettes erreichte, beugte sie sich über Rachels verzerrtes Gesicht und lauschte dem röchelnden Flüstern.

«Ein R L drei R L.»

Rachel schien die Richtungsangaben aufzusagen, die auf ihrem Arm standen.

«Zwei L R zwei R L R R S L ... nein, R, der letzte ist *R*.»

Darby legte den Kassettenrecorder aufs Kissen und hörte Rachel von eins bis sechs zählen, um dann wieder von neuem zu beginnen.

«Rachel, ich bin's. Terry.»

Rachel Swanson schlug die Augen auf. «Terry, Gott sei Dank, du hast mich gefunden.» Sie zerrte an der Fixierung. «Jetzt hat er mich. Diesmal hat er mich wirklich.»

«Er ist nicht hier.»

«Doch. Ich habe ihn gesehen.»

«Außer uns beiden ist niemand da. Du bist in Sicherheit.»

«Er ist letzte Nacht gekommen und hat mir diese Handschellen angelegt.»

«Du bist in einem Krankenhaus», sagte Darby beruhigend. «Du hast ... aus Versehen eine Krankenschwester angefallen.»

«Er hat mir wieder eine Spritze gesetzt. Bevor ich eingeschlafen bin, habe ich ihn die Zelle durchsuchen sehen.»

«Du bist in einem Krankenhaus. Die Leute hier wollen dir helfen. Auch ich will dir helfen.»

Rachel hob den Kopf. Angesichts ihres grausig aussehenden, zahnlosen Lächelns hätte Darby am liebsten laut aufgeschrien.

«Ich weiß, wonach er sucht», sagte Rachel und zerrte mit Armen und Beinen an der Fixierung. «Ich hab's aus seinem Büro mitgenommen. Er kann es nicht finden, weil ich es vergraben habe.»

«Was hast du vergraben?»

«Ich zeig's dir. Aber zuerst musst du mir helfen, diese Handschellen loszuwerden. Ich kann den Schlüssel dafür nicht finden. Hab ihn wahrscheinlich fallen lassen.»

«Rachel, vertraust du mir?»

«*Bitte*, ich ... ich komm nicht mehr gegen ihn an, ich kann nicht mehr kämpfen.» Rachel fing an zu weinen. «Ich habe keine Kraft mehr.»

«Du brauchst auch nicht mehr zu kämpfen. Du bist in Sicherheit. In einem Krankenhaus. Hier hilft man dir, wieder gesund zu werden.»

Doch Rachel Swanson hörte nicht zu. Sie ließ den Kopf auf das Kissen zurückfallen und schloss die Augen.

So geht's nicht weiter. Versuch's auf eine andere Art.

Darby ergriff Rachels knochige, raue Hand.

«Ich beschütze dich, Rachel, ich verspreche es dir. Sag mir, wo er ist, und ich werde ihn finden.»

«Ich hab's dir schon gesagt. Er ist *hier*.»

«Wie ist sein Name?»

«Wie er heißt, weiß ich nicht.»

«Wie sieht er aus?»

«Er hat kein Gesicht und sieht immer anders aus.»

«Was soll das heißen?»

Rachel fing an, am ganzen Leib zu zittern.

«Ganz ruhig», sagte Darby. «Ich bin bei dir. Niemand wird dir wehtun.»

«Du warst doch dabei. Du hast gesehen, was er Paula und Marci angetan hat.»

«Ja, aber ich kann mich nicht mehr an Einzelheiten erinnern. Hilf mir bitte.»

Rachels Unterlippe bebte. Sie antwortete nicht.

«Mir ist aufgefallen, dass du dir da was auf den Unterarm geschrieben hast», sagte Darby ablenkend. «Die Buchstaben sollen wohl eine Wegbeschreibung sein, nicht wahr? L steht für links, R für rechts.»

Rachel öffnete die Augen. «Egal, ob wir rechts, links oder geradeaus gehen; am Ende stehen wir doch immer vor einer Wand, erinnerst du dich nicht?»

«Aber du hast einen Ausweg gefunden.»

«Einen Ausweg gibt's nicht, allenfalls Verstecke.»

«Was sollen die Zahlen bedeuten?»

«Du musst den Schlüssel finden, bevor er zurückkommt. Schau unter meinem Bett nach. Da könnte er hingefallen sein.»

«Rachel, es wäre gut, wenn ...»

«SUCH DEN SCHLÜSSEL!»

Darby tat so, als suchte sie den Boden ab, und fragte sich, ob Rachel mehr Informationen preisgeben würde, wenn sie von ihren Fesseln befreit wäre. Lomborg würde wohl entschieden dagegen sein, es sei denn, er selbst und ein paar Krankenpfleger wären mit im Zimmer.

«Hast du ihn gefunden, Terry?»

«Noch nicht.»

Denke nach. Lass dir diese Gelegenheit nicht entgehen. Denk nach.

Vor der Tür war niemand zu sehen. Obwohl ihr dieser blasierte Pinsel von Chefarzt zuwider war, fiel Darby nichts Besseres ein, als ihn um Rat zu fragen.

«Ich kann ihn nicht finden», sagte sie.

«Er muss aber hier irgendwo sein. Ich habe ihn bloß fallen lassen.»

«Ich gehe und hole Hilfe.»

Das war zu viel für Rachel. Sie bäumte sich in ihrem Bett auf und schrie: *«LASS MICH NICHT WIEDER MIT IHM ALLEIN. LASS MICH NUR JA NICHT ALLEIN!»*

Darby nahm schnell ihre Hand. «Keine Sorge. Ich werde nicht zulassen, dass er dir noch einmal wehtut. Ehrenwort.»

«Lass mich nicht allein, Terry, bitte, lass mich nicht allein.»

«Ich bleib bei dir und geh nirgendwohin.» Darby rückte mit dem Fuß einen Stuhl zurecht und nahm darauf Platz.

Rachel glaubt also, dass wir nach wie vor eingesperrt sind. Ich sollte mich darauf einlassen.

«Wer außer uns ist sonst noch hier?»

«Niemand», antwortete Rachel. «Paula und Marci sind tot, und Chad ...» Rachel fing wieder an zu weinen.

«Was ist mit Chad?»

Rachel antwortete nicht.

«Paula und Marci», sagte Darby. «Wie waren doch gleich ihre Nachnamen? Ich kann mich nicht erinnern.»

Keine Antwort.

«Es ist noch jemand hier mit uns», sagte Darby, einer plötzlichen Eingebung folgend. «Sie heißt Carol und ist siebzehn Jahre alt. Carol Cranmore.»

«Wo ist sie?»

Denk nach, verpatz das jetzt nicht.

«Ich habe sie um Hilfe schreien hören, kann sie aber nicht sehen», sagte Darby.

«Dann wird sie auf der anderen Seite sein. Seit wann ist sie hier?»

«Seit etwas über einem Tag.»

«Wahrscheinlich schläft sie. Er rührt immer allen, wenn sie hier ankommen, ein Schlafmittel ins Essen. Dann bleiben die Türen für eine Weile geschlossen. Ihr bleibt also noch Zeit.»

«Was hat er mit ihr vor?»

«Hat sie ein Kämpferherz? Kann sie sich wehren?»

«Sie hat Angst», antwortete Darby. «Wir müssen ihr helfen.»

«Dann müssen wir zu ihr hin, bevor die Türen aufgehen. Nimm diese Handschellen ab.»

«Was passiert, wenn die Türen aufgehen?»

«Befrei mich von den Handschellen, Terry.»

«Ja, aber sag mir doch ...»

«Ich habe dir geholfen, Terry. Ich habe dich immer wieder in Schutz genommen und dir gezeigt, wo du dich verstecken kannst. Jetzt musst du mir helfen. *Mach mir sofort diese verdammten Handschellen ab!*»

«Gleich. Lass uns Carol rufen und ihr sagen, was sie tun soll.»

Rachel starrte unter die Decke. Eine Minute nach der anderen verstrich. Als Darby auf ihre Uhr schaute, waren zehn Minuten vergangen.

«Carol braucht unsere Hilfe, Rachel. Sag ihr, was sie tun soll.»

Der Recorder schaltete sich mit einem Klick aus; das Band war zu Ende. Rachel rührte sich nicht und starrte unverwandt unter die Decke.

Darby drehte die Kassette herum, um die Aufnahme fortzusetzen.

Es lohnte sich nicht. Rachel Swanson weigerte sich zu sprechen.

Einunddreißigstes Kapitel

Darby war erregt, besorgt und voller Hoffnung zugleich. Aus Angst, sie könnte irgendetwas vergessen, wollte sie sich alles aufschreiben und suchte nach Papier und Stift. Sie stieß die Tür auf, erinnerte sich dann aber, dass das ganze Gespräch auf Band aufgezeichnet war. Es gab keinen Grund zur Hektik.

Die Menge vor Rachel Swansons Zimmer hatte sich verdoppelt. Darby schaute sich um, suchte nach Coop – da war er, am Ende des Flurs, hinter dem Schalter der Anmeldung. Er hatte gerade aufgehört zu telefonieren.

«Es war das Labor», sagte Coop. «Leland ist soeben von Banville angerufen worden. Vor einem Haus in Belham, ein paar Kilometer vom Haus der Cranmores entfernt, wurde ein Päckchen gefunden, adressiert an Dianne Cranmore. Als Absender steht Carols Name darauf. Soweit ich weiß, hat niemand gesehen, wer es abgeliefert hat.»

«Was steckt drin?»

«Wissen wir noch nicht. Es ist auf dem Weg ins Labor.»

«Fahr zurück und warte auf das Ergebnis. Und bitte Mary Beth, nach zwei weiteren Namen zu suchen – Paula und Marci. Die Nachnamen kenne ich nicht. Sag ihr, die Suche kann auf New England begrenzt werden.»

«Und was hast du vor?»

«Ich muss mit Lomborg reden.»

«Benimm dich», revanchierte sich Coop.

Lomborgs Laune hatte sich noch nicht gebessert. Die Arme vor der Brust verschränkt, hörte er sich an, warum Darby

Rachel Swanson vorübergehend von ihren Fesseln befreit haben wollte.

«Das lasse ich unter keinen Umständen zu», entgegnete Lomborg.

«Und wenn man sie in die Psychiatrie verlegen würde? Dort ließe sie sich besser überwachen.» Darby wusste, dass einige Zimmer mit Überwachungskameras ausgestattet waren.

Lomborg schien auf den Vorschlag eingehen zu wollen, doch nun schüttelte Dr. Hathcock den Kopf.

«Solange die Sepsis nicht unter Kontrolle ist, kommt eine Verlegung nicht in Frage», sagte sie bestimmt. «Die Antibiotika scheinen zwar anzuschlagen, aber das könnte sich ändern. Die nächsten achtundvierzig Stunden sind kritisch.»

«So viel Zeit wird Carol Cranmore womöglich nicht mehr haben», sagte Darby.

«Verstehe, und ich möchte Ihnen weiß Gott nach Kräften helfen, um das vermisste Mädchen zu finden», erwiderte Hathcock. «Aber ich bin nun einmal in erster Linie meiner Patientin gegenüber verantwortlich. Ich kann nicht erlauben, dass sie verlegt wird. Zuerst müssen wir die Sepsis in den Griff bekommen. Und ich kann auch nicht erlauben, dass ihr die Fesseln abgenommen werden. Sie hängt am Tropf und würde sich womöglich davon losreißen.»

«Können wir sie nicht wenigstens für eine Stunde davon befreien?» Darby war verzweifelt und versuchte, jede Möglichkeit auszuschöpfen.

«Zu riskant», sagte Hathcock. «Bedaure.»

Wenig später, allein auf der Damentoilette, ließ Darby kaltes Wasser übers Gesicht laufen, bis die Haut wie betäubt war. Dann fuhr sie mit den feuchten Händen über den Rand des Waschbeckens. Während des ersten Jahres nach Mels Verschwinden hatte Darby fast zwanghaft immer wieder Gegenstände berührt, um sich über ihren Tastsinn zu vergewissern, dass sie noch am Leben war. Als sie sich jetzt die Hände abtrocknete, betete sie, dass Carol so schlau sein würde, einen Ausweg zu finden.

Auf dem Weg zum Fahrstuhl sah sie Mathew Banville im Wartezimmer. Neben ihm stand, mit einem teuren Anzug bekleidet, Spezialagent Evan Manning.

Zweiunddreißigstes Kapitel

Die Zeit hatte es gut mit Evan Manning gemeint. Seine kurzen braunen Haare hatten ein paar graue Stellen, doch er sah immer noch sehr gut aus, war jugendlich schlank und fit.

Darby hatte ihn zwar seit Jahren nicht mehr gesehen, konnte sich aber noch gut an jene stille Intensität in seinem Blick erinnern – die auch jetzt zu spüren war, da er sie bemerkt hatte.

Banville stellte die beiden einander vor. «Darby, das ist Spezialagent Manning vom FBI.»

«Darby?», fragte Evan. «Darby McCormick?»

«Schön, Sie wiederzusehen.» Darby schüttelte ihm die Hand.

«Ich kann's kaum glauben», sagte Evan. «Sie sehen noch genauso aus wie damals.»

«Sie kennen sich?», fragte Banville erstaunt.

«Ich habe Mr Manning kennengelernt, als er mit dem Victor-Grady-Fall befasst war», erklärte Darby.

«War das nicht der Automechaniker, der Anfang der achtziger Jahre diese Frauen entführt hatte?»

«Genau der.»

«Vierundachtzig, um genau zu sein», sagte Banville. «Wie alt waren Sie zu dieser Zeit, Darby? Fünfzehn?»

«Sechzehn. Ich kannte zwei der Opfer Gradys.»

«Eine von ihnen hat er umgebracht, nicht wahr? Erschossen nach einem missglückten Entführungsversuch, wenn ich mich recht erinnere.»

«Erstochen.» Darby sah plötzlich das Bild der Eingangsdiele vor sich, die Wand, bespritzt mit Stacey Stephens' Blut. «Die anderen Frauen hat Grady aller Wahrscheinlichkeit nach erwürgt.»

«Woher wissen Sie das? Die Leichen sind doch nie gefunden worden.»

«Grady hat Tonaufnahmen gemacht. Auf einigen Bändern sind Geräusche zu hören, die eindeutig darauf schließen lassen, dass er seine Opfer erdrosselt hat. So steht es jedenfalls in den Berichten.» Darby richtete den Blick auf Evan, um sich seine Bestätigung zu holen.

«Ja, wir haben in seinem Keller eine Kassette gefunden, in der die Bänder aufbewahrt waren», sagte Evan. «Die meisten sind allerdings von der Hitze des Feuers beschädigt worden.»

Banville nickte, offenbar zufrieden mit dieser Erklärung. «Spezialagent Manning ist seit neuestem Leiter der Bostoner Abteilung für Sonderermittlungen. AFIS hat ihn heute Morgen darüber in Kenntnis gesetzt, dass die Fingerabdrücke von Rachel Swanson identifiziert sind. Er bietet uns in diesem Fall seine Unterstützung an.»

«Sie waren soeben in ihrem Zimmer, nicht wahr?», fragte Evan neugierig. «Haben Sie irgendetwas in Erfahrung bringen können?»

«Sie nannte die Namen zweier weiterer Frauen. Wir gehen der Sache gerade nach. Das ganze Gespräch ist hier drauf.» Darby zeigte auf das Aufnahmegerät. «Was ist mit dem Päckchen, das ins Labor gebracht wurde?»

«Eine gepolsterte Versandtasche», antwortete Banville. «Welchen Inhalts, wissen wir noch nicht.»

«Dann werde ich gleich hinfahren. Rachel hat erst einmal auf stumm geschaltet.» Und an Evan gewandt: «Wieso haben Rachel Swansons Fingerabdrücke das FBI alarmiert?»

«Das erkläre ich Ihnen, wenn wir im Labor sind. Mein Wagen steht in der Garage. Ich könnte Sie fahren.»

Darby warf einen fragenden Blick auf Banville.

«Ich habe Mr Manning über den Stand der Ermittlungen in Kenntnis gesetzt», sagte er. «Wir sehen uns im Labor, sobald ich hier fertig bin.»

Dreiunddreißigstes Kapitel

Seit wann arbeiten Sie beim Erkennungsdienst?», fragte Evan, als sich die Fahrstuhltür hinter ihnen schloss.

«Seit ungefähr acht Jahren», antwortete Darby stolz. «Ich habe ein einjähriges Praktikum in New York absolviert und mich dann auf eine freie Stelle im Bostoner Labor beworben. Seit wann arbeiten Sie in Boston?»

«Seit sechs Monaten. Ich brauchte einen Tapetenwechsel.»

«Burn-out?»

«Verdammt nah dran. Mein letzter Fall hat mir den Rest gegeben.»

«Was war das für ein Fall?»

«Miles Hamilton.»

«Der durchgeknallte Teenager», sagte Darby. Dem minderjährigen Psychopathen, der jetzt in einer geschlossenen Anstalt eingesperrt war, wurde der Mord an zwanzig jungen Frauen zur Last gelegt. «Wie man hört, macht er sich Hoffnung auf eine Wiederaufnahme des Verfahrens, weil einer Ihrer Profiler angeblich falsche Beweise vorgelegt hat.»

«Davon weiß ich nichts.»

«Wird es zur Wiederaufnahme kommen?»

«Nicht, wenn ich ein Wörtchen mitzureden habe.»

Die Fahrstuhltür öffnete sich. Evan schlug vor, das Krankenhaus durch den Hintereingang zu verlassen, um den Reportern aus dem Weg zu gehen.

In gleißendem Sonnenlicht überquerten sie die Straße in Richtung Parkhaus. Evan war schweigsam. Erst als sie die Cambridge Street erreichten, ergriff er wieder das Wort.

«Banville hat mir von den Wanzen erzählt, die Sie gefunden haben.»

«Es überrascht mich, dass Sie ihn so schnell dazu überreden konnten», sagte Darby. «Ich hätte mit mehr Widerstand gerechnet.»

«Banville steht im Rampenlicht. Falls das Cranmore-Mädchen tot aufgefunden werden sollte, wird er nachweisen müssen, dass er alle Möglichkeiten ausgeschöpft hat.»

«Ich glaube nicht, dass sie tot ist.»

«Warum nicht?»

«Rachel Swanson war fast fünf Jahre lang in der Hand des Entführers, Terry Mastrangelo zwei Jahre. Vielleicht bleibt uns noch ein wenig Zeit.»

«Eines seiner Opfer liegt jetzt im Krankenhaus. Möglich, dass er kalte Füße bekommt, die junge Cranmore tötet, ihre Leiche versteckt und das Weite sucht.»

«Wieso sollte er dann Wanzen pflanzen?»

«Weil er zu erfahren hofft, wie viel wir über ihn wissen, um entsprechend planen zu können», antwortete Evan. «Oder was glauben Sie?»

«Er scheint recht gut organisiert und vorsichtig zu sein. Ich glaube, er beobachtet seine Opfer über längere Zeit, um ihre Gewohnheiten zu studieren. Vermutlich hatte er einen Schlüssel zu Carols Haus – wie er auch die der anderen hatte. Dann verschleppt er seine Opfer in sein Versteck, wo sie niemand sehen oder hören kann.»

«Zu welchem Zweck?»

«Das weiß ich nicht.»

«Glauben Sie, dass er sie sexuell missbraucht?»

«Klare Hinweise darauf gibt es bislang nicht. Allerdings haben solche Fälle immer eine sexuelle Komponente. Hat

Banville Ihnen gesagt, welche Beweise wir in dem Haus gefunden haben?»

Evan nickte. «Unser Labor versucht, die Lackspur zu identifizieren.»

«Dass Carols Entführer ein Päckchen aufgegeben hat, scheint Sie nicht überrascht zu haben.»

«Er will Kontrolle ausüben. Das versuchen fast alle Psychopathen, wenn sie in der Klemme stecken.»

«Glauben Sie, dass wir es mit einem Psychopathen zu tun haben?»

«Schwer zu sagen», antwortete Evan. «Und überhaupt, von Schubladen halte ich nicht viel.»

«Ich dachte, Profiler wie Sie stehen auf Schubladen – und Abkürzungen. AFIS, CODIS ...»

Evan grinste. «Man kann nicht jede Art von Verhalten bestimmten Mustern zuordnen. Haben Sie schon einmal an die Möglichkeit gedacht, dass der Mann, nach dem Sie suchen, womöglich einfach nur Gefallen daran findet, Frauen zu entführen?»

«Hinter jeder Art von Verhalten steckt ein bestimmter Beweggrund.»

«Wie sind Sie zur Polizei gekommen?»

«Fragen Sie als Profiler, Mr Manning?»

«Sie weichen meiner Frage aus.»

«Ich habe als College-Studentin ein Seminar zum Thema kriminologische Psychologie besucht. Das war wohl der entscheidende Anstoß.»

«Banville sagte mir, dass Sie in Kriminologie promovieren wollen.»

«Ich muss noch meine Doktorarbeit schreiben», erwiderte Darby.

«Worüber?»

«Über einen bestimmten Fall, den ich analysieren werde.»

«Lassen Sie mich raten – über den Fall Grady.»

«Zugegeben, ich spiele mit dem Gedanken.»

«Was hält Sie auf?»

«Die Akten zu diesem Fall lassen einige Fragen offen», antwortete Darby. «Riggers, der ermittelnde Beamte, hatte in seinen Aufzeichnungen etliche Details ausgelassen.»

«Kein Wunder. Der Mann war nicht nur schwer von Begriff, sondern auch faul. Sagen Sie mir, was Sie wissen, und ich werde versuchen, die Lücken zu füllen.»

«Ich konnte einen Blick in die Beweisakte werfen. Grady hat im Wald hinter unserem Haus einen mit Chloroform getränkten Lappen fallen lassen; und da wären noch die hinter der Schlafzimmertür zurückgelassenen blauen Fasern. Im Bericht des FBI-Labors steht, dass der Hersteller dieser Fasern ermittelt werden konnte. Die Suche wurde auf Automobilhandlungen in Massachusetts, New Hampshire und Rhode Island eingeengt. Die blauen Fasern passten zu den Schonbezügen, die auch von einem Händler in North Andover benutzt wurden, für den Grady gearbeitet hat.»

«All das fanden wir leider erst später heraus, nach Gradys Tod.»

«Ich weiß», sagte Darby. «Ich kenne auch Gradys Strafregister. Er war zweimal wegen versuchter Vergewaltigung angeklagt.»

«Stimmt.»

«Laut Ermittlungsakte gab es mehr als ein Dutzend Verdächtiger. Was ich nicht verstehe, ist: Was hat Riggers dazu veranlasst, Grady als Hauptverdächtigen anzusehen?»

«Ein anonymer Hinweis. Ein Stammkunde der Werkstatt, in der Grady arbeitete, meldete sich über unsere Hotline und behauptete, auf dem Boden von Gradys Auto eine blutverschmierte Perlenkette gesehen zu haben.»

«Warum hat er Ihre Hotline angerufen und sich nicht bei der Polizei gemeldet?»

«Weil eine der vermissten Frauen, nämlich Tara Hardy, zuletzt mit einer pinkfarbenen Strickjacke und einer Perlenkette gesehen wurde», sagte Evans. «Das Bild war wochenlang in der Presse und im Fernsehen zu sehen gewesen. Der Anrufer glaubte, dass die im Auto entdeckte Kette ihr gehören könnte. Auf der Hotline gingen ständig Anrufe dieser Art ein. Alle waren scharf auf die Belohnung.»

«Und was ist dann geschehen?»

«Riggers wollte den Helden spielen und durchsuchte Gradys Haus auf eigene Faust. Er fand dort Kleidungsstücke mehrerer vermisster Frauen und zog dann wieder ab, um einen Durchsuchungsbeschluss anzufordern. Dumm nur, dass er sich von einem der Nachbarn beim Einstieg in Gradys Haus hatte erwischen lassen.»

«Damit waren die Beweise nichts mehr wert.»

«Hätte er sich an die Vorschriften gehalten, wäre Grady wahrscheinlich geschnappt worden, und er hätte sich nicht das Leben nehmen können.»

«Hat Sie sein Selbstmord überrascht?»

«Anfangs ja. Später wurde bekannt, dass er offenbar erblich vorbelastet war. Seine Mutter litt an bipolaren Depressionen, und wenn ich mich richtig erinnere, hat sich auch der Großvater das Leben genommen.»

«So steht's in den Akten.»

«Ich vermute, Grady hat sich in die Enge getrieben gefühlt.

Nachdem Riggers bei ihm herumgeschnüffelt hatte und wir ihn mit dem Durchsuchungsbeschluss an seinem Arbeitsplatz aufgesucht haben, hat er kalte Füße bekommen.»

«In den Akten steht aber auch, dass Riggers wegen des Feuers stutzig geworden ist», sagte Darby. «Er glaubte, dass Grady womöglich ermordet wurde und dass sein Mörder den Brand gelegt hat, um Spuren zu beseitigen.»

«Auch ich hatte Bedenken. Was ich seltsam fand, war, dass er ausgerechnet eine Zweiundzwanziger benutzte, um sich ins Jenseits zu befördern.»

«Ich fürchte, ich kann Ihnen nicht ganz folgen.»

«Haben Sie schon einmal eine Zweiundzwanziger gehört, wenn sie abgefeuert wird? Sie macht einfach nur plopp. Den Schuss hört man kaum, vor allem dann nicht, wenn im Hintergrund ein Fernseher oder Radiogerät läuft. Wenn jemand Grady hätte erschießen wollen, hätte er sicherlich diese Waffe gewählt. Es gab damals Gerüchte dieser Art, ich bin sicher, Sie haben davon erfahren.»

«Nein.»

«Ich selbst habe allerdings in der Nacht vor dem Brand Gradys Haus observiert», sagte Evan. «Mir wäre aufgefallen, wenn er Besuch bekommen hätte.»

Auch Darby hatte eines Abends vor Gradys Haus gestanden. Rund einen Monat nach ihrer Rückkehr war sie dorthin gefahren in der Hoffnung, dass der Anblick des ausgebrannten Hauses sie von ihren Albträumen befreite. Doch dem war nicht so.

«Da wäre noch eine Frage, auf die Sie vielleicht eine Antwort haben», sagte sie.

«Sie wollen wissen, ob Melanie Cruz auf einem der Tonbänder zu hören war.»

«Die Bänder sind im FBI-Labor gelandet. Wir haben nie eine Kopie davon erhalten.»

«Die meisten Bänder sind durch den Brand schwer beschädigt, wenn nicht gar vernichtet worden. Es hat Monate gedauert, sie zu analysieren. Wir haben uns von den Angehörigen der Opfer Stimmproben zu Vergleichszwecken geben lassen. Von Melanies Eltern hatten wir ein selbstgedrehtes Video. Die Tonaufzeichnungen waren, wie gesagt, in sehr schlechtem Zustand, aber unsere Experten sind zu dem Schluss gekommen, dass auf einem der Bänder aller Wahrscheinlichkeit nach Melanie zu hören gewesen sei. Ihre Eltern waren anderer Meinung.»

«Melanies Eltern haben das Band gehört?»

«Sie wollten es so. In der Aufnahme, die ich ihnen vorgespielt habe, rief Melanie um Hilfe. Daraufhin hat die Mutter den Recorder ausgeschaltet und gesagt: ‹Das ist nicht meine Tochter.› Sie sagte, ihre Tochter sei noch am Leben und wir sollten sie finden.»

Darby sah Helena Cruz vor sich, wie sie die Plakate mit Mels Bild an die Brust presste, um zu verhindern, dass der kalte Wind sie ihr aus den Händen riss.

«Hat Mel in der Aufnahme irgendetwas gesagt?»

«Nicht viel», antwortete Evan ausweichend. «Sie hat, soweit ich mich erinnern kann, vor allem geschrien.»

«Vor Schmerzen?»

«Nein, aus Angst.»

Darby ahnte, dass Evans etwas vor ihr zurückhielt. «Was hat Mel gesagt? Sagen Sie es mir bitte, ich muss es wissen.»

Evan seufzte. «Sie sagte nur einen Satz, und den immer wieder: ‹Legen Sie das Messer weg, bitte, quälen Sie mich nicht länger.›»

Bilder gingen Darby durch den Kopf – Mels entsetztes Gesicht, die von der Wimperntusche geschwärzten Tränen auf ihren Wangen; Stacey Stephens, am Boden liegend und die Hände um den Hals geklammert, aus dem das Blut spritzte; Mel, mit einem Messer bedroht, in der Gewalt des Mannes mit der Maske.

Die Arme um die Brust geschlungen, starrte Darby zum Fenster hinaus und dachte zurück an jenen kalten Winterabend im Labor der Kriminaltechnik, an dem sie die Schachtel mit den Beweisen aus dem Fall Grady vor sich auf dem Arbeitstisch liegen hatte. Sie erinnerte sich, den Lappen in der Hand gehalten zu haben, der Melanie vor den Mund gepresst worden war – und der ihr wahrscheinlich selbst die Sinne geraubt hätte, wenn sie nach unten gegangen wäre.

«Wenn Sie Ihre Dissertation über diesen Fall fortzusetzen gedenken, würde ich Sie gern unterstützen», sagte Evan. «Ich könnte Ihnen das nötige Material besorgen, einschließlich der Tonbänder.»

«Vielleicht komme ich auf Ihr Angebot zurück.»

«Gut. Und nun berichten Sie mir von Ihrem Gespräch mit Rachel Swanson.»

Darby schilderte ihm ihre erste Begegnung im Verschlag unter der Veranda und kam schließlich auf das zu sprechen, was im Krankenzimmer vorgefallen war.

Evan schwieg. Er schien eigenen Gedanken nachzuhängen. Darby glaubte spüren zu können, wie es in seinem Kopf arbeitete. Einen so ungewöhnlich scharfen Verstand zu haben wie er, mochte eine Gabe sein, aber womöglich machte es auch einsam.

«Banville hat vor, einen Reporter als Lockvogel einzusetzen», sagte Evan endlich.

«Sie scheinen Bedenken zu haben.»

«Falls die Sache schiefgehen sollte, könnte er uns ein für alle Mal entwischen. Und wenn er ahnt, dass wir ihm auf den Fersen sind, ist es wahrscheinlich um Carol Cranmore geschehen.»

Vierunddreißigstes Kapitel

Seit dem 11. September wurden alle Päckchen und Briefe, die in der Polizeizentrale von Boston eingingen, zunächst in einen eigens dafür eingerichteten Kellerraum gebracht und geröntgt.

Darby marschierte im hell erleuchteten und mit Marmor ausgelegten Foyer auf und ab. Es half ihr, die Gedanken zu ordnen und sich zu konzentrieren.

Zwanzig Minuten später eilte sie mit dem Päckchen – einer mittelgroßen, gepolsterten Versandtasche – durch das Treppenhaus nach oben. Auf den Fahrstuhl zu warten wäre glatte Zeitverschwendung gewesen.

Zwei weiße Etiketten klebten auf dem Umschlag. Auf dem in der Mitte platzierten standen Name und Postanschrift von Dianne Cranmore. Auf dem anderen, links oben in der Ecke, waren nur zwei Worte zu lesen: «Carol Cranmore».

Beide Aufkleber hatten dieselbe Größe. Beide waren mit einer Schreibmaschine beschrieben worden – allem Anschein nach mit einem alten Typenhebelmodell. Darby sah, dass einige Buchstaben verschmiert waren.

Coop hatte im Labor alle nötigen Vorbereitungen getroffen. Auch Evan Manning und Leland Pratt waren zugegen. Coop hielt ein Klemmbrett in der Hand und trat zur Seite, um ihr Platz zu machen.

Darby legte die Versandtasche auf einen Bogen braunen Packpapiers. Nachdem sie den Umschlag vermessen hatte, nahm sie ein paar Fotos auf, zuerst mit der Laborkamera, dann mit der Digitalkamera. Die Digitalfotos sollten per

E-Mail an das Labor des FBI geschickt werden, wo Evans Kollegen bereits darauf warteten.

Darby drehte den Umschlag auf die andere Seite und suchte nach den Namen des Herstellers oder irgendwelchen ungewöhnlichen Merkmalen. Es fand sich allerdings lediglich die Aufschrift «No. 7».

«Manchmal steht der Herstellername auf der Innenseite des Kleberands», sagte Evan.

Darby nahm die Aufreißlasche zwischen die behandschuhten Finger und öffnete den Umschlag. Kleine graue Partikel – Zellstofffasern der Polsterung – wirbelten auf. Vorsichtig schüttelte sie den Inhalt aus der Tasche.

Ein zusammengefaltetes weißes Hemd mit Kragen fiel auf das Packpapier.

Darby zog die Öffnung des Umschlags auseinander. Er war jetzt leer.

Sie faltete das Hemd auseinander. Ein kalter Schauer lief ihr über den Rücken, als sie die Bilder fand, insgesamt drei.

Darby nahm die Bilder und legte sie auf ein gesondertes Stück Packpapier, das von dem durchs Fenster einfallenden Sonnenlicht bestrahlt wurde.

Zuoberst lag ein Foto von Carol Cranmore, auf dem sie ängstlich und mit ausgestreckten Händen durch einen von Betonwänden umschlossenen Raum tappte. Neben ihren bloßen Füßen war eine Abflussöffnung im Boden zu sehen.

Das zweite Foto zeigte Carol auf dem Boden hockend, die entsetzten Augen auf die Person hinter der Kamera gerichtet.

Bei der dritten Aufnahme hatte sich Carol, offenbar schreiend, in eine Ecke des Raums zurückgezogen.

Evan betrachtete die Bilder mit durchdringendem Blick. «Ist Carol Cranmore blind?»

«Nein», antwortete Darby erstaunt. «Wie kommen Sie darauf?»

«Es schien mir so wegen der tastenden Hände und aufgerissenen Augen. Womöglich hat er sie im Dunkeln aufgeschreckt.»

Darby hielt das erste Foto in der Hand und starrte darauf. Sie hatte das Gefühl, wie durch ein Fenster in Carols dunkle Gefängniszelle zu blicken, und wähnte sich in diesem Augenblick dem Mädchen sehr nahe.

Auf der Rückseite des dritten Fotos war mit einem Stück Klebestreifen eine Strähne rotblonder Haare aufgeklebt. Carols Haar.

Darby holte tief Luft. *Okay, gehen wir's an.*

«Coop, auf diesem Foto steht was geschrieben, in der Ecke rechts unten.» Darby nahm eine Lupe zur Hand. «H wie Henry, P wie Peter, eins-sieben-neun. Nach einem Stempel des Fotolabors sieht das nicht aus.»

Coop stand neben ihr. «Könnte aus einem Drucker stammen», sagte er. «Die Buchstaben und Zahlen sind vielleicht die Produktnummer des Papiers.»

Darby warf einen Blick auf die Rückseite des zweiten Fotos. Da waren dieselben Schriftzeichen, in der gleichen Ecke.

«Von den Haaren sollten wir eine DNA-Analyse machen lassen», schlug Darby vor. «Coop, schau dir die Versandtasche noch einmal näher an. Ich nehme mir das Hemd vor.»

Evan ging ins Konferenzzimmer, um sich Darbys Tonaufzeichnung in aller Ruhe anzuhören.

Das weiße Hemd, eine Herrengröße, hing an einem Bügel über dem Tisch, der mit weißem Papier abgedeckt war.

Darby machte sich mit einem Spatel daran zu schaffen und versuchte, Fremdspuren ausfindig zu machen und abzuschaben. Ein mühseliges und zeitaufwendiges Unterfangen. Sie musste an sich halten, um nicht in Hektik zu geraten.

«Ich hab was», sagte Pappy plötzlich.

Auf dem weißen Papier lag zwischen Schmutz- und Rostpartikeln eine einzige marineblaue Faser. Darby nahm sie mit einer Pinzette auf und steckte sie in einen Plastikbeutel.

Anschließend suchte sie unter der Lupe nach weiteren Hinweisen.

«Hier ist ein schwarzer Fleck. Könnte ein Farbrest sein», sagte Darby aufgeregt. «Und da ist noch einer.»

Es waren insgesamt fünf. Evans Kollegen würden im FBI-Labor noch für eine weitere Stunde in Bereitschaft sein. Darby sammelte die Plastikbeutel zusammen, verteilte sie im Labor zum Bearbeiten und machte sich dann daran, nach Fingerabdrücken zu suchen.

Coop hatte die an beiden Seiten vorsichtig geöffnete Versandtasche mit Ninhydrin behandelt. Das Papier war dunkelviolett eingefärbt.

«Außen sind jede Menge Fingerabdrücke», sagte Coop. «Von der Frau, die den Umschlag aufgehoben hat, liegen Vergleichsproben vor. Das Innere ist sauber. Keine Abdrücke. Vermutlich hat unser Mann Gummihandschuhe getragen. Ich habe eine winzige Spur davon auf der Haftklebung gefunden.»

«Was ist mit den Fotos?», fragte Darby.

«Auch die sind absolut sauber. Den Klebestreifen und die Etiketten muss ich mir allerdings noch vornehmen.»

«Okay. Sonst noch was?»

«Ja, die Produktbezeichnung der Versandtasche – *Tempest*», antwortete Coop. «Der Stempel ist in einer Falte versteckt. Mehr habe ich nicht. Übrigens, Mary Beth hat soeben angerufen. Sie ist unten in der Vermisstenabteilung und hat etwas über die beiden Namen herausgefunden, die Rachel Swanson erwähnt hat.»

Fünfunddreißigstes Kapitel

Darby knurrte der Magen vor Hunger, als sie die Tür zum Konferenzzimmer öffnete.

«... hat sich nicht zurückverfolgen lassen», sagte Banville soeben zu Evan.

«Was hat sich nicht zurückverfolgen lassen?», fragte Darby. Sie nahm auf dem Sessel neben Leland Platz und reichte ihm einen Aktenordner.

«Vor etwa einer Stunde ist im Haus von Dianne Cranmore angerufen worden», erklärte Banville. «Der Anrufbeantworter hat eine Nachricht von Carol aufgezeichnet, in der es heißt, dass sie unbedingt mit ihrer Mutter sprechen müsse und sich in einer Viertelstunde erneut melden wolle. Das hat sie auch getan, aber der Anruf war zu kurz, als dass wir ihn hätten zurückverfolgen können. Dianne Cranmore bestätigt, dass es ihre Tochter war. Eine Kopie des Gesprächs liegt uns vor. Wir wollten sie uns gerade anhören.»

Banville drückte auf die Abspieltaste des kleinen Kassettenrecorders und lehnte sich in seinem Sessel zurück. Evan blickte von seinem Laptop auf. Darby legte die zusammengefalteten Hände auf den Tisch und starrte auf den Recorder.

Auf dem Band war zu hören, wie der Hörer abgenommen wurde. «Carol? Carol, ich bin's. Ist alles in Ordnung mit dir?» Dianne Cranmore räusperte sich und hatte offenbar Mühe, ihre Stimme zu kontrollieren.

«Carol, Liebling, bist du es?»

«Ja, Mom. Ich ... Er hat mir nichts getan.»

Gepresster Atem. Schluckgeräusche.

«Wo bist du?», fragte die Mutter. «Kannst du mir das sagen?»

«Ich kann nichts sehen, es ist hier so dunkel.»

«Wo ... Was kann ich ... Carol, hör mir zu ...»

«Er ist da. Er hat ein Messer.»

«Du musst dich schützen, so wie ich's dir gezeigt habe.»

Klick.

Banville schaltete den Recorder aus.

Evan richtete seinen Blick auf Leland. «Wenn Sie gestatten, würde ich dieses Band gern mitnehmen. Wir haben in unserem Labor die Möglichkeit, Hintergrundgeräusche zu verstärken. Vielleicht findet sich da was. Wir könnten auch die Versandtasche und die Fotos unter die Lupe nehmen und feststellen, mit welcher Schreibmaschine die Aufkleber beschrieben worden sind.»

Darby spürte, dass Leland Einspruch erheben wollte, er tat es dann aber doch nicht. Die Dokumentenabteilung des FBI bestand aus sieben verschiedenen Arbeitsgruppen, die allesamt mit hochspezialisierten Mitteln Spuren auf Papier analysierten. Damit konnte ihr eigenes Labor unmöglich konkurrieren.

«Vorausgesetzt, Sie teilen Ihre Erkenntnisse mit uns», entgegnete Leland. «Die Zusammenarbeit soll ja auf Wunsch der Staatsanwaltschaft verbessert werden.»

«Überzeugen Sie sich selbst.» Evan griff nach dem Telefonhörer und wählte eine Nummer.

Das Rufzeichen war über den Außenlautsprecher für alle zu hören.

«Peter Travis», meldete sich eine Stimme.

«Peter, hier ist Evan Manning. Ich bin beim Bostoner Erkennungsdienst, zusammen mit dem Laborleiter Leland

Pratt und Darby McCormick, die mit den kriminaltechnischen Ermittlungen in diesem Fall betraut ist. Bei uns ist auch der Chefermittler der Polizei von Belham, Detective Mathew Banville. Vielleicht haben die Kollegen Fragen. Ist es recht, wenn sie sich einfach zu Wort melden?»

«Selbstverständlich», sagte Travis.

«Sind die Digitalfotos eingegangen?»

«Ja, ich habe sie auf meinem Bildschirm. Die Beschriftung der Aufkleber gibt auf den Kopien leider nicht viel her. Ich bräuchte die Originale, um die Schreibmaschine identifizieren zu können.»

«Die sollst du bekommen. Fangen wir mit den Bildern an.»

«HP 1-7-9 ist die Bezeichnung eines Fotopapiers von Hewlett Packard. Es hat Postkartengröße und wird eigens hergestellt für Fotodrucker.»

«Was lässt sich über den Drucker sagen?»

«Ich könnte Tintenproben von den Bildern nehmen und herauszufinden versuchen, welche Kartuschen verwendet wurden. Aber eines gleich vorweg: Wir haben es hier mit einem sehr großen Markt zu tun», sagte Travis. «Den Traveler finden wir auf diese Weise wohl kaum.»

«Traveler?», fragte Darby.

«Dazu später mehr», sagte Evan. «Sprich weiter, Peter.»

«Wenn ihr den Drucker hättet, könnte ich feststellen, ob die Bilder tatsächlich damit ausgedruckt worden sind.»

«Wir haben keinen Drucker, auch keinen Verdächtigen. Wir haben nur ein vermisstes siebzehnjähriges Mädchen. Lassen sich die Fotos nicht mit unseren Bildverarbeitungsprogrammen analysieren?»

«Doch, durchaus. Aber diese oder ähnliche Programme

stehen auch denen zur Verfügung, die ein Interesse daran haben, Spuren zu verwischen.»

«Mit anderen Worten, unser Mann könnte die Fotos manipuliert und zum Beispiel ein Fenster wegretuschiert haben.»

«Allerdings. Wenn man mit der Software umzugehen versteht, kann man alles Mögliche wegretuschieren oder auch einfügen. Deshalb bezweifle ich, dass die Fotos irgendeinen Hinweis enthalten, der uns zum Täter führt. Ich bin aber auf ein anderes Indiz gestoßen, das ihr auf eure Liste setzen könnt. Augenblick.»

Papiergeraschel war zu hören. «Okay, da ist es», sagte Travis. «Die Versandtasche stammt aller Wahrscheinlichkeit nach von einem kleinen Unternehmen namens Merrill aus Hollis, New Hampshire. Es ist vor zwölf Jahren pleitegegangen. Diese Umschläge werden schon lange nicht mehr hergestellt.»

«Dann hat unser Mann also einen Vorrat davon bei sich zu Hause.»

«Möglich. Aber bevor ich mich festlege, möchte ich die Untersuchung der Versandtasche erst einmal zum Abschluss bringen.»

«Ich will, dass das Ergebnis morgen früh auf deinem Schreibtisch liegt», sagte Evan.

«Die bei den Cranmores gefundenen Schuhabdrücke entsprechen dem Adventurer-Modell aus dem Hause Ryzer Gear, passen also zum Traveler.»

«Und was ist mit dem Lackpartikel?»

«Fehlanzeige. Nach einem Vergleichsmuster sucht man in unserer Datenbank vergeblich. Hat sich an dem Hemd schon was gezeigt?»

Evan warf einen fragenden Blick auf Darby.

«Eine marineblaue Faser», antwortete sie. «Sie entspricht

der, die wir am Tatort gefunden haben. Außerdem scheinen die auf der Rückseite des Fotos aufgeklebten Haare von Carol Cranmore zu stammen. Zum Glück war noch eine Haarwurzel dran. Wir können also eine DNA-Analyse durchführen. Mit den Fingerabdrücken auf der Versandtasche ist leider nichts anzufangen.»

«Haben Sie noch irgendwelche Fragen an Peter?», fragte Evan in die Runde.

Es gab keine.

«Peter, setz dich bitte mit Alex Gallagher in Verbindung», sagte Evan. «Er soll ein Tonband analysieren. Ich werde es noch heute per Kurier zustellen lassen. Hast du meine Handynummer?»

«Ja. Ich melde mich.»

Evan legte auf.

«Es gibt Informationen über die beiden Frauen, die Rachel Swanson erwähnt hat», berichtete Darby. «Unsere Vermisstenabteilung hat eine Suche durchgeführt und zwei mögliche Kandidatinnen aus New England ermittelt.»

Leland reichte ihr den Ordner. Sie entnahm ihm ein zwanzig mal dreißig Zentimeter großes Porträt einer unscheinbaren Frau mit lockigen blonden Haaren, College-Absolventin, aufgenommen bei der Graduiertenfeier. Darby legte das Foto auf den Tisch.

«Das ist Marci Wade aus Greenwich, Connecticut. Sie ist sechsundzwanzig Jahre alt und lebt bei ihren Eltern. Im Mai dieses Jahres besuchte sie eine alte Schulfreundin, die an der Universität von New Hampshire studiert und in der Nähe des Campus wohnt. Marci verließ sie an einem Sonntagabend. Auf dem Nachhauseweg hatte sie auf der Route 95 eine Autopanne. Sie ist seitdem nicht wieder gesehen worden.»

Das zweite Foto, das Darby auf den Tisch legte, zeigte eine füllige Frau mit runden Wangen und einem Muttermal am Kinn.

«Das ist Paula Hibbert, sechsundvierzig Jahre alt, alleinerziehende Mutter und Lehrerin an einer Highschool in Barrington, Rhode Island. Sie bat eine Nachbarin, auf ihren Sohn aufzupassen, und fuhr in die Stadt, um sich das ihr verordnete Asthmamittel zu besorgen. Sie war in der Apotheke, ist aber nicht mehr nach Hause zurückgekehrt. Auch ihr Wagen blieb verschwunden. Sie wird seit Januar vergangenen Jahres vermisst.

Einzelheiten sind in beiden Fällen nicht bekannt», fuhr Darby fort. «Heute ist auch nicht mehr zu erfahren; die Kollegen haben Feierabend. Ich werde mich morgen als Erstes ans Telefon hängen. Das ist alles. Wie wär's, Mr Manning, wenn Sie uns jetzt etwas über den Traveler berichten würden?»

Sechsunddreißigstes Kapitel

Evan drehte den anderen seinen Laptop zu.

Auf dem Schirm war eine dunkelhäutige Frau mit blondgefärbten Haaren zu sehen.

«Das ist Kimberly Sanchez aus Denver, Colorado», sagte Evans. «Sie verschwand im Sommer 1992, nachdem sie das Haus verlassen hatte, um zu joggen.»

Evan rief die Fotos acht weiterer Frauen auf. Sie alle waren lateinamerikanischen oder afroamerikanischen Ursprungs und um die dreißig Jahre alt. Zeugen hatten sie zum letzten Mal allein gesehen, im Auto, am Arbeitsplatz oder nachts in einer Bar. Als Gemeinsamkeit teilten sie letztlich auch den Umstand, dass ihre Leichen nie gefunden worden waren.

«In einem Fall hatte die Sonderkommission in Colorado allerdings Glück», berichtete Evan. «Ein Zeuge sah Kimberly Sanchez vor einem Nachtclub in einen schwarzen Porsche Carrera mit einem Nummernschild aus Colorado einsteigen. Er konnte sich auch daran erinnern, dass die hintere Stoßstange verbeult war.

Die Polizei hat alle Porschebesitzer Colorados überprüft. Einer von ihnen, John Smith, wohnte in Denver. Als die Polizei ihn verhören wollte, war er nicht zu Hause. Vier Tage später – er war immer noch nicht aufgetaucht – wurde das Haus durchsucht, in dem er zur Miete wohnte. Smith war offenbar ausgezogen und hatte zuvor alle Spuren gründlich zu verwischen versucht. Trotzdem konnten zwei Indizien sichergestellt werden: eine kleine Blutprobe und der Abdruck eines Ryzer-Stiefels, Größe 44 – exakt der gleiche Abdruck, der auch im Lehm neben einem der Autos der Opfer gefunden wurde.»

Evan drückte eine Taste und lud das Bild eines weißen, vollbärtigen Mannes auf den Schirm. Er hatte stechend grüne Augen und ein so abgezehrtes Gesicht wie das eines Junkies.

«Das ist das Passbild aus dem Führerschein von John Smith», sagte Evan. «Nachbarn konnten bestätigen, dass er einen Unfall mit seinem Porsche hatte und dass die hintere Stoßstange beschädigt war. Man konnte uns auch noch andere Hinweise geben. Es scheint, dass Smith Einzelgänger und nachts häufig unterwegs war. Keiner wusste, wie er seinen Lebensunterhalt verdiente oder wie er wohnte. Mehrere Nachbarn erinnerten sich daran, dass er am Unterarm eine Tätowierung hatte – ein Kleeblatt und die Ziffern Sechs, Sechs, Sechs.»

«Das Zeichen der Arischen Bruderschaft», bemerkte Darby.

Evan nickte. «Der ethnische Hintergrund der Frauen aus Denver legt eine Verbindung zu diesen Brüdern nahe. Natürlich behaupten sie, Smith nicht zu kennen. In ihren Computern ist sein Name tatsächlich auch nicht gespeichert. Allerdings kann es durchaus sein, dass John Smith nicht der richtige Name unseres Travelers ist.»

«Haben Sie die gefundene Blutspur mit CODIS abgeglichen?», fragte Darby.

«Ja. Das Blut stammt von einer der vermissten Frauen aus Denver», antwortete Evan. «Ende 1993 ist Smith in Las Vegas aufgetaucht. Es scheint, dass er dort seine Opfer nach anderen Kriterien ausgewählt hat. Im Verlauf der nächsten acht Monate sind zwölf Frauen und drei *Männer* verschwunden. Die Polizei vor Ort hat sich um diese Fälle kaum gekümmert, da aus Vegas ständig Leute verschwinden. Es herrscht dort ein permanentes Kommen und Gehen von Glücksrittern und halbseidenen Gestalten.»

«Welchen ethnischen Hintergrund hatten diese Opfer?»

«Die Frauen waren bis auf ein, zwei Ausnahmen weiß, die Männer jüdischer Herkunft», antwortete Evan. «Als das Auto eines der weiblichen Opfer aufgefunden wurde, stellte sich heraus, dass jemand an den Zündkabeln herumgepfuscht hatte. Glücklicherweise konnte ein Indiz sichergestellt werden – wiederum der Abdruck eines Ryzer-Stiefels.

Als ich dann 1994 mit der Sache betraut wurde, war Smith bereits nach Atlanta weitergezogen, seiner dritten Station. Wir gaben dem Fall einen Namen: Traveler. Der Stiefelabdruck war inzwischen in der Datenbank von VICAP gelistet; deshalb sind wir darauf angesetzt worden.»

Evan veränderte seine Sitzposition in dem Sessel. «Carrie Weathers, das vierte Opfer des Travelers in Atlanta, wurde gesehen, als sie in einen schwarzen Porsche Carrera einstieg. Die Zeugin gab zu Protokoll, dass der Wagen eine verbeulte Stoßstange und Nummernschilder aus Maryland hatte. Wir haben daraufhin sämtliche Tankstellen und Kfz-Werkstätten der Umgebung abgeklappert und gefragt, ob irgendwo ein schwarzer Porsche mit verbeulter Stoßstange aufgefallen sei.

Eines Abends rief der Tankwart einer Mobil-Station bei uns an und meldete die Ankunft eines Porsche, der auf unsere Beschreibung passte. Er sagte, auf dem Beifahrersitz schlafe eine blonde Frau; der Fahrer habe erklärt, dass sie betrunken sei. Ich bat den Tankwart, die Augen aufzuhalten, und machte mich mit einem Techniker aus dem Labor sofort auf den Weg.

Der Tankwart machte einen entspannten Eindruck und

zeigte sich kooperativ», sagte Evan. Seine Stimme klang seltsam unbeteiligt, und es schien, als würde er aus einem Skript vorlesen. «Er sagte, dass er das Kennzeichen notiert habe, und zwar auf einem Zettel, der neben dem Telefon liege. Ich folgte ihm durch die Werkstatt. Als ich sein Büro betrat, stand er hinter mir und schlug mich nieder. An dieser Stelle reißen meine Erinnerungen ab.

Ich wachte im Krankenhaus auf und erfuhr, dass die Tankstelle in Flammen aufgegangen war. Ich hatte es offenbar geschafft, mich in Sicherheit zu bringen, weiß aber nicht mehr, wie. Mein Kollege und der echte Tankwart wurden anhand ihrer Gebisse identifiziert. Sie waren mit einem Colt Commander niedergeschossen worden.»

«Mit genau dieser Waffe wurde auch Carol Cranmores Freund getötet», sagte Darby nachdenklich. Der ballistische Bericht lag in ihrem Ordner. «Haben Sie den falschen Tankwart nicht als Ihren Traveler wiedererkannt?»

«Der Mann sah John Smith überhaupt nicht ähnlich. Er war untersetzt, glattrasiert und hatte einen kahlen Kopf», antwortete Evan. «Ob er tätowiert war, konnte ich nicht sehen, weil er eine Jacke trug. Er passte auch nicht ins Profil und stellte keine Fragen zu unseren Ermittlungen, was Psychopathen für gewöhnlich tun. Offenbar habe ich mich geirrt.»

«Hat der Traveler früher schon einmal einen Polizisten angefallen?», fragte Darby.

«Nicht dass ich wüsste. Aber wenn er tatsächlich ein Mitglied dieser Bruderschaft oder irgendeiner anderen rassistischen Gruppe ist, wird ihn der Mord an einem Polizisten in der Hierarchie seiner Gruppe ein gutes Stück nach oben gebracht haben.»

«Trotzdem, ich finde es seltsam, dass er es anscheinend

auf Sie abgesehen und Ihnen eine Falle gestellt hat», sagte Darby.

«Das ist typisch für Psychopathen, wenn sie sich bedroht fühlen. Vielleicht wollte er uns aber auch nur zu verstehen geben, dass er die Fäden in der Hand hält.»

Evans Miene war so ausdruckslos, dass sich Darby davon irritiert fühlte. «Der Traveler ist ein intelligenter und äußerst besonnen handelnder Psychopath», fuhr er fort. «Er wechselt ständig seinen Standort und seine Methoden, um unentdeckt zu bleiben. Seine Opfer wählt er zufällig aus und verhindert somit, dass wir ihm über irgendwelche Muster auf die Spur kommen. Er kann über mehrere Monate abtauchen, was beweist, dass er sich zu beherrschen weiß. Und es spricht alles dafür, dass seine Taten sehr gründlich durchdacht sind.

Kontrolle über seine Umgebung auszuüben scheint ihm das Wichtigste überhaupt zu sein. Darum hat er wohl auch Mrs Cranmore dieses Päckchen geschickt und Carol bei ihr anrufen lassen. Er will uns wissen lassen, dass er Carol in seiner Gewalt hat und töten kann, wann es ihm gefällt.»

«Umso notwendiger ist es, dass wir ihm mittels der Wanzen einen Köder auslegen», sagte Darby.

«Wer oder was könnte ein solcher Köder sein?»

«Sie», sagte Darby schlicht. «Wir lassen den Reporter der *Herald* wissen, dass Sie gekommen sind, weil Rachel Swanson, endlich aufgewacht, eine Menge zu erzählen hat und weil Sie sich im Haus der Cranmores umschauen wollen. Der Traveler wird dann garantiert an seinem Empfangsgerät sitzen und lauschen.»

«Wenn er meinen Namen in der Zeitung liest, wird er womöglich in Panik geraten, Carol und die anderen Frauen umbringen und die Flucht ergreifen. So hat er schon einmal reagiert.»

«Diesmal ist ihm allerdings ein Fehler unterlaufen», entgegnete Darby. «Er hat Blut von sich im Haus der Cranmores zurückgelassen – und eines seiner Opfer. Rachel Swanson könnte der Schlüssel zur Ergreifung des Travelers sein. Bevor er weiterzieht, wird er wissen wollen, was Rachel zu sagen hat.»

Banville warf einen Blick auf seine Armbanduhr. «Um den Reporter anzurufen, bliebe noch eine Viertelstunde Zeit», sagte er. «Ich wäre dankbar für weitere Vorschläge.»

Evan sagte: «Wir warten, bis die Sepsis unter Kontrolle ist, lassen Rachel Swanson dann in die Psychiatrie verlegen, wo ihr die Fesseln abgenommen werden. Dann könnte sich Miss McCormick mit ihr unterhalten.»

«Vielleicht will sie nichts mehr sagen», gab Darby zu bedenken. «Sie hat plötzlich aufgehört, mit mir zu reden. Aber eine andere Frage: Sind in den Wohnungen der anderen Opfer Wanzen gefunden worden?»

«Nein, das mit den Wanzen ist ein Novum.»

Darby sah Banville an. «Ich bin dafür, der Presse zu erzählen, dass das FBI vorhat, im Haus der Cranmores nach weiteren Indizien zu suchen. Der Traveler wird wissen wollen, ob Mr Manning etwas findet. Wenn er sich zeigt, werden wir zuschlagen. Wir lassen alle Straßen in der Nachbarschaft sperren, damit er uns nicht entwischen kann.»

«Und wenn er sich nicht zeigt?», fragte Evan.

«Wird er Carol töten», gab Darby zu. «Wenn er sie nicht schon getötet hat, heißt das. Aber wir müssen es versuchen. Die Wanzen sind der einzige Trumpf, den wir in der Hand haben.»

An Banville gewandt, sagte Evan: «Sie leiten die Ermittlungen. Die Entscheidung liegt bei Ihnen.»

Banville fuhr mit dem Zeigefinger über seine Lippen. «Zwei Frauen und ein Mädchen sind verschwunden. Ich stimme Darbys Vorschlag zu. Wir versuchen es.»

Siebenunddreißigstes Kapitel

Auf Beacon Hill hatten an diesem Tag alle Blumengeschäfte geschlossen. Darby musste sich mit dem armselig aussehenden Grünzeug begnügen, das im Shop des Krankenhauses verkauft wurde. Sie wählte Blumen in den hellsten Farben, die zu finden waren, und ließ sie zu einem – doch recht ansehnlichen – Strauß binden.

Auf der Intensivstation war alles ruhig und still. Dr. Hathcock hatte das Haus bereits verlassen. Darby meldete sich bei einer Schwester. Am Zustand von Rachel Swanson hatte sich nichts verändert.

Erst nach einer kleinen Auseinandersetzung erlaubte die Schwester, dass Darby die Blumen mit ins Zimmer nahm. Sie stellte sie in einer Vase auf den Sims unter dem Fernseher. Wenn Rachel aufwachte, würde ihr Blick als Erstes auf die Blumen fallen, die sie hoffentlich davon überzeugten, dass sie nicht mehr in der dunklen Zelle steckte, in der nun Carol Cranmore gefangen war.

Übernächtigt und mit verschwommenem Blick tappte Darby ins Zimmer ihrer Mutter. Sheila schlief.

Eine sonderbare Traurigkeit ergriff von ihr Besitz. Auf dem Weg nach oben hatte sie gehofft, die Mutter sei wach. Darby musste mit ihr reden. Ein eigensinniges Kind, das seine Mutter brauchte. Darby fragte sich, ob sie dieser Abhängigkeit jemals entwachsen würde.

Sheila öffnete die Augen und blinzelte. «Darby ... ich habe dich gar nicht kommen hören.»

«Kann ich dir was bringen?»

«Ein Glas Wasser wäre schön.»

In der Küche füllte Darby einen Becher mit Eis und Wasser. Ans Bett zurückgekehrt, reichte sie der Mutter den Becher und ließ sie aus einem Strohhalm trinken.

«Das tut gut.» Sheilas Augen waren jetzt klar, doch es fiel ihr merklich schwer, zu atmen. «Hast du gegessen? Von Tinas Eiersalat ist noch etwas übrig geblieben.»

«Ich habe mir im Krankenhaus ein Sandwich organisiert.»

«Was hat dich ins Krankenhaus geführt?»

«Eine Patientin», antwortete Darby. «Rachel Swanson. Sie ist heute aufgewacht.»

«Erzähl mir von ihr.»

«Wär's nicht besser, du ruhtest noch ein bisschen aus? Du siehst müde aus.»

Sheila winkte mit der Hand ab. «Ausruhen kann ich mich noch lange genug.»

Darby fragte sich, was die Mutter so tapfer machte und welche Bilder sie zum Trost in ihrem Innern aufrief.

Sie half ihr, sich aufzurichten, und berichtete von den Ereignissen im Krankenhaus.

«Was ist mit Carol Cranmore?», fragte Sheila.

«Wir suchen immer noch nach ihr.» Darby bemerkte, dass sie ihre Mutter bei der Hand hielt. «Aber es gibt Hoffnung. Wir haben da etwas, womit es uns vielleicht gelingt, den Mann ausfindig zu machen, der das Mädchen gefangen hält.»

«Das ist eine gute Nachricht.»

«Ja.»

«Warum freust du dich dann nicht?»

«Wenn etwas schiefgeht, wird er sie womöglich töten.»

«Darauf hast du keinen Einfluss.»

«Ich weiß, aber es ist mein Plan, nach dem wir morgen vorgehen werden. Ich habe ihn durchgesetzt und habe jetzt Zweifel, ob es nicht doch einen besseren gibt.»

«Du willst den Erfolg vorher anscheinend von jemandem garantiert bekommen.»

«Folgt jetzt eine Standpauke?»

«So warst du schon als Kind. Immer wolltest du alles unter Kontrolle haben.»

«Wer sagt denn, dass ich nicht alles unter Kontrolle hätte?»

Sheila grinste. «Ja, du bist engagiert und tüchtig. Sehr tüchtig. Vergiss das nicht.»

«Wir haben es nur leider mit jemandem zu tun, der auf seine Art noch tüchtiger ist. Außerdem hat er außer Carol womöglich noch andere Frauen in seiner Gewalt. Wenn wir ihn morgen nicht fassen, kann es sein, dass er sie alle tötet.»

Sheilas Lider flatterten und schlossen sich. «Versprich mir bitte eines ...»

«Ja, ich werde mich bis zu meiner Hochzeit in Keuschheit üben.»

«Davon abgesehen», erwiderte Sheila. «Versprich mir, dass du dir nicht die Schuld gibst, wenn etwas schiefgeht. Für Dinge, die nicht in deiner Macht stehen, bist du auch nicht verantwortlich.»

«Klingt nach einem sehr guten Rat.» Darby drückte ihrer Mutter einen Kuss auf die Stirn und stand auf. «Ich probiere mal von dem Eiersalat. Willst du auch was?»

«Ich hätte Lust auf Kaugummi. Mein Mund ist so trocken.»

Doch als Darby zurückkehrte, war Sheila bereits eingeschlafen. Sie fühlte ihrer Mutter den Puls. Er war noch zu spüren.

Darby ging ins Gästezimmer und versuchte, die Akte zu studieren, sah aber immer nur Carol Cranmore vor ihrem inneren Auge – wie sie mit ausgestreckten Armen durch ihre dunkle Zelle irrte, gefangen und verängstigt.

Darby gab auf, klappte den Ordner zu und setzte sich mit ihrem Walkman auf den Lehnstuhl ihres Vaters. Sie hörte noch einmal ihr Gespräch mit Rachel Swanson ab und starrte dabei aus dem Fenster auf die Bäume, die unter einem dunklen Himmel vom Wind geschüttelt wurden. Irgendwo da draußen war jetzt Carol Cranmore und kämpfte gegen die Dunkelheit und Furcht an.

Halte durch, Carol. Halte durch und wehr dich.

Darby dachte an die Wanzen und schöpfte Hoffnung, einen Funken nur, doch der mochte reichen. Sie schaltete den Walkman aus, wickelte sich in die Decke ein und wartete darauf, dass der Schlaf sie übermannte.

Achtunddreißigstes Kapitel

Carol Cranmore lag, zusammengekauert und in eine Decke gehüllt, auf dem harten Boden vor der Pritsche. Sie zitterte jetzt nicht mehr, doch ihr rasender Herzschlag wollte sich einfach nicht beruhigen.

Der Mann mit der Maske hatte ihr nicht wehgetan. Doch er hatte sie an den Haaren gezogen und damit gedroht, sie nicht mit ihrer Mutter sprechen zu lassen, wenn sie sich weiterhin wehrte.

Er war hinter sie getreten und hatte ihr einen harten Gegenstand an den Hals gedrückt. Ein Messer, wie er sagte. Er sprach ihr vor, was sie sagen sollte, und forderte sie auf, seine Worte zu wiederholen. Dann verlangte er von ihr, die Worte noch einmal zu sprechen, diesmal in das Mikrophon eines Kassettenrecorders.

Carol war mit dem, was sie sagen sollte, noch nicht fertig, als er den Recorder bereits ausschaltete. Er steckte das Messer weg und befahl ihr, sich mit dem Bauch auf den Boden zu legen. Sie gehorchte. Sie solle die Augen schließen, sagte er, und auch das tat sie. Dann hörte sie die Tür aufgehen und gleich darauf so laut zuknallen, dass sie vor Schreck zusammenfuhr. Sie war wieder allein, gefangen in dieser schrecklichen Dunkelheit.

Irgendwann schlief sie ein, und als sie wieder aufwachte, war der Deckensaum voller Speichel. Sie fühlte sich wie benebelt.

Carol musste an das Sandwich denken, das einen so merkwürdigen Geschmack auf der Zunge hinterlassen hatte. Ob es mit irgendeiner Droge präpariert worden war? Aber warum sollte der Mann mit der Maske sie unter Drogen setzen, die sie schläfrig werden ließen?

Und warum hatte er diese Fotos von ihr gemacht? Wollte er sie und das Tonband ihrer Mutter zukommen lassen und ihr ein Lösegeld abpressen? Das ergab keinen Sinn. In Kino- und Fernsehfilmen wurden doch immer nur reiche Leute gekidnappt. Ein Blick auf ihre Nachbarschaft reichte wahrhaftig aus, um zu sehen, dass dort keine reichen Leute lebten. Warum also hatte er diese Fotos gemacht?

Carol fand keine Antwort darauf, doch eines schien ihr gewiss: Der Mann mit der Maske würde zurückkommen und ihr dann womöglich wehtun. Ja, sie musste sogar fürchten, von ihm umgebracht zu werden. Wie konnte sie sich gegen ihn zur Wehr setzen?

Gab es in der Zelle vielleicht irgendeinen Gegenstand, der als Waffe zu gebrauchen wäre? Die Pritsche, fiel ihr ein. Sie hatte doch schon mal über eine Verteidigungsmöglichkeit nachgedacht.

Carol fuhr mit der Hand über den Rand der Pritsche und erfühlte unter der Bespannung ein Metallgestänge. Ob man einen Teil davon abbauen konnte? Sie rüttelte an der Pritsche und stellte fest, dass diese sich nicht verrücken ließ. Warum nicht?

An den Füßen der Pritsche ertastete sie Klammern und Schrauben. Das Ding war am Boden befestigt.

Eine halbe Stunde lang zerrte Carol am Rahmen der Pritsche, um das Gestänge aufzubrechen. Vergeblich.

Vor Anstrengung und Angst schlug ihr das Herz bis zum Hals. Sie versuchte, die Angst zu verdrängen, galt es doch, einen klaren Kopf zu bewahren. Sie musste nachdenken. *Okay, könnte es hier sonst noch etwas geben?*

Carol ließ das Bild der Zelle an ihrem inneren Augen vorbeiziehen: die Dusche, das Waschbecken, die Kloschüssel und die Pritsche. Sie brauchte etwas Scharfes, irgendetwas, womit sich zustoßen ließe ...

Die Toilette. Sie hatte einmal einem Freund ihrer Mutter dabei geholfen, im Spülkasten ein Plastikteil auszutauschen. Es waren, wie sie sich jetzt erinnerte, noch weitere Einsätze darin enthalten gewesen, zum Beispiel ein Hebel aus Metall. Der mochte sich als Waffe eignen. Aber dass sie ihren Entführer damit außer Gefecht würde setzen können, war wohl eher unwahrscheinlich.

Es sei denn – sie zielte auf seine Augen. Wäre er in seiner Sicht eingeschränkt, würde sie ihm vielleicht entwischen können.

Carol tapste durch die Zelle und stieß mit dem Schienbein gegen den Rand der Kloschüssel. Sie ertastete die Brille und suchte nach dem Spülkasten. Doch da war keiner – nur ein kaltes Rohr, an dem feuchte Luft kondensierte.

Als sie in Panik zu geraten drohte, meldete sich eine innere Stimme, die wie die Stimme ihrer Mutter klang und sie dazu aufforderte, Ruhe zu bewahren und nachzudenken.

Doch Carol wollte nicht nachdenken. Sie tappte im Dunkeln, bis sie die Metalltür fand.

«Tony, kannst du mich hören?», rief sie und trommelte mit den Fäusten gegen die Tür. *«Tony! Wo bist du?* ANTWORTE MIR!»

Der Schlüssel drehte sich im Schloss. Die Tür ging auf.

Carol wich zurück, kroch schnell unter die Pritsche und verdrehte die Decke zu einem Seil in der Hoffnung, sich damit verteidigen zu können, falls er sie wieder mit dem Messer bedrohte.

Doch der Mann mit der Maske kam nicht.

Carol starrte durch die Öffnung in einen spärlich beleuchteten Raum. Vor der Zellentür stand eine Flasche Wasser auf dem Boden; daneben lag ein in Papier gewickeltes Sandwich.

Hielt er sich irgendwo versteckt?

Nirgendwo war ein Schatten zu erkennen. Doch vielleicht stand er neben der Tür und wartete darauf, dass sie hervorkäme, um die Flasche und das Sandwich zu holen. Wollte er dann über sie herfallen?

«Hallo?»

Tonys Stimme war es nicht, sondern die Stimme einer Frau, leise, aber vernehmlich.

«Kannst du mich hören?», fragte die Frau.

«Ja», antwortete Carol. Den Blick auf die Tür gerichtet, wischte sie sich Tränen aus den Augen, lauschte und war auf das Schlimmste gefasst. «Ich bin Carol. Carol Cranmore. Und wer sind Sie? Wo sind Sie?»

«Mein Name ist Marci Wade. Ich bin in meiner Zelle.»

«Bleib nur ja, wo du bist!», rief eine andere Frau.

Carol geriet in Panik. Wie viele waren hier unten?

Plötzlich ertönte wieder das Klingelzeichen. Die Tür ging zu.

Und dann hörte sie Schreie.

Neununddreißigstes Kapitel

Darbys Arbeitstag begann an diesem Morgen in der Polizeistation von Belham. Es war sechs Uhr. Sie stand neben Coop in einer Ecke des vollbesetzten Konferenzzimmers. Ausgaben der aktuellen *Herald Tribune* machten die Runde.

Der Aufmacher war Carol Cranmore: «WO IST SIE? POLIZEI AUF DER SPUR EINES MUTMASSLICHEN TRIEBTÄTERS».

Darby hatte den Artikel bereits gelesen. Er gab nicht viel her außer vagen Spekulationen und etlichen Abbildungen. Einem Fotografen war es gelungen, Dianne Cranmore abzulichten – vor ihrem Hauseingang zusammengebrochen und die Hände im Haar vergraben.

Doch der letzte Abschnitt enthielt den Köder:

> *Wie aus informierten Kreisen zu erfahren ist, liegt der Polizei ein Hinweis vor, der ein Schlüssel zur Lösung des Falls zu sein verspricht. Unterstützt von Beratern des FBI-Labors und Spezialagent Evan Manning werden Mitarbeiter des hiesigen Erkennungsdienstes das Haus heute noch einmal gründlich durchsuchen.*

Jetzt musste der Traveler nur noch anbeißen.

Banville betrat das Podium. Er wirkte an diesem Morgen besonders griesgrämig und müde. An der Wand hinter ihm hing ein vergrößerter Ausschnitt des Stadtplans mit den Straßen rund um das Haus der Cranmores. Jeder mögliche Fluchtweg war mit roten Nadeln markiert.

Als es still wurde, fing er an zu sprechen.

«FBI-Techniker vom Bostoner Büro haben sich gestern Abend im Haus umgesehen und festgestellt, dass die Abhörgeräte aktiviert und auf ein und dieselbe Frequenz eingestellt sind. Sie werden ferngesteuert, können also, um Batteriestrom einzusparen, nach Belieben ein- und ausgeschaltet werden. Die maximale Übertragungsreichweite dieser Geräte dürfte bei knapp einem Kilometer liegen. Momentan sind sie ausgeschaltet.

In einem Radius von einem Kilometer halten Kollegen von uns in Zivilfahrzeugen Schlüsselstellen besetzt. Weitere Fahnder und Streifenbeamte werden sich unter die Freiwilligen mischen, Flugblätter mit dem Foto von Carol Cranmore verteilen und die Kennzeichen der Autos notieren.

Wir sollten nicht davon ausgehen, dass die Zielperson im Stauraum ihres Lieferwagens sitzt», fuhr Banville fort. «Sie verwendet kein aufwendiges Überwachungsgerät, sondern eines, das sich wahrscheinlich unter einem Autositz verstecken lässt. Mir wurde gesagt, dass der Empfänger womöglich als Walkman getarnt sein könnte. Vielleicht ist das Gerät mit dem Autoradio verbunden und über die Innenlautsprecher abhörbar. Wir müssen also Ausschau halten nach einem weißen Mann, der allein in einem Fahrzeug sitzt und eventuell Kopfhörer trägt. Wenn Ihnen eine solche Person auffällt, melden Sie sich auf der Frequenz, die ich Ihnen genannt habe. Rufen Sie auf keinen Fall über Handy an.

Drei Lieferwagen von uns sind in der Nachbarschaft unterwegs, besetzt mit FBI-Technikern, die die Signale der Wanzen, sobald sie eingeschaltet sind, aufzuspüren versuchen. Wenn sie fündig werden sollten, werden sie das SWAT-Team, unsere Sonderkommission, alarmieren.

Nähern Sie sich dem Verdächtigen unter keinen Umständen auf eigene Faust. Dafür ist SWAT zuständig. Mr Manning, habe ich etwas vergessen?»

Evan Manning stand etwas abseits an der Wand und starrte für eine Weile auf seine Schuhspitzen, ehe er das Wort ergriff.

«Mir ist bewusst, dass sich die Polizei und das Bostoner Büro nicht immer grün sind. Darum möchte ich ausdrücklich betonen, dass niemand anders als Detective Banville die Ermittlungen leitet. Wir sind lediglich um Unterstützung gebeten worden. Unser aller Ziel ist es, Carol Cranmore zu finden und nach Hause zu bringen. Wem am Ende der Erfolg zugeschrieben wird, ist mir einerlei.

Nachdem dies gesagt ist, kann ich Sie nur noch einmal bitten, äußerste Vorsicht walten zu lassen. Wenn Ihnen irgendetwas Verdächtiges auffällt, erstatten Sie bitte unverzüglich Meldung. Wir haben nur diesen einen Versuch und dürfen nicht riskieren, dass er scheitert. Vergessen Sie nicht, dass unsere Zielperson auf der Hut ist.»

Die Versammelten reagierten mit zustimmendem Kopfnicken und ansonsten ausdruckslosen Mienen.

Während der folgenden halben Stunde erklärte Banville das weitere Vorgehen. Falls sich der Traveler tatsächlich im Umkreis von bis zu zwei Kilometern aufhielte, würde er unmöglich entkommen können.

Die Einsatzbesprechung war zu Ende. Die Anwesenden standen von ihren Plätzen auf.

Evan Manning bahnte sich einen Weg durch die Menge und kam auf Darby und Coop zu.

«Ich glaube, wir müssen uns auf ein Geduldsspiel einstellen», sagte er. «Sie könnten ja so lange ins Labor gehen und zusehen, ob sich Weiteres über die Faserspur herausfinden lässt. Ich werde Sie selbstverständlich sofort informieren, wenn sich etwas tut.»

«Unser Chef will uns hier haben», entgegnete Coop.

«Es ist nicht gesagt, dass der Traveler schon heute Vormittag aufkreuzt», gab Manning zu bedenken. «Vielleicht kommt er erst am Nachmittag. Im Labor wäre die Zeit sinnvoller genutzt.»

«Ein solcher Fall stiftet immer viel Verwirrung. Jeder will den Helden spielen», sagte Darby. «Falls Sie den Kerl stellen, werden Sie Leute brauchen, die den Tatort absperren und alle Beweismittel sicherstellen, die nötig sind, um ihn festzunageln.»

Manning nickte. «Drücken wir die Daumen, dass er uns in die Falle geht.»

Darby steuerte auf die Tür zu. Überall war Carols lächelndes Gesicht zu sehen.

Vierzigstes Kapitel

Ein feiner Nieselregen fiel über Boston; auf den Schnellstraßen herrschte dichter Verkehr.

Daniel Boyle saß am Steuer eines FedEx-Lieferwagens, setzte den linken Blinker und steuerte vorsichtig auf eine abschüssige Rampe zu. Die Stoßdämpfer ächzten unter der Last im Stauraum.

Zwei Polizisten bewachten den Lieferantenhof. Boyle hielt vor einer länglichen Stahlplatte an. Er wusste genau, was das war. Auf Knopfdruck würde sich diese Platte herumdrehen und in eine stachelbewehrte Wegfahrsperre verwandeln, die einem flüchtigen Fahrzeug die Reifen zerstach.

Ein übergewichtiger Polizist mit feistem Gesicht ging langsam auf den Lieferwagen zu. Boyle drehte das Fenster herunter.

«Guten Morgen», grüßte er mit freundlichem Lächeln. «Ich bin für einen Kollegen eingesprungen und kenne mich hier nicht aus. Ich habe ein Paket fürs Labor. Können Sie mir sagen, wo ich es abgeben muss?»

«Sie müssen sich vorher anmelden.»

Boyle nahm ein Klemmbrett entgegen. Seine Hände steckten in Lederhandschuhen. Er schrieb den Namen «John Smith» auf das Formular. Der Name stimmte mit dem laminierten Lichtbildausweis überein, der auf dem Revers seiner FedEx-Jacke steckte. Boyle hielt noch weitere Unterlagen parat für den Fall, dass er sich ausweisen musste.

Er reichte dem Beamten das Klemmbrett zurück. Dessen Partner ging um den Lieferwagen herum.

«Fahren Sie bis ans Ende der Rampe. Auf den Schildern

dahinten sehen Sie, wo Sie parken können», sagte der Dicke. «Die graue Tür ist der Eingang für Lieferanten. Folgen Sie dem Gang bis zum Schalter. Da wird Ihnen jemand den Empfang quittieren. Sie brauchen das Paket nicht selbst abzugeben.»

Boyle wollte gerade die Bremse lösen, als der zweite Beamte vor dem Seitenfenster auftauchte. «Ihr Wagen hängt hinten ziemlich weit durch», sagte er.

«Ja, die Stoßdämpfer», erwiderte Boyle achselzuckend. «Ich hab noch drei Stationen anzufahren, dann kommt die Karre in die Werkstatt. Was aber nicht vor sechs sein wird bei dem Tempo, das ich momentan schaffe. Tolle Art, den Tag zu beginnen, hm?»

Der Dicke hatte es offenbar eilig, aus dem Regen zu kommen, und winkte ihn durch.

Der Lieferwagen holperte über die Sperre und rollte die Rampe hinunter. Hoch oben an den Mauern hingen Überwachungskameras. Boyle zog die Schirmmütze in die Stirn.

Im Hof gab es etliche Parkbuchten für Lieferwagen. Boyle wählte diejenige gleich neben der Treppe.

Er stieg in den Laderaum, schnappte sich das schwere Paket und bugsierte es durch die graue Tür.

Der weiße Transporter war mit einem Periskop und einer Funkanlage ausgestattet. Die Beschriftung wies ihn als Reparaturservice einer Telefongesellschaft aus. Der Fahrer war entsprechend gekleidet.

Darby saß neben Coop auf einer mit einem Teppich gepolsterten Bank in der Nähe der Hecktüren. Auf der Bank gegenüber saßen zwei Mitglieder des Bostoner SWAT-Teams. Beide schwitzten in ihrer schweren Einsatzmontur. Der eine von ihnen ließ eine Kaugummiblase nach der anderen vor seinen Lippen zerplatzen, während der andere sein Maschinengewehr wartete, eine furchteinflößende MP 7, die ihm vor der Brust hing.

Darby wusste nicht, wo sie sich befand. Der Transporter hatte keine Fenster. Im engen Laderaum roch es nach Männer-Deo und Kaffee.

Banville saß auf einem fest verschraubten Drehstuhl vor einem kleinen Arbeitstisch und unterhielt sich mit einem der FBI-Techniker. Darby rätselte, worüber.

Ein anderer FBI-Beamter, ein bulliger Typ mit kahlrasiertem Schädel, trug Kopfhörer und lauschte der Stimme von Evan Manning, der sich im Haus der Cranmores befand. Hin und wieder wechselte er ein paar Worte mit seinem Partner, der auf den Schirm eines Laptops starrte. Der Laptop war Teil einer futuristisch aussehenden Anlage zum Aufspüren von Funkfrequenzen. Die Wanzen des Travelers waren zurzeit ausgeschaltet.

Alles wartete auf die Funksignale. Die Techniker würden sie im Handumdrehen geortet haben; dann käme es zum Zugriff der Männer vom SWAT, die auf Schnelligkeit und Härte gedrillt waren.

Das Wandtelefon fing zu läuten an. Darby versteifte sich und krallte die Finger nervös um den Rand der Bank.

Banville nahm den Anruf entgegen, hörte dem, was ihm gesagt wurde, kommentarlos zu und legte wieder auf. Er schüttelte den Kopf.

«Die Wanzen sind immer noch nicht eingeschaltet», sagte er.

Darby wischte sich die feuchten Handteller an der Hose ab. *Komm schon, verdammt nochmal, zeig dich endlich.*

Die Eingangshalle der Bostoner Polizeistation war beeindruckend in ihrer marmornen Pracht. Boyle konnte sich sicher sein, dass jeder seiner Schritte von versteckten Überwachungskameras aufgezeichnet wurde. An allen Ecken und Enden standen Polizisten. Mit gesenktem Kopf eilte er auf den Schalter der Auskunft zu.

Der blau uniformierte Beamte, der hinter dem Schalter saß, durchblätterte im Licht einer Bankerlampe die neuste Ausgabe der *Herald*. Boyle schob das große Paket auf die Holzplatte.

«Ziemlich schwer, das Ding», sagte er. «Soll ich es hochbringen?»

«Nein, das machen wir. Muss ich irgendwo unterschreiben?»

«Ist schon alles geritzt», antwortete Boyle. «Schönen Tag noch.»

Billy Lankin machte sich immer noch seine Gedanken über den FedEx-Transporter. Er verstand nicht viel von Kraftfahrzeugen, glaubte aber zu wissen, dass nicht Stoßdämpfer das Problem waren, sondern irgendetwas anderes.

Dan Simmons, Billys Partner, nippte an seinem Kaffee. «Wieso schaust du ständig in den Hof, Billy?», fragte er.

«Dieser FedEx-Wagen gefällt mir nicht.»

«Warum nicht?»

«Der hängt hinten ziemlich tief durch, und das liegt nicht an den Stoßdämpfern.»

«Wenn dich das stört, könntest du ja mal einen zweiten Blick drauf werfen.»

«Das werde ich wohl auch tun.»

Einundvierzigstes Kapitel

Boyle öffnete die Tür zum Hof. Der dicke Bulle stand neben dem Lieferwagen und warf einen Blick durch die Fahrertür.

Immer freundlich lächeln und cool bleiben.

«Stimmt was nicht, Officer?»

«Seit wann schließt ihr eure Fahrzeuge ab? Traut ihr uns nicht mehr?» Der Beamte grinste, doch seine Miene verriet auch Misstrauen.

«Die Macht der Gewohnheit», antwortete Boyle. «Normalerweise bin ich in Dorchester unterwegs. Als ich zum ersten Mal dort war, ist die Karre von Halbstarken auseinandergenommen worden. Raten Sie mal, wem ich die vielen Beulen zu verdanken habe.»

«Hätten Sie was dagegen, wenn ich mal einen Blick in den Laderaum werfen würde?»

«Nur zu.» Boyle kramte in der Tasche nach den Schlüsseln und spürte den Colt Commander im Halfter unter der Jacke stecken.

Er schloss die Hecktür auf. Der Polizist fuhr mit der Zungenspitze über die Schneidezähne und musterte die in den Seitenregalen gestapelten Pakete. Boyle machte sich darauf gefasst, dass der Bulle einsteigen und sich an den Paketen zu schaffen machen würde. In den großen Kartons unter den Regalen steckten die selbstgebastelten Bomben.

Der Beamte trat zurück. «Sie sollten schnellstens dafür sorgen, dass die Stoßdämpfer ausgewechselt werden.»

«Versprochen», sagte Boyle erleichtert. «Bis dann.»

Zehn Minuten später näherte sich Boyle dem Storrow Drive. Er setzte den Kopfhörer auf und stellte seinen iPod auf die Frequenz der Wanze ein, die er unter einem Klebestreifen der Verpackung seines Pakets versteckt hatte.

Ein Durcheinander von Geräuschen, Stimmen, nah und fern.

«O Mann, das Ding ist aber verdammt schwer», hörte er jemanden fluchen.

Dann war ein Poltern zu vernehmen, und eine andere Stimme sagte: «He, Stan, tu mir den Gefallen und nimm die Post vom Band, ja?»

«Ich sollte doch was zu essen holen.»

«Später. Das Paket ist soeben angekommen und muss ins Labor.»

Boyle nahm sein BlackBerry zur Hand und tippte mit beiden Daumen eine Nachricht ein: «Paket ausgeliefert. Wird gerade durchleuchtet.»

Boyle schickte die Nachricht ab und wartete. Lieber würde er mit Richard telefonieren; das ginge schneller und wäre sehr viel einfacher, als, am Steuer sitzend, auf der kleinen Tastatur herumzufummeln.

Im Display leuchtete Richards Antwort auf. «Die werden Augen machen und ganz schnell ins Labor laufen.»

Hoffentlich, dachte Boyle und schrieb zurück: «In zwanzig Minuten bin ich am Krankenhaus. Wo ist Darby?»

Fünf Minuten später: «Sie ist mit SWAT-Leuten in einem Transporter. In einer halben Stunde funken wir die Wanzen an. Gib mir Bescheid, wenn du so weit bist.»

Boyle trat aufs Gaspedal.

Stan Petarsky, einer von drei Technikern im Dienste der Bostoner Polizei, saß auf einem Stuhl vor dem Röntgengerät und schlürfte Kaffee. Am Abend zuvor hatte er sich wieder einmal mit seiner Frau gefetzt, die ihm vorwarf, zu viel zu trinken. Momentan wusste er nicht, was schlimmer war, der brummende Schädel oder das Gezeter seiner Frau, das ihm immer noch in den Ohren nachhallte.

Ein kleiner Schluck aus seiner Flasche Jim Beam brächte beide Plagegeister zur Ruhe, aber damit würde er noch warten müssen, denn die Bar gegenüber öffnete erst um die Mittagszeit.

Das Paket auf dem Laufband glitt herbei. Als es das Röntgengerät erreichte, bediente er die Steuerung, bis das Paket im vollen Umfang auf dem Monitor erschien, der auf Augenhöhe vor ihm auf dem Tisch stand.

Wenige Sekunden später sprang Stan auf und stieß dabei den Stuhl um. «Jimmy, komm mal her!», rief er.

«Was ist denn?»

«Sieh dir das an.»

Stan trat zur Seite, um Jimmy den Blick auf den Bildschirm freizugeben.

In dem mit braunem Papier eingeschlagenen Karton waren Gliedmaßen und ein Kopf zu sehen. Stan erkannte Beine und Arme. Neben dem Kopf lag eine Hand mit Armbanduhr; an den Fingern steckten mehrere Ringe.

Stan hatte das Gefühl, dass sich ihm der Magen umzustülpen drohte, er kämpfte gegen einen heftigen Würgereiz an.

Jimmy fuhr mit zitternder Hand über seine trockenen Lippen. «Fahr das Paket zurück! Ich muss mir das ansehen.»

Stan tat, was der Kollege von ihm verlangte. Jimmy setzte die Brille auf und untersuchte die Aufschrift.

«Sieh dir mal den Absender an», sagte Jimmy. Er war kreidebleich geworden.

«Carol Cranmore», las Stan ab. «Und?»

«Das ist doch der Name des vermissten Mädchens. Hast du die Nachrichten nicht verfolgt?»

«Gütiger Himmel! Ob das dessen Leichenteile sind?»

«Ruf im Labor an.»

«Mach du das. Ich muss das Paket auf Sprengsätze hin überprüfen.»

«Du glaubst doch nicht etwa, dass da 'ne Bombe in einem der Stümpfe steckt.»

«Ich halte mich nur an die Vorschrift.»

«Na schön, dann werde ich jetzt anrufen. Und während ich am Telefon bin, wirf dir bitte 'n Pfefferminzbonbon oder was Ähnliches ein. Dein Mundgeruch zieht einem die Socken aus. Tust du mir den Gefallen?»

Auf dem Laptop-Monitor waren zwei horizontale und parallel verlaufende Linien zu sehen, die Darby an das EKG eines just Verstorbenen erinnerten.

Sie brannte darauf, irgendetwas tun zu können, und rutschte auf der Bank ungeduldig hin und her.

Coop lehnte sich zu ihr hin. «Hast du dich wund gesessen?»

«Die Wanzen müssten doch längst eingeschaltet sein.»

«Immer mit der Ruhe.»

Es verging eine weitere halbe Stunde.

«Ich habe gestern Abend mit meiner Schwester telefoniert», erzählte Coop.

«Trish kommt morgen ins Krankenhaus. Die Wehen sollen künstlich eingeleitet werden.»

«Seit wann ist sie überfällig?» Darbys Aufmerksamkeit war nach wie vor auf den Laptop gerichtet.

«Seit fast zwei Wochen», antwortete Coop. «Mein Neffe hat schon einen Namen. Fabrice.»

«Sie nennen ihr Kind nach einem Luft-Deodorant?»

«Nein, der heißt Febreze. Ich sagte Fabrice. Der Name kommt aus Frankreich – wie ihr Mann.»

«Hoffentlich entwickelt der Kleine eine dicke Haut», bemerkte Darby trocken.

«Du sagst es», erwiderte Coop. «Brandy findet den Namen allerdings cool und hip.»

«Brandy?»

«Meine neue Flamme. Sie lässt sich zur Kosmetikerin ausbilden und will, wenn sie fertig ist, nach New York ziehen und Lippenstifte taufen.»

«Lippenstifte taufen? Was soll das heißen?»

«Die Hersteller von Lippenstiften müssen doch für ihre Produkte irgendwelche schicken, zugkräftigen Namen erfinden wie *Pink Sugar* oder *Loud and Lovely Lavender.* Das sind übrigens Namen, die sie geprägt hat.»

«Alle Achtung, dann ist sie zweifellos die gescheiteste Frau, mit der du jemals ausgegangen bist.»

Die Linien auf dem Monitor fingen zu zucken an.

«Die Wanzen senden», sagte der FBI-Techniker.

Darby musste sich mit beiden Händen an der Bank festhalten, als der Transporter mit Vollgas beschleunigte.

Zweiundvierzigstes Kapitel

Auf der Krankenhaustoilette roch es nach dem Putzmittel Pine-Sol. Boyle hielt die letzte Kabine auf der linken Reihe besetzt. Schirmmütze und FedEx-Jacke hatte er schon abgelegt. Der leere Rucksack stand auf dem Boden.

Den grünen OP-Kittel trug er bereits unter seinen Sachen. Er zog die Stiefel aus und schlüpfte in ein Paar weiße Turnschuhe. Nachdem er eine Haube auf den Kopf gesetzt hatte, steckte er die Stiefel und die FedEx-Uniform in den Rucksack und verließ die Kabine.

Er musterte sein Spiegelbild und war zufrieden. In der Brusttasche des Kittels steckte eine Brille mit modischem schwarzem Gestell. Er setzte sie auf.

Er stopfte den Rucksack in einen Abfalleimer, nahm das BlackBerry zur Hand und tippte: «In Position und bereit.»

Boyle öffnete die Tür und trat in den hellen Flur der achten Etage hinaus. Durch das Treppenhaus ging er drei Stockwerke nach unten und blieb vor dem großen Fenster über der Eingangshalle des *Mass General* stehen.

Die Zufahrt war Taxis und Krankenwagen vorbehalten. Vor dem Eingang parkten sechs Krankenwagen, zwei weitere rollten herbei. Polizisten regelten den Verkehr und hielten die Menge der Reporter auf Abstand. Diese hatten sich vor dem alten Backsteinbau versammelt, in dem die Lieferungen für das Krankenhaus eingingen.

Richards Antwort traf fünf Minuten später ein: «Los.»

Boyle griff in seiner Tasche nach dem Zünder, der sich kalt in der Hand anfühlte.

Er wandte sich vom Fenster ab und ging auf die Intensivstation zu. Als er das Wartezimmer erreichte, drückte er auf den Knopf.

In der Ferne war ein dumpfes Krachen zu hören, gefolgt von Schauern splitternden Glases. Dann wurden Schreie laut.

Stan Petarsky versuchte, die Gedanken an die Leichenteile in dem Karton neben seinen Füßen zu verdrängen und stattdessen angenehmere Vorstellungen – zum Beispiel Jim Beam auf Eis – aufzurufen, als sich die Fahrstuhltür öffnete.

Erin Walsh, die hübsche Blondine, die er manchmal in der Cafeteria sah, hielt ein Handy ans Ohr und winkte ihn zu sich. Stan hob das Paket vom Boden auf und trug es ins Labor.

Erin machte sich daran, das Paket von allen Seiten zu fotografieren. Stan wollte weit weg sein, wenn es geöffnet wurde. Er steuerte auf den Ausgang zu und dachte darüber nach, wie sich ein kleiner Drink beschaffen ließe, als das Paket explodierte.

Dreiundvierzigstes Kapitel

Auf einem Bildschirm konnte Darby sehen, was sich außerhalb des Transporters zutrug.

Der Wagen fuhr mit hohem Tempo durch die Pickney Street, drei Blocks vom Haus der Cranmores entfernt. Die Häuser in dieser Gegend waren ein bisschen ansehnlicher, doch auch hier sah Darby mehrere Fahrzeuge, die, ihrer Reifen beraubt, auf Betonsteinen parkten.

Karl Hartwig, ein Mitglied des SWAT-Teams, kniete in der Mitte des Wagens vor dem Periskop. Alle anderen starrten auf den Bildschirm.

Die Außenkamera zoomte auf einen verbeulten schwarzen Lieferwagen, der am linken Straßenrand vor einem kleinen Wäldchen parkte.

Der Laptop-Monitor zeigte den Ausschlag auf und ab springender Zacken, die sich dann einebneten.

«Er ist in dem schwarzen Lieferwagen da», sagte der FBI-Techniker.

Hartwig sprach in ein Mikrophon, das im Revers seiner Montur steckte. «An Alpha-One, hier Alpha-Two; wir haben Zielobjekt im Visier, einen schwarzen Ford-Transporter mit getönten Scheiben, ohne Kennzeichen. Er parkt in der Pickney Street, over.»

«Roger, Alpha-Two. Wir begeben uns in Position.»

Wenig später hielt der Funkwagen am Straßenrand an. Der Motor lief weiter, sodass der Boden unter Darbys Füßen erzitterte. Hartwig bewegte das Periskop.

Auf dem Bildschirm war jetzt das andere Ende der Straße zu sehen, in die gerade ein UPS-Transporter einbog. Er näherte sich und blieb dann irgendwann stehen. Darby sah einen schwarzen Schatten hinter seinem Heck auftauchen und sofort wieder verschwinden.

Als der UPS-Transporter sich nicht mehr vom Fleck bewegte, ahnte Darby allmählich, dass er gekommen war, um die Straße zu blockieren.

Der Lautsprecher knisterte, dann sagte eine Stimme: «Alpha-One an Alpha-Two.»

«Ich höre», sagte Hartwig.

«Drei und Vier in Stellung gehen und auf Empfang bleiben.»

«Roger, Alpha-One, wir bleiben auf Empfang.»

Ein dritter Funkwagen, getarnt als Transporter für Schnittblumen, näherte sich auf der Coolidge Road. Damit steckte der Traveler in seinem schwarzen Ford in der Falle.

Banville legte den Telefonhörer auf. «Es sind jetzt alle in Position», sagte er. «Die Gegend ist abgeriegelt.»

«Alpha-One, alle Teams melden Bereitschaft», sagte Hartwig. «Es kann losgehen, over.»

«Verstanden, Alpha-Two. Zugriff vorbereiten.»

«Roger.»

Der Funkwagen fuhr los und wendete auf der Straße. Hartwig klappte das Periskop zusammen und ging neben seinem Partner vor den Hecktüren in die Hocke. An ihren Gürteln hingen XM84-Blendgranaten, auch Flashbangs genannt, weil sie nicht nur einen gleißenden Lichtblitz, sondern auch einen ohrenbetäubenden Knall erzeugten.

Darby sah jetzt wieder den schwarzen Lieferwagen auf dem Bildschirm. Er hatte sich nicht bewegt.

Hartwig wandte sich ihr zu und sagte: «Sie beide bleiben hier, bis die Straße abgesichert ist, klar?»

Der Transporter bremste ab.

Hartwig gab seinem Partner ein Zeichen. Die Hecktüren flogen auf.

Die beiden SWAT-Beamten sprangen in den Regen hinaus. Darby rückte an die offen stehenden Türen heran, um sich einen besseren Blick nach draußen zu verschaffen.

Die beiden hatten den schwarzen Ford bereits erreicht, einer von ihnen legte seine Hand an den Griff der Hecktür. Aus dem Wäldchen kam nun ein weiterer SWAT-Mann herbeigelaufen, in der ausgestreckten Hand eine Pistole, mit der er auf das linke Seitenfenster zielte.

Auf ein Handzeichen von Hartwig hin riss dessen Partner die Hecktür auf.

Hartwig warf die Blendgranate ins Innere, und bevor Darby die Augen schließen konnte, sah sie einen Mann mit schwarzer Jacke vor einem Bord sitzen, auf dem ein Gerät mit kleinen blinkenden Lichtern stand.

Die Granate explodierte krachend und mit grellem Blitz. Hartwig zog seine Waffe, sprang vor die offene Hecktür und richtete das Leuchtpunktvisier auf den Rücken des Mannes im Wagen, der reglos vor seinem Equipment sitzen blieb. Seine Hände steckten in den Jackentaschen.

«HÄNDE AUF DEN KOPF, SOFORT, HOCH DAMIT UND NICHT BEWEGEN!»

Doch der Traveler rührte sich nicht.

Darby spürte den Transporter, in dem sie saß, scharf abbremsen. Während Banville an ihr vorbeidrängte, bestieg Hartwig den schwarzen Ford.

«HÄNDE AUF DEN KOPF, ABER ZACK, ZACK!» Als er nicht reagierte, warf Hartwig den Traveler zu Boden.

Darby kletterte nach draußen. Vom langen Sitzen zitterten ihr die Beine. Sie wollte um jeden Preis das Gesicht des Travelers sehen, ihm in die Augen blicken, wenn er Carols Namen ausspräche.

Kurze Zeit später war Coop neben ihr, beide gingen auf den schwarzen Ford zu. Sie sahen, dass der Traveler auf dem Fahrzeugboden lag. Er bewegte sich nicht.

Banville machte kehrt und kam auf sie zu. Er sah bedrückt aus.

«Was ist los?», fragte Darby, als sie aufeinandertrafen.

«Ein Toter, an einen Stuhl gefesselt», antwortete Banville knapp.

«Was? Die Granate kann ihn doch nicht getötet haben.»

«Er ist schon seit mehreren Stunden tot», entgegnete Banville. «Erwürgt.»

«Und was soll dann dieses ganze Equipment?»

Banville antwortete nicht. Er kehrte in den Funkwagen zurück und hängte sich ans Telefon.

«Er muss es sein», sagte der FBI-Techniker, der plötzlich hinter ihr stand. «Die Wanzen sind hier in diesem Wagen abgehört worden. Sieh mal, da steht ein L32-Receiver.»

«Vielleicht wird die Anlage aber auch dafür gebraucht, um das Signal woandershin umzuleiten», erwiderte sein Partner.

Die Explosion und der Anblick von acht SWAT-Männern hatten die Nachbarn vor ihre Häuser gelockt. Sie standen vor den Türen und wollten wissen, was auf der Straße vor sich ging.

«Wir sollten das Fahrzeug abriegeln.»

Auf der gegenüberliegenden Straßenseite stand eine Frau mit einem etwa achtjährigen Mädchen an der Hand, das einen gelben Regenmantel trug und vor Angst den Tränen nahe zu sein schien. Darby sah gerade zu den beiden hin, als der schwarze Lieferwagen explodierte und Mutter und Kind durch die Luft gewirbelt wurden.

Vierundvierzigstes Kapitel

Über die Lautsprecher des Krankenhauses war Sirenengeheul zu hören. Daniel Boyle drängte sich durch die Menge der Ärzte, Schwestern und Besucher, die alle auf den nächsten Ausgang zuhasteten, um dem Rauch und Staub in den Fluren zu entkommen.

Die Türen zur Intensivstation standen offen; das Wartezimmer war leer. Die Schwestern und Pfleger hatten alles stehen- und liegenlassen, und auch die beiden Polizisten, die Rachels Zimmer bewachen sollten, waren nicht mehr auf ihrem Posten.

Boyle war allein. Er lief durch den Gang und warf einen Blick durch das Fenster in Rachels Zimmer. Sie schlief.

Um keine Fingerabdrücke zu hinterlassen, drückte Boyle die Tür mit dem Ellbogen auf.

Die Hand steckte bereits in der Brusttasche, aus der er nun die Injektionsspritze nahm. Den Plastikschutz zwischen den Zähnen verkeilt, zog er die Nadel frei. Mit dem Daumen am Kolben ging er auf das Bett zu.

Boyle wünschte, sie würde aufwachen, wünschte, dass er sie ein letztes Mal schreien hörte, bevor sie begann, sich in Krämpfen zu schütteln. Doch sie rührte sich nicht.

Die Nadel durchbohrte den Infusionsschlauch. Boyle drückte die Luft aus der Spritze.

Schnell wischte er den Schlauch mit dem Kittelärmel ab, steckte den Plastikschutz zurück auf die Nadel und ließ die Spritze in der Tasche verschwinden. Er hatte es eilig, davonzukommen.

Im Laufschritt durchquerte Boyle die Station. Er steuerte

auf einen Mann vom Sicherheitsdienst des Krankenhauses zu, der neben der Tür zum Schwesternzimmer stand. Dieser trug einen dunklen Regenmantel. Im Ohr steckte eine Hörkapsel, im Revers ein Mikrophon. Anscheinend sah er sich nach Personen um, die dem Aufruf zur Evakuierung noch nicht gefolgt waren.

Boyle lief direkt auf ihn zu. «Es sind alle weg», sagte er. «Hier ist keiner mehr.»

Hinter dem Schalter der Aufsicht ertönte ein Rufsignal. Der Mann drehte sich um und schaute auf die Monitore. «Was hat das zu bedeuten?»

Boyle trat näher an einen der Monitore heran. «Da hat ein Patient offenbar Probleme mit dem Herzen», antwortete er. «Ich kümmere mich drum. Sorgen Sie dafür, dass das Haus geräumt wird.»

«Kommen Sie denn allein klar?»

«Ja. Sie können gehen.»

Der Mann rührte sich nicht vom Fleck.

Ruhig und gelassen, als langte er nach einem Bleistift, schob Boyle die Hand unter den Kittel und öffnete den Schulterhalfter. Wenn es sein müsste, würde er schießen. Er würde den Aufpasser niederstrecken und das Weite suchen.

Doch der Mann warf ihm einen letzten Blick zu und verließ die Station. Boyle schaute ihm nach, bog dann um die Ecke und eilte zur Toilette. Er zog sich um, holte seinen Rucksack aus dem Abfalleimer, lief aufs Treppenhaus zu und mischte sich unter die Menge, die nach draußen drängte.

Es regnete immer noch. Überall blinkten Alarmlichter, heulten Sirenen. Boyle lief die Cambridge Street entlang und nahm die Stufen hinauf zur Hochbahnstation mit Elan.

Am Vortag hatte er auf dem Nachhauseweg an der South

Station eine Fahrkarte gekauft, die ihm nun das Drehkreuz öffnete. Der Bahnsteig war voller Menschen, die auf das Chaos unter ihnen starrten. Rauch stieg über den Trümmern des alten Backsteingebäudes auf. Aus allen Himmelsrichtungen rasten Polizeiautos, Feuerwehr- und Krankenwagen herbei. Haufenweise Glassplitter und Schutt lagen auf der Cambridge Street verstreut. Von der Druckwelle waren etliche Schaufenster zerschlagen worden.

Der Zug fuhr ein. Boyle stieg zu, setzte sich auf einen Fensterplatz und tippte eine Nachricht an Richard in sein BlackBerry. «Auftrag ausgeführt.»

Zum Zeitvertreib stellte sich Boyle vor, was er mit Carol Cranmore anstellen würde, wenn sie aus ihrer Zelle herauskäme. Früher oder später würde sie herauskommen, um zu essen. Das taten sie alle.

Er würde allerdings nicht ewig darauf warten können, jetzt nicht mehr. Die Vorbereitungen für den Umzug waren schon getroffen. Er würde die Frauen bald töten müssen – vielleicht schon heute Nacht.

Fünfundvierzigstes Kapitel

Darbys rechte Gesichtshälfte schmerzte, als sie Coop dabei half, einen weiteren verwundeten SWAT-Beamten auf die Trage zu legen. Er war bewusstlos, atmete aber noch.

Vorsichtig trugen sie ihn über das Trümmerfeld des Tatortes und eilten dann so schnell wie möglich durch Rauch und Regen auf das Ende der Straße zu, wo Sanitäter und Ärzte Dutzende von Verwundeten versorgten. Über die Toten hatte man blaue Planen gelegt, die an den Rändern mit Steinen beschwert waren.

Darby und Coop hievten den Bewusstlosen auf eine fahrbare Krankentrage. Darby wollte sich gerade zurückziehen, als ihr Blick auf Evan Manning fiel, der auf der Straße kniete und eine der blauen Planen lüftete, um das Gesicht des Toten darunter zu mustern. Sie bahnte sich einen Weg durch die Menge der Rettungskräfte, die gegen den Lärm der Sirenen und Schreie anbrüllten, um sich zu verständigen.

Sie packte Evan beim Arm. «Haben Sie den Traveler gefunden?»

«Noch nicht.» Er schien überrascht, sie zu sehen. «Was ist mit Ihrem Gesicht passiert?»

«Die Druckwelle hat mich von den Beinen gerissen.»

«Was?»

«Hier ist es zu laut. Gehen wir dorthin.»

Darby führte ihn über die Straße zu dem Wäldchen hinüber. Das Laub der Bäume schirmte den Regen ab. Es war etwas leiser hier, aber nicht viel.

«Ich habe versucht, Sie auf Ihrem Handy zu erreichen», sagte Evan und wischte sich das Wasser vom Gesicht.

«Es ist wahrscheinlich bei dem Sturz kaputtgegangen. Wo steckt der Traveler?»

«Sämtliche Straßen sind gesperrt, aber noch ist er uns nicht ins Netz gegangen.»

«Um die Bombe zünden zu können, wird er in nächster Nähe gewesen sein, oder? Wir müssen darauf dringen, dass die Kollegen an den Straßensperren jede Person, die sie sehen, überprüfen. Er könnte sich immer noch in der Gegend aufhalten.»

«Es wird jeder überprüft. Hören Sie, ich muss jetzt nach Boston. Auch da geht's drunter und drüber.»

«Was ist denn passiert?»

«Bei Ihnen in der Zentrale hat es eine Explosion gegeben. Näheres weiß ich nicht.»

Darby musste sich setzen. Weil es aber keine Sitzmöglichkeit gab, lehnte sie sich an einen Baum und atmete tief durch. Ihr war, als schwankte der Boden unter ihren Füßen.

«Zwei mobile Teams unserer Kriminaltechnik werden morgen früh zur Stelle sein – eines hier, das andere am Tatort in Boston», versprach Manning. «Wir können die Ermittlungen von dort aus führen. Ich muss jetzt gehen, melde mich aber später nochmal. Wie kann ich Sie erreichen?»

Darby schrieb die Telefonnummer ihrer Mutter auf die Rückseite einer Visitenkarte und reichte sie ihm.

«Ihr Gesicht schwillt an», sagte Evan. «Besorgen Sie sich schnell eine Eispackung.»

Darby kehrte danach auf die Straße zurück und schaute sich um. Vier Tote – nein, fünf – lagen unter blauen Planen. Ein Sanitäter deckte gerade einen weiteren SWAT-Beamten zu.

Sie wandte sich ab und blickte auf die Stelle, an der der

schwarze Lieferwagen gestanden hatte und wo jetzt nur noch ein schwelender Krater zu erkennen war. Die Leiche des Mannes, der im Inneren gesessen hatte, war noch nicht gefunden worden. Teile von ihm lagen zwischen den Trümmern verstreut. Ob er jemals würde identifiziert werden können, war mehr als fraglich.

In ihrer Nähe brüllte ein Feuerwehrmann etwas, das Darby nicht verstehen konnte. Sie sah, dass er und drei seiner Kollegen auf eine blutverschmierte Gestalt am Boden zurannten, die sich auf allen vieren in Sicherheit zu bringen versuchte.

Das könnte ich sein, dachte Darby bedrückt. *Wenn ich nur ein bisschen näher vor dem Transporter gestanden hätte, wäre ich jetzt verkrüppelt oder tot.*

In diesem Moment eilten Coop und ein Sanitäter mit der Trage an ihr vorbei. Auf der lag jetzt eine junge Frau. Die Arme hingen schlaff herunter; die leblosen Augen waren auf den dunkelgrauen Himmel gerichtet, und der Regen spülte Ruß und Blut von ihrem Gesicht.

Sechsundvierzigstes Kapitel

Gegen Viertel vor drei waren alle, die den Anschlag überlebt hatten, geborgen und versorgt. Die Feuerwehrleute packten ihre Geräte zusammen. Von Kopf bis Fuß in weiße Overalls gehüllt, durchkämmten ATF-Beamte und Angehörige des Bostoner Entschärfungskommandos das Trümmerfeld.

Der Einsatzleiter war Kyle Romano, ein ehemaliger Sprengstoffexperte der Armee und seit fünfzehn Jahren im Dienst des Bostoner Kommandos für Bombenentschärfung. Er war ein großer, stämmiger Mann mit Bürstenschnitt und einem Gesicht voller Aknenarben.

In der Luft knatterte ein Hubschrauber des Fernsehens, und Romano musste brüllen, um sich Gehör zu verschaffen.

«Es war definitiv Dynamit», rief er. «Das sieht man an der Art der Zertrümmerung. Wir haben auch Teile eines Zünders und Reste einer Stahlbehälters gefunden. Aus dem, was Sie und andere berichtet haben, schließe ich, dass die Hecktüren, als sie geöffnet wurden, ein Signal an den Zünder gegeben haben. Den Rest kennen Sie. Jetzt hätte ich noch eine Frage.»

Romano kratzte sich an der Nase. Sein Gesicht war voller Ruß und Asche. «Ich habe mit Banville gesprochen. Er sagt, der Kerl, dem Sie auf der Spur sind, entführt junge Frauen.»

«Stimmt.»

«Aber das hier sieht ganz nach einem Anschlag von Terroristen aus. Wer so etwas macht, will Aufmerksamkeit erregen. Wie verträgt sich das mit jemandem, der unentdeckt bleiben möchte?»

«Vielleicht fühlt er sich in die Enge getrieben», schlug Darby vor.

«Ja, das vermutet auch dieser Profiler – Manning, so heißt er doch, nicht wahr? Evan Manning.»

«Was hat er Ihnen sonst noch gesagt?»

«Nicht viel. Er erwähnte ein junges Mädchen, das vermisst wird.» Romano schüttelte den Kopf und seufzte. «Die Ärmste wird so gut wie tot sein.»

«Waren das seine Worte?»

«Nein.» Romano nahm einen kräftigen Schluck aus einer Wasserflasche. «Aber das lässt sich an fünf Fingern abzählen.»

«Kann ich Ihnen irgendwie behilflich sein?»

«Ja, vielleicht verraten Sie mir, wo in diesem verfluchten Chaos das Schild mit der Fahrgestellnummer liegen könnte.»

«Soll ich Ihnen beim Suchen helfen?», fragte Darby.

«Dafür sind die ATF-Kollegen zuständig. Nichts für ungut, aber in solchen Fällen kennen wir uns dann doch ein bisschen besser aus als Sie. Ich muss jetzt dafür sorgen, dass wir ungestört arbeiten können. Danke für Ihre Hilfe.»

Der Explorer – so wurde das Einsatzfahrzeug von Darbys Dienststelle genannt – war nicht mehr fahrbereit. Mit seinen zerborstenen Scheiben war er jetzt selbst Gegenstand der Ermittlungen. Experten durchsuchten ihn auf mögliche Hinweise.

Coop war nirgends zu finden. Darby musste zu Fuß nach Hause gehen.

Benommen und niedergeschlagen verließ sie den Tatort und schlug einen Bogen um die Presseleute jenseits der Absperrung. Nach wenigen Minuten hatte sie die Kreuzung Porter Avenue und East Dunstable Road erreicht. Linker

Hand erhob sich die Kirche von St. Stephen's. Auf der anderen Seite lag, einen knappen Kilometer weit bergauf, der Villenvorort «Hill». Darüber thronte das *Buzzy's*.

Der Münzfernsprecher, von dem sie vor über zwei Jahrzehnten angerufen hatte, stand immer noch an derselben Stelle, war aber gegen ein neueres Modell mit knallgelbem Hörer ausgetauscht worden. Darby wollte Leland anrufen und fragen, was im Labor geschehen war. Sie kramte in den Taschen, fand aber nur Dollarscheine. Also ging sie ins *Buzzy's*, um Kleingeld zu besorgen.

Abgesehen von der jungen Frau hinterm Tresen, war niemand zugegen. Auf dem Kühlschrank stand ein kleiner Farbfernseher, der die jüngsten Nachrichten über den Bombenanschlag auf das *Mass General* ausstrahlte.

«Könnten Sie bitte lauter drehen?», bat Darby.

«Klar.»

Der Reporter war live vor Ort, hatte aber nur wenig zu berichten. Umso ausführlicher war das Filmmaterial mit Bildern der zerbombten Warenannahme im Krankenhaus. Der Reporter zitierte Aussagen von Augenzeugen, während die Kamera das Ausmaß der Zerstörung einzufangen versuchte. Darby sah Berge von Schutt, umgekippte Fahrzeuge und jede Menge Krankenwagen. Die gläserne Front des Krankenhauses war eingerissen. Beim Anblick des rauchenden Kraters dachte sie sofort an eine Kunstdüngerbombe. Eine solche Bombe war, wenn richtig verpackt, durchaus in der Lage, derartige Schäden anzurichten.

Dutzende von verletzten Personen wurden ins *Beth Israel Hospital* gebracht, die Patienten des *Mass General* auf andere Stationen verlegt. Über die Zahl der Todesopfer lagen noch keine Informationen vor.

«Sind Sie da gewesen?»

Darby blickte auf. Die junge Frau sprach mit ihr. Sie trug einen viel zu dick aufgetragenen Lidstrich, und ihr Gesicht sah aus, als wäre sie damit in eine Kiste voller Angelhaken gefallen. In Nase, Ohren, Unterlippe und Zunge steckten jede Menge Piercings.

«Waren Sie da, wo die Bombe hochgegangen ist?», wiederholte sie ihre Frage. «Es sieht so aus – Ihre Sachen sind voller Blutflecken und ziemlich kaputt und so.»

«Ich war hier in Belham.»

«Echt abgefahren, das Ganze. Haben Sie auch Leichen gesehen?»

«Ich brauche Münzen für den Fernsprecher.»

Wieder draußen, steckte Darby einen Quarter in den Schlitz und wählte die Nummer von Lelands Mobiltelefon. Als sich seine Mailbox meldete, versuchte sie es bei ihm zu Hause. Seine Frau antwortete.

«Hallo, Sandy, hier ist Darby. Kann ich Ihren Mann sprechen?»

«Augenblick.»

Darby schluckte. Als sie Leland in der Leitung hatte, erklärte sie ihm, was in Belham geschehen war. Leland hörte zu, ohne sie zu unterbrechen.

«Erin hat mich angerufen, als ich im Straßenverkehr feststeckte», erzählte Leland, als sie mit ihrem Bericht fertig war. «Sie sagte, dass heute Morgen ein FedEx-Paket im Labor angeliefert worden ist. Beim Durchleuchten sah es so aus, als befänden sich Leichenteile darin. Ein Kollege hat es daraufhin sofort nach oben gebracht. Der Absender lautete auf Carol Cranmore.»

«Ist es nicht auf Sprengsätze hin untersucht worden?»

«Keine Ahnung. Aber ich vermute, dass die Kollegen, als sie den Inhalt sahen, nichts Eiligeres zu tun hatten, als das Paket loszuwerden. Ich telefonierte gerade mit Erin, als das Labor in die Luft flog», fuhr Leland fort, «und ich fürchte, sie hat es nicht mehr geschafft. Pappy war zu dieser Zeit auf einem Schrottplatz in Saugus, um Lackproben zu sammeln. Die Bombe hat das ganze Labor verwüstet. Unsere Asservate ... alles weg.»

Darby wollte fragen, ob denn überhaupt jemand überlebt hatte, brachte aber keinen Ton heraus.

«Ich habe leider noch mehr schlechte Nachrichten», sagte Leland. «Vor ein paar Minuten ist ein Anruf vom Krankenhaus gekommen. Rachel Swanson hatte einen Herzanfall. Man konnte sie nicht mehr retten. Heute Nachmittag wird ihre Leiche obduziert.»

«Er hat sie umgebracht», sagte Darby aufgebracht.

«Rachel Swanson war schwerkrank. Die Sepsis ...»

«Sie war der Schlüssel zu seiner Ergreifung. Er musste an sie herankommen, und das konnte er nur, indem er von ihr ablenkte. Also hat er eine Bombe hochgehen lassen und für Panik gesorgt. Alle dachten an einen Terroranschlag und haben sich in Sicherheit gebracht. Und weil jeder nur noch mit sich selbst beschäftigt war, konnte der Traveler unbemerkt in ihr Zimmer eindringen und sie töten. Ich schlage vor, Sie lassen versiegeln und besorgen sich die Bänder der Überwachungskameras in der Intensivstation.»

«Das habe ich schon versucht. Die ATF-Kollegen verweigern uns den Zutritt», sagte Leland. «Ich habe soeben mit Wendy Swanson, Rachels Mutter, telefoniert. Sie ist von irgendjemandem aus dem Labor von New Hampshire informiert worden und hat dann bei uns angerufen, um zu erfahren, in welchem Krankenhaus ihre Tochter liegt. Ich musste ihr sagen, dass sie tot ist.»

«Haben Sie ihre Nummer? Ich würde mich gern mit ihr über Rachel unterhalten.»

«Das ist Banvilles Job.»

«Banville hat am Tatort in Belham zu tun. Ich möchte von Mrs Swanson mehr über Rachel erfahren; vielleicht erklärt sich dann, warum sie ausgewählt wurde. Das könnte uns helfen, Carol zu finden.»

Leland gab ihr die Nummer. Darby kritzelte sie auf ihren Unterarm.

Im Hintergrund klingelte ein Telefon. «Ich muss einen Anruf entgegennehmen», sagte Leland. «Rufen Sie mich zurück, wenn Sie etwas herausgefunden haben.»

Darby wählte die Nummer von Mrs Swanson. Vergeblich. Sie war nicht zu erreichen. Darby fragte sich, ob auch diese Chance endgültig vertan war. Verzweiflung überkam sie, als sie nach Hause eilte.

Siebenundvierzigstes Kapitel

Die Pflegerin zog die Tür zur Sheilas Schlafzimmer hinter sich zu. Darbys Mutter lag im Bett und schlief. Ihre Lungen gaben ein gequältes Pfeifen von sich.

«Ich habe die Morphium-Dosis erhöhen müssen», sagte Tina. «Sie hat starke Schmerzen.»

«Hat sie die Nachrichten gesehen?»

Die Pflegerin nickte. «Sie wollte mit Ihnen sprechen, konnte Sie aber nicht erreichen.»

«Mein Handy ist kaputt. Ich habe von einem öffentlichen Fernsprecher aus angerufen, aber es hat niemand abgenommen.»

«Es heißt, dass durch die Explosion einige Strom- und Telefonleitungen zerstört worden sind. Ihre Mutter weiß aber, dass Sie wohlauf sind. Ein Freund von Ihnen war hier und hat es ihr gesagt. Sein Name ist mir entfallen. Müssen Sie jetzt wieder zurück in die Zentrale? Ich könnte noch eine Weile hierbleiben, kein Problem.»

«Nicht nötig. Ich bleibe.»

Darby verschränkte die Arme vor der Brust und lehnte sich an die Wand. Es widerstrebte ihr, sich von der Tür zu entfernen. Jetzt wegzugehen wäre ihr wie ein Abschied für immer vorgekommen.

«Diese Nacht wird sie wohl noch überstehen», sagte Tina tröstend.

Darby zögerte und fasste all ihren Mut zusammen, um die Frage zu stellen: «Wann, glauben Sie, ist es so weit?»

Tina schürzte die Lippen und seufzte. «In den nächsten Tagen.»

Als die Pflegerin gegangen war, schrieb Darby ihrer Mutter eine Notiz mit dem Hinweis, dass sie zu Hause sei, und legte den Zettel neben Brille und Pillen auf das Nachttischchen. Sie gab ihrer Mutter einen Kuss auf die Stirn. Sheila rührte sich nicht.

Darby stellte sich unter die Dusche. Von heißem Wasser berieselt, dachte sie über das nach, was Rachel ihr im Krankenhaus gesagt hatte. Es war mehrfach von Kampf und Gegenwehr die Rede gewesen. *Ich komme nicht mehr gegen ihn an, kann nicht mehr kämpfen*, hatte sie gesagt. Oder in Bezug auf Carol: *Hat sie ein Kämpferherz? Kann sie sich wehren?*

Kämpferherz? War das der Schlüssel? Das, worauf der Traveler aus war? Aber wie konnte er im Vorhinein wissen, welche Frau sich zu wehren verstand und welche nicht? Suchte er seine Opfer in Frauenhäusern? Nein, wer dort Zuflucht nahm, konnte sich nicht wehren. Wo glaubte er sie am ehesten finden zu können? *Bitte, lieber Gott, bring mich auf seine Spur.*

Als das Wasser kalt wurde, trocknete sich Darby ab, stieg in einen Trainingsanzug und ging nach unten in die Küche. Sie hob den Hörer von dem schnurlosen Telefon ab und vergewisserte sich, dass es funktionierte. Sie warf ihre Jacke über, steckte es in die Tasche und ging mit einer Packung Zigaretten hinaus auf die Veranda. Der Regen hatte an Heftigkeit zugenommen und trommelte auf das Vordach.

Nach zwei Zigaretten wählte sie die Nummer von Rachels Mutter. Ein Mann antwortete.

«Mr Swanson?»

«Nein, ich bin Gerry.» Seine Stimme war gedämpft. Darby glaubte, im Hintergrund jemanden weinen zu hören.

«Könnte ich mit Wendy Swanson sprechen? Ich rufe vom kriminaltechnischen Labor in Boston an.»

«Bleiben Sie dran.»

Wenig später meldete sich eine dünne, zitternde Stimme. «Wendy Swanson.»

«Mein Name ist Darby McCormick. Ich wollte Ihnen mein Beileid aussprechen ...»

«Sind Sie die Frau, die meine Tochter gefunden hat?»

«Ja.»

«Haben Sie mit ihr reden können?»

«Ja, Ma'am. Das mit Ihrer Tochter tut mir sehr leid.»

«Was hat Rachel gesagt? Wo hat sie die ganze Zeit gesteckt?»

Darby wollte die Frau weder belügen noch zusätzlich belasten. Ihr ging es jetzt vor allem darum, einige Fragen beantwortet zu bekommen.

«Rachel hat nicht viel gesagt. Sie war sehr krank.»

«Ich habe die Nachrichten gesehen und hätte nie für möglich gehalten, dass die Frau, die da gezeigt wurde, meine Tochter sein könnte. Sie sah ihr überhaupt nicht ähnlich.» Wendy Swanson schluchzte. «Dieser Mann, was hat er ihr getan?»

Darby antwortete nicht.

«Sagen Sie es mir», flehte Rachels Mutter. «Bitte, ich muss es wissen.»

«Ich weiß es nicht, Mrs Swanson. Ich kann mir denken, dass Sie eine schreckliche Zeit durchmachen, und hätte bestimmt nicht angerufen, wenn es nicht so wichtig wäre. Ich muss Ihnen ein paar Fragen stellen. Die Fragen klingen vielleicht seltsam, versuchen Sie aber bitte trotzdem darauf zu antworten.»

«Fragen Sie, was Sie wollen.»

«Ist Rachel jemals von einem ihrer Partner misshandelt worden?»

«Nein.»

«Hätte sie sich Ihnen denn anvertraut?»

«Wir standen uns sehr nahe. Ich wusste Bescheid, sie hatte mir von Chads Hintergrund erzählt. Aber er hat sie nie geschlagen. Er hat nicht einmal die Stimme gegen sie erhoben. Damit wäre er bei Rachel auch an der falschen Adresse gewesen. Sie hatte nur Positives über Chad zu berichten. Ich glaube allerdings, dass seine Ex-Frau ein bisschen seltsam war.»

«Ist Rachel früher einmal belästigt worden, hat ihr jemand nachgestellt?»

«Nein. Das hätte sie erzählt. Rachel und Chad verstanden sich prächtig. Sie wollten heiraten. Rachel war ... sie war so tüchtig und fleißig. Sie hat ihr Studium am College selbst finanziert und dann einen Kredit aufgenommen, um Jura studieren zu können. Sie hat nie Ansprüche gestellt, nie irgendwelche Schwierigkeiten gemacht. Sie war grundsolide und stand mit beiden Beinen fest im Leben.»

Wendy Swanson brach in Tränen aus. «Die Polizei sagte, wenn jemand vermisst wird und innerhalb der ersten zwei Tage nicht wiederauftaucht, müsse man mit dem Schlimmsten rechnen. Ein Jahr nach Rachels Verschwinden hatte ich mich langsam damit abgefunden, dass sie nicht mehr nach Hause zurückkommt und nie geklärt werden wird, was mit ihr geschehen ist. Und dann rief heute Morgen eine Freundin an, die im Labor arbeitet und mir sagte, das Rachel in Massachusetts aufgefunden worden sei – *lebend.* Nach *fünf* Jahren. Ich bin auf die Knie gesunken und habe Gott gedankt. Ich habe mich sofort erkundigt, in welchem Krankenhaus sie liegt, und musste dann erfahren, dass sie tot ist. Rachel war die ganze Zeit am Leben, und ausgerechnet jetzt, da ich wieder mit ihr hätte sprechen können, musste sie sterben. Ich hatte keine Gelegenheit mehr, meine Tochter an die Hand zu nehmen und ihr zu sagen, wie sehr ich sie liebe und wie sehr es mich schmerzt, sie aufgegeben zu haben. Ich konnte mich nicht einmal mehr von ihr verabschieden.»

«Mrs Swanson, ich bin ...»

«Ich kann nicht mehr, ich muss auflegen.»

«Es tut mir sehr leid um Sie und Ihren Verlust.»

Doch Wendy Swanson hatte das Gespräch bereits beendet. Darby steckte das Telefon in die Tasche zurück und schaute unwillkürlich hinauf zum Schlafzimmerfenster ihrer Mutter.

Achtundvierzigstes Kapitel

Darby starrte in den Garten, der, von Sheila früher so liebevoll gepflegt, halb verwildert und voller Pfützen war. Während sie eine Zigarette rauchte, dachte sie über die Opfer des Travelers nach. Evan Manning behauptete, der Traveler habe sie zufällig ausgewählt.

Das Wort *zufällig* ließ sie nicht los. Eine zufällige Auswahl der Opfer. Falls dies zutraf, würde seine Ergreifung kaum möglich sein, zumal er sämtliche Optionen gründlich durchdacht zu haben schien und alles Mögliche unternahm, um unentdeckt zu bleiben. Vielleicht hatte er Carol und die anderen Frauen schon getötet. Vielleicht war er längst über alle Berge. *Nein, das darf nicht sein.*

Von jeder E-Mail, die auf dem PC in ihrem Büro einging, wurde automatisch eine Kopie auf ihr Hotmail-Konto weitergeleitet, sodass sie jederzeit Zugriff darauf hatte. Darby drückte die Zigarette aus, ging nach oben und schaltete ihren Computer ein. Im Posteingang war eine Nachricht von Mary Beth bezüglich der am Tatort gemachten Fotos.

Mary Beth fotografierte alles zweimal – analog und digital. Digitale Fotos waren als Beweismittel nicht zugelassen, weil sie manipuliert werden konnten. Mary Beth machte sie nur deshalb, um die Kollegen schnell ins Bild setzen zu können.

Darby betrachtete gerade die Fotos, als sie ein Husten hörte. Sie steckte den Kopf in den Flur hinaus und entdeckte Licht auf der Schwelle zum Zimmer ihrer Mutter. Sheila war wach und schaute fern.

Darby öffnete die Tür und sah Szenen des Bombenanschlags in den Brillengläsern ihrer Mutter widergespiegelt.

«Dein Gesicht ist geschwollen. Was ist passiert?», fragte Sheila entsetzt.

«Ich bin ausgerutscht und gestürzt. Sieht schlimmer aus, als es ist», log Darby. «Wie geht es dir?»

«Besser jetzt, da du hier bist.» Sheila drehte die Lautstärke des Fernsehers herunter. «Danke für die Nachricht.»

Darby setzte sich auf die Bettkante. «Ich habe versucht anzurufen, aber der Anschluss war gestört. Ich möchte nicht, dass du dir meinetwegen Sorgen machst.»

Sheila winkte ab, doch Darby sah ihr an, dass sie Angst um sie hatte. Im weichen Licht der Nachttischlampe wirkte ihr Gesicht noch eingefallener und bleicher als sonst.

Darby nahm sie in den Arm. «Mit mir ist alles in Ordnung. Ehrlich.»

«Weißt du, woran ich heute gedacht habe? An den Vorfall damals am Meer, als du in einen Sog geraten bist und beinah ertrunken wärst. Du warst gerade erst acht.»

Darby erinnerte sich, wie sie, von der Strömung fortgerissen, unter Wasser gedrückt und über den steinigen Grund geschleift worden war. Danach hatte sie fast eine Stunde lang Wasser gespuckt.

Es war der Kälteschauer unter Wasser gewesen, der ihr besonders zugesetzt hatte und noch andauerte, als sie längst wieder in der Sonne saß. Auch als sie später in ihrem Bett lag, eingemummelt in warme Decken, war sie dieses Gefühl von Kälte nicht losgeworden. Es warnte sie davor, dass in dieser Welt Gefahren lauerten, auch und gerade dann, wenn man am wenigsten mit ihnen rechnete.

«Du hast überhaupt nicht geweint. Dein Vater schien einen größeren Schrecken bekommen zu haben als du selbst», sagte Sheila. «Er hat dir zum Trost eine Tüte Eiscreme gekauft, und ich werde nie vergessen, wie du zu ihm sagtest: ‹Dad, du brauchst dir um mich keine Sorgen zu machen. Ich kann auf mich selbst aufpassen.›»

Darby schloss die Augen und sah im Geiste, wie sie nach Hause gefahren waren, in dem Auto, das nach Meer und Sonnenöl gerochen hatte. Gemeinsam, alle drei. Gesund und in Sicherheit. Eine schöne Erinnerung. Davon gab es viele.

«Coop war hier», sagte Sheila. «Er wollte mich wissen lassen, dass du okay bist.»

«Nett von ihm.»

«Ja, er ist sehr nett. Und witzig.»

«Das versucht er auch mir einzureden.»

«Ich finde, er sieht aus wie dieser Basketballspieler ... wie heißt er noch gleich? Brady.»

«Tom Brady. Aber der spielt Football. Er ist Quarterback bei den Patriots.»

«Ist er ledig?»

«Ja.»

«Vielleicht solltet ihr einmal zusammen ausgehen. Ihr würdet gut zueinander passen.»

«Ich hab's versucht, aber Tom Brady ist anscheinend nicht interessiert.»

«Ich spreche von Coop. Er erinnert mich an deinen Vater. Dein Kollege hat ein genauso heiteres Gemüt und eine ebenso große Zuversichtlichkeit, was die Zukunft betrifft, wie er. Hat Coop eigentlich eine Freundin?»

«Eine?»

«Er sagt, dass er gern eine Familie gründen würde.»

«Vielleicht mit einem seiner Models für Unterwäsche», entgegnete Darby ironisch.

«Er hält große Stücke auf dich und schwärmt davon, wie

tüchtig du bist, wie sehr du dich in deinem Job engagierst. Er sagt, du seiest die zuverlässigste Person, die er kennen würde –»

Darby war eingeschlafen.

Neunundvierzigstes Kapitel

Als die Tür zugeklappt war, hatte sich Carol minutenlang die Ohren zugehalten, um die schrecklichen Schreie auszublenden. Irgendwo da draußen befanden sich mehrere Frauen, und sie schrien.

Was ihr noch mehr Angst machte, waren die Klopflaute, unverständliche Zeichen, die mal leiser, mal lauter wurden.

Verzweifelt durchsuchte Carol immer wieder ihre Zelle in der Hoffnung, einen Gegenstand zu finden, der als Waffe dienen mochte, etwas, das sie bislang übersehen hatte. Doch alles war fest verschraubt, selbst der Toilettensitz. Es gab nichts, womit sie sich hätte zur Wehr setzen können. Die einzigen beweglichen Sachen waren die Decke und das Kissen.

Stundenlang passierte nichts. Die Tür blieb geschlossen – Carol wusste jedoch, dass das nichts besagte. Sie ahnte, dass der Mann mit der Maske zurückkommen würde.

Carol aber ließ nicht zu, dass die Angst sie lähmte. Sie hatte die Zeit genutzt, um sich einen Plan zurechtzulegen.

Männer, so wusste sie, waren an einer Körperstelle besonders empfindlich. Mario Densen hatte sie einmal begrabscht und ihr in den Hintern gekniffen. Er war über einen Kopf größer als sie und doppelt so schwer – fiel aber wie ein Kartenhaus in sich zusammen, als sie ihm das Knie zwischen die Beine gerammt hatte.

Carol hatte ihr Sweatshirt ausgezogen und zusammen mit dem Kissen unter die Decke gesteckt. Ihr Plan war folgender:

Wenn der Mann mit der Maske käme, würde er sie unter der Decke vermuten. Sie aber stünde mit dem Rücken zur Wand gleich neben der Tür und würde ihm, kaum dass er einen Schritt in die Zelle gesetzt hätte, mit Wucht von hinten zwischen die Beine treten. Und wenn er dann vor Schmerzen zu Boden ginge – das taten sie alle –, würde sie nachtreten, in sein Gesicht und gegen den Kopf.

Carol trug jetzt nur noch ihre Unterwäsche und fing bald wegen der Kälte zu zittern an. Um sich ein wenig aufzuwärmen und wach zu bleiben, ging sie in der Zelle auf und ab. Ihr war bewusst, dass sie schon nach sechs kleinen Schritten die Wand auf der anderen Seite erreicht hatte. Sooft sie müde wurde oder wenn sich die Angst einzuschleichen drohte, schlug sie mit den Fäusten gegen die Wand, um so an ihrer Wut festzuhalten.

Sie dachte an das Essenstablett und fragte sich, ob es wohl immer noch vor der Tür stünde. Der Gedanke ans Essen brachte ihren Magen zum Knurren. Doch sie wehrte sich gegen das Hungergefühl und beschied, dass sie zum Überleben nur Wasser brauchte, und davon gab es reichlich. Sie hatte bereits eine Menge getrunken, nicht zuletzt in der Absicht, dass Drogengift aus ihrem Körper zu spülen.

Moment. Das Tablett. Es war aus Kunststoff und würde sich bestimmt zerbrechen lassen. Ein scharfkantiges Bruchstück wäre vielleicht als Stichwaffe zu verwenden. Sie könnte es ihm ins Gesicht stoßen oder in die Augen.

Darby wurde in ihren Überlegungen unterbrochen. Die Tür öffnete sich – *klack-klack-klack*.

Angespannt vom Kopf bis zu den Füßen, presste sich Carol so eng wie möglich an die Wand und starrte auf den Lichtfleck, der sich über den Boden ausbreitete. Ihr war klar, dass sie nur eine Chance hatte und diese nicht ungenutzt verstreichen lassen durfte.

Doch der Mann mit der Maske erschien nicht – nicht einmal sein Schatten war zu sehen. Er stand also gar nicht vor der Tür.

Plötzlich war Musik zu hören – ein altmodisches Jazzstück aus einer Zeit, mit der Carol Männertypen in Verbindung brachte, die weiche Filzhüte und weiße Gamaschen trugen. Jetzt waren weder Klopfzeichen noch Schreie zu hören.

Die Tür stand immer noch offen. Das letzte Mal war sie nach ein, zwei Minuten geschlossen worden, diesmal passierte nichts.

Wartete er womöglich darauf, dass sie herauskäme?

Um an das Tablett heranzukommen, würde sie sich zeigen müssen, und wenn er sie sähe, wäre ihr ganzer Plan hinfällig.

Mit bloßen Händen würde sie sich nicht verteidigen können, dazu war der Mann mit der Maske zu stark. Außerdem hatte er ein Messer. Sie *musste* an das Tablett herankommen, es war ihre einzige Chance. Carol rückte näher an die Tür heran, lauschte angestrengt und starrte auf den Lichtfleck, jederzeit gefasst darauf, dass sich ein Schatten zeigte.

Carol stand jetzt unmittelbar neben dem Türpfosten. Vorsichtig reckte sie den Hals und blickte nach draußen.

Das Tablett lag am äußersten Ende des langen Korridors, inmitten einer Blutlache, die bei der schwachen Beleuchtung schwarz schimmerte. Das Blut stammte von der Frau, die daneben auf dem Boden lag.

Nicht schreien, nur ja nicht schreien, sonst hört er dich.

Carol biss sich auf die Unterlippe und versuchte, ihrer Angst Herr zu werden.

Hol das Tablett.

Auch wenn sie wusste, was sie zu tun hatte, traute sie sich doch nicht vom Fleck. Sie dachte an die Frau, die da draußen reglos in ihrem Blut lag und vermutlich tot war.

Du musst das Tablett holen. Wenn er mit dem Messer zurückkommt –

Carol rannte.

Klappernd begann die Tür hinter ihr zuzufahren.

Carol zögerte nur kurz, dann rannte sie weiter. Sie hatte nur noch das Tablett im Sinn.

Endlich war das Ende des Korridors erreicht. Sie hob das Tablett vom Boden auf und kam dabei mit dem Blut in Berührung, das noch warm war. Gerade hatte sie kehrtgemacht und wollte in ihre Zelle zurücklaufen, als sie plötzlich spürte, wie sich eine Hand um ihr Fußgelenk legte.

Carol schrie.

«Hilf mir», sagte die Frau mit schläfriger Stimme. «Bitte.»

Krachend fiel eine Tür ins Schloss.

Zurück in die Zelle. Schnell, sonst ist die Tür zu.

Carol befreite sich, lief mit dem Tablett zurück und rannte um ihr Leben. *Bitte, lieber Gott, mach, dass ich es schaffe.*

Die Tür ihrer Zelle war geschlossen.

Eine Klinke gab es nicht. Carol versuchte, die blutverschmierten Finger hinter die Falz zu drücken und die Tür aufzuziehen. Vergeblich. Die Tür blieb zu, und sie stand außerhalb der Zelle, die sterbende Frau im Rücken.

Wumm! Wieder fiel eine Tür ins Schloss. *Wumm-wumm.* Der Mann mit der Maske kam näher.

Fünfzigstes Kapitel

Darby wachte neben ihrer Mutter auf. Es war dunkel und still. Über ihre Beine war eine Wolldecke gebreitet. Anscheinend war sie von ihrer Mutter zugedeckt worden. Sie selbst konnte sich nicht daran erinnern.

Sheila atmete schwer. Darby stand auf, beugte sich über sie und fühlte ihren Puls. Der war immer noch recht kräftig.

Wohl aber nicht mehr lange. Bald würde Sheila ins Grab neben Big Red gesenkt werden, und dann wäre Darby allein – allein in diesem Haus mit den in vielen Jahren angesammelten Nippessachen und Bildern oder dem auf Flohmärkten erstandenen Billigschmuck, auf den Sheila so stolz war, dass sie ihn in einem der wenigen wirklich wertvollen Gegenstände aufbewahrte, die sie hatte – in einer wunderschönen, handgearbeiteten Schatulle, die von der Großmutter über die Mutter an sie vererbt worden war.

Von ihr würden dann keine Anrufe mehr kommen, keine Worte der Ermutigung, keine Geburtstagsglückwünsche; und sie würden nie wieder sonntagabends zum Essen ausgehen, zusammen Urlaub machen oder Dinge erleben, an die man sich später gemeinsam erinnern könnte.

Und wie sollte sie, Darby, verhindern, dass die Erinnerungen, die sie mit ihrer Mutter teilte, mit der Zeit verblassten? Darby dachte an die nach Zigarrenrauch und Rasierwasser duftende Daunenweste ihres Vaters, die sie nach seinem Tod getragen hatte, um sich ihm nahe fühlen zu können. Welches Kleidungsstück von Sheila wäre geeignet, sie zu trösten? Was besaß Helena Cruz von ihrer Tochter, das die Erinnerung an sie wachhielte? Und Dianne Cranmore? Saß sie womöglich in diesem Augenblick im Zimmer ihrer Tochter, hin und her gerissen zwischen Hoffnung und Verzweiflung, gequält von der Frage, wo Carol sein mochte, wann sie endlich nach Hause zurückkehren würde und ob sie überhaupt noch lebte?

Darby legte sich zurück aufs Bett und zog die Decke bis zum Kinn. Das Kissen war durchgeschwitzt. Unwillkürlich sah sie plötzlich Rachel Swanson vor sich, verängstigt in ihrem Krankenhausbett liegend. Jetzt lag sie im Kühlfach einer Leichenhalle, zugenäht nach der Obduktion, und immer noch mit Spuren der Angst im Gesicht.

Wie war das bei Carol? War sie jetzt wach, atmete sie dieselbe Dunkelheit?

Darby war, was die eigene Person betraf, häufig im Zweifel, doch eines wusste sie genau: Sie würde und konnte die Suche nach Carol nicht aufgeben. Tot oder lebendig, sie würde sie finden.

Mit diesem Vorsatz ging Darby ins Gästezimmer, machte Licht, schaltete den Computer ein und lud noch einmal die Fotos auf den Bildschirm.

Da war Rachel Swanson mit ihrem – damals noch kräftigen – ehrlichen Gesicht und adrett frisierten Haaren.

Da war Terry Mastrangelo, durchschnittliches Aussehen, schwarze Haare. Die von Rachel waren braun.

Carol Cranmore, die Jüngste, hatte bereits Kurven entwickelt, die Männer aufmerken ließen; in ein paar Jahren würde sie vermutlich eine gutaussehende Frau sein. Attraktivität hatte Darby als gemeinsamen Nenner sämtlicher Entführungsfälle allerdings schon ausgeschlossen. Die Frauen sahen sich nicht einmal ähnlich. Doch wie sah es mit ihrer Persönlichkeit aus?

Darby versuchte, sich den Traveler vorzustellen, in seinem Lieferwagen unterwegs auf der Suche nach möglichen Opfern. Waren seine Opfer ihm wirklich zufällig ins Auge gefallen? Hatte er sie womöglich eine Weile beschattet und erst dann einen Plan für ihre Entführung entworfen?

Fakt war, dass er Frauen entführte und irgendwo versteckt hielt. Ihre Leichen ließ er später auf Nimmerwiedersehen verschwinden. Beweise? Fehlanzeige. Der Traveler war vorsichtig.

Im Haus der Cranmores aber waren ihm Fehler unterlaufen. Er hatte Blutspuren zurückgelassen und nicht verhindern können, dass Rachel Swanson ihm entwischte. Wahrscheinlich hatte er sie beiseiteschaffen wollen. Sie war krank und nutzte ihm nichts mehr.

Rachel hatte scheinbar geahnt, was ihr bevorstand, und ihn überlistet. Sie war ihm entkommen und zur Gefahr für den Traveler geworden, denn sie wusste etwas, womit die Polizei seiner habhaft werden konnte. Doch was?

Darby nahm ihren Walkman zur Hand und hörte sich noch einmal das aufgezeichnete Gespräch mit Rachel an.

«Jetzt hat er mich», war über die Kopfhörer zu hören. «Diesmal hat er mich wirklich.»

«Er ist nicht hier.»

«Doch. Ich habe ihn gesehen.»

«Außer uns beiden ist niemand da. Du bist in Sicherheit.»

«Er ist letzte Nacht gekommen und hat mir diese Handschellen angelegt.»

Darby hielt das Band an. Der Schlüssel. Rachel hatte etwas von einem Schlüssel gesagt – vermutlich für die Handschellen. In dem Verschlag unter der Veranda war aber kein Schlüssel gefunden worden.

Sie drückte wieder auf die PLAY-Taste, beugte sich nach vorn und hörte aufmerksam zu.

«Ich weiß, wonach er sucht», sagte Rachel. «Ich hab's aus seinem Büro mitgenommen. Er kann es nicht finden, weil ich es vergraben habe.»

«Was hast du vergraben?»

«Ich zeig's dir. Aber zuerst musst du mir helfen, diese Handschellen loszuwerden. Ich kann den Schlüssel dafür nicht finden. Hab ihn wahrscheinlich fallen lassen.»

Darby schaltete das Gerät aus und betrachtete wieder die Fotos.

Da war eines von Rachel Swanson im Krankenwagen, die Arme lehmverschmiert. Drei weitere Fotos zeigten ihre Brustverletzungen in Nahaufnahme; schließlich eine Vergrößerung ihrer Fingernägel, voller Dreck und aufgeschürft, blutend, als hätte sie mit bloßen Händen – gegraben.

Darby eilte in die Küche hinunter und griff nach dem Telefon. Coop antwortete nach dem sechsten Klingelzeichen.

«Coop, ich bin's, Darby.»

«Was ist los? Ist was mit deiner Mutter?»

«Nein, es ist wegen Rachel Swanson. Ich glaube, sie hat etwas versteckt. In dem Verschlag unter der Veranda.»

«Wir haben alles gründlich durchsucht, auch die Mülltonnen. Da war nichts.»

«Aber wir haben nicht den Boden umgegraben», sagte Darby. «Ich nehme an, sie hat dort etwas verbuddelt.»

Einundfünfzigstes Kapitel

Die Grundfläche des Verschlags unter der Veranda betrug an die fünf Quadratmeter. Der Lehmboden war feucht. Hinweise darauf, dass jemand in der Erde gegraben hatte, ließen sich auf den ersten Blick nicht finden. Also fing Darby in der äußersten linken Ecke an zu suchen, da, wo sie Rachel zum ersten Mal gesehen hatte.

Sie füllte einen Eimer und reichte ihn an Coop weiter, der den Inhalt durch ein Sieb in einen Mülleimer schüttete.

Nach gut einer Stunde waren nicht mehr als eine Handvoll Steine und Glassplitter zutage gefördert worden.

Auf den Knien rutschend, die Hosenbeine nass und verdreckt, reichte Darby ihrem Kollegen Eimer um Eimer voller Erde. Carols Mutter stand auf der Veranda des Nachbarn und schaute den beiden gespannt zu.

Coop duckte sich in den Einstieg des Verschlags. «Wieder nichts», sagte er und reichte ihr den leeren Eimer. «Was glaubst du?»

Es war nun schon das dritte Mal, dass Coop ihr diese Frage stellte.

«Ich glaube nach wie vor, dass sie hier etwas verbuddelt hat», antwortete Darby gereizt.

«Mag ja sein. Ich habe mir diese Fotos noch einmal angesehen und bin zu dem gleichen Ergebnis gekommen wie du. Sie hat mit den Händen im Boden gescharrt. Allerdings kommt mir allmählich der Verdacht, dass das, was sie vergraben hat, nur in ihrer Phantasie existierte.»

«Du hast die Tonaufzeichnung gehört. Da ist mehrfach von einem Schlüssel die Rede.»

«Vielleicht hat sie sich den nur eingebildet. Die Frau hatte eine schwere psychische Störung, Darb. Dich hat sie für Terry Mastrangelo gehalten. Und das Krankenhauszimmer war für sie ihre Gefängniszelle.»

«Fest steht, dass sie aus dem Lieferwagen fliehen konnte. Ich bin sicher, der Täter hat sie im Inneren des Wagens irgendwo angekettet, sie muss also einen Handschellenschlüssel gehabt haben, um sich zu befreien. Und der muss hier irgendwo sein.»

«Okay, angenommen, du hast recht. Inwiefern könnte uns ein solcher Schlüssel weiterhelfen?»

«Was soll die Frage? Willst du bloß herumsitzen und Däumchen drehen, bis Carols Leiche schließlich auftaucht?»

«Das habe ich nicht gesagt.»

«Was dann?»

«Ich kann mir vorstellen, wie enttäuscht du jetzt bist, aber hier ist nichts zu finden.»

Doch Darby schaufelte verbissen weiter und musste sich in ihrem Eifer immer wieder zur Vorsicht ermahnen, damit sie das Beweisstück, das sie zu finden hoffte, nicht womöglich noch mit der Schaufel beschädigte.

Rachel Swanson mochte gestört gewesen sein, was auch nur allzu verständlich war nach den unvorstellbaren Schrecken, die sie über fünf Jahre hinweg hatte erleiden müssen. Aber ihre Phantasien waren nicht aus der Luft gegriffen. Es musste etwas hier vergraben sein; Darby glaubte es förmlich spüren zu können.

«Ich besorg mir einen Kaffee bei *Dunkin' Doughnuts*», sagte Coop. «Willst du auch einen?»

«Nein, danke.»

Coop durchquerte den Hinterhof und passierte das Einsatzfahrzeug der Spurensicherung, das dort seit dem frühen Morgen parkte.

Darby setzte ihre Arbeit fort und schüttete zwei weitere Eimer über dem Sieb aus. Wieder nur Steine.

Vierzig Minuten später hatte sie drei Viertel der Fläche umgegraben. Ihre Beine und ihr Rücken schmerzten. Sie wollte schon aufgeben, als ihr Blick auf den Rand eines zusammengefalteten Stücks Papier fiel, das in der Erde steckte.

Darby richtete den Scheinwerfer auf die Stelle und kratzte mit den behandschuhten Fingern das Fundstück frei.

Auf dem gefalteten Papier lag ein Handschellenschlüssel.

«Offenbar muss ich jetzt Abbitte leisten», sagte Coop zerknirscht.

«Spendier mir ein Abendessen, und wir sind quitt.»

«Ich nehme dich beim Wort; das ist eine Verabredung.»

Als die Fotos gemacht und die Beweismittelsicherung abgeschlossen waren, nahm Darby das gefaltete Papier zur Hand und legte es auf das Sieb.

Besondere Vorsicht war geboten, denn Papier bestand lediglich aus Zellulose und Kleber, und wenn man feuchtes Papier, das gefaltet war, trocknen ließ, stand zu befürchten, dass es verklebte und nicht mehr auseinandergefaltet werden konnte.

«Was machen wir jetzt?», fragte Coop.

«Keine Ahnung», antwortete Darby. «Aber wenn die Kollegen noch lange auf sich warten lassen, ist es zu spät. Dann können wir das Papier wegschmeißen.»

Darby musste nicht lange warten. Kaum dass sie den Schlüssel eingetütet hatte, bog ein Ford 350 in die Straße ein, der einen fast zwanzig Meter langen Hänger, mit Antennen und einer kleinen Satellitenschüssel bestückt, hinter sich herzog.

Zweiundfünfzigstes Kapitel

Darby borgte sich Coops Handy aus und rief Evan Manning an. Als er sich meldete, kam sie gleich zur Sache.

«Tut mir leid, dass ich so früh störe, aber wir sind im Haus der Cranmores auf eine Spur gestoßen. Unter der Veranda war ein zusammengefaltetes Stück Papier zusammen mit einem Handschellenschlüssel vergraben. Soeben ist eines Ihrer mobilen Labors eingetroffen. Wir müssen das Papier öffnen, bevor es trocknet. Wann können Sie hier sein?»

«Werfen Sie mal einen Blick vors Haus.»

Die Tür des Anhängers öffnete sich. Evan Manning winkte ihr zu.

Das mobile kriminaltechnische Labor war mit modernsten Gerätschaften ausgestattet. Die gesamte Einrichtung sah nicht nur neu aus, sie roch auch so. Auf einem der Computermonitore war das Startmenü von CODIS eingeblendet, dem DNA-Analysesystem des FBI.

«Wo sind Ihre Leute?», fragte Darby auf dem Weg in den Hinterhof.

«In der Luft», antwortete Evan. «Sie werden in spätestens drei Stunden in Logan landen. Die beiden anderen mobilen Labors sind bereits in Boston, am Tatort des Bombenanschlags. Sind Blutspuren auf dem Papier, das Sie gefunden haben?»

«Keine Ahnung. Ich habe es noch nicht auseinandergefaltet.»

«Wir sollten Schutzkleidung anlegen.»

Als sie die Overalls übergestreift hatten, verteilte Manning Atemmasken, Brillen und Neopren-Handschuhe.

«Das Neopren hinterlässt Abdrücke, wenn wir damit das Papier berühren», warnte Coop. «Die könnten bei der Spurensuche stören. Es wäre besser, wir nähmen Latex-beschichtete Baumwollhandschuhe.»

Das Labor war kühl und strahlend weiß. Evan stand hinter Darby, um ihr an der kleinen Arbeitsplatte mehr Platz zu lassen.

Sie legte das Fundstück auf die saubere Unterlage und machte sich mit zwei Pinzetten daran, das Papier auseinanderzufalten – ein mühsames Unterfangen, denn das Papier war nicht nur feucht und dünn, sondern auch sehr zerknittert und vom vielen Falten an mehreren Stellen bereits eingerissen.

Es handelte sich um einen zwanzig mal dreißig Zentimeter großen Bogen weißen Papiers. Die obenliegende Seite war allem Anschein nach von einem Tintenstrahldrucker bedruckt worden und stellte den Ausschnitt eines Stadtplans dar. Die Farben waren verlaufen und große Teile wie wegradiert, möglicherweise von dem Schweiß von Rachels Händen.

Lehmige Schmiere überzog zwei Seitenränder. Andere Stellen hatten die dunkle Farbe des Lehms absorbiert. Außerdem waren Spuren von Blut und einer gelben Flüssigkeit auszumachen, womöglich Eiter oder Schleim.

«Warum hat sie das Papier so klein zusammengefaltet?», fragte Coop erstaunt.

«Um es besser verstecken zu können, in der Tasche, im Mund, falls nötig sogar im Rektum», spekulierte Darby.

«Oh, nur gut, dass wir Schutzkleidung tragen», sagte Coop.

Mit einem Wattestäbchen tupfte Darby den Schmutz von dem Papier und achtete darauf, nicht noch mehr Farbe wegzuwischen. Immer wieder tauchte Carols Gesicht vor ihrem inneren Auge auf.

Sie braucht uns.

Darby hielt die Luft an. Unter der Schmutzschicht kamen ausgedruckte, kaum leserliche Wegbeschreibungen zum Vorschein. Ganz unten auf der Seite stand die Adresse der Website, von der der Plan heruntergeladen worden war.

Darby nahm eine Lupe zur Hand, um die Wegbeschreibungen zu lesen. «Hier heißt es: ‹2,2 km, zwischen zwei Bäumen hindurch, geradeaus›.»

Evan schaute ihr über die Schulter. «Haben Sie eine Ahnung, wo diese Straße sein könnte?»

«Augenblick.» Darby folgte der Straßenlinie und hielt inne, als ihr ins Auge fiel, was, durch den Schmutz schimmernd, wie eine Zahl aussah. Mit dem Wattestäbchen legte sie die Stelle frei.

«Das ist die Route 22», sagte sie. «Die führt auch an Belham vorbei, nämlich um den Wald jenseits des Salmon Brook Pond herum.»

«Schauen wir uns mal die Rückseite an», schlug Evan vor.

Darby drehte das Blatt. Was da in kleinen Buchstaben und mit zittriger Hand geschrieben stand, schienen Namen zu sein, die allerdings kaum zu entziffern waren, weil sich die Schrift durch den Schweiß und das häufige Falten fast völlig aufgelöst hatte.

Mit Hilfe der Lupe studierte sie die Zeichen und ließ sich mehrere Minuten Zeit dafür.

«Sehen Sie sich das einmal an.» Darby trat zur Seite, um Evan Platz zu machen.

«1 G R R 2R G», sagte er. «Entspricht das den Zeichen,

die sich Rachel Swanson im Krankenhaus auf den Arm geschrieben hat?»

Darby schaltete ihren Palm ein, auf den sie ihre Aufzeichnungen kopiert hatte. «Hier ist, was auf ihrem Arm stand: ‹1 L G 2R L R 3R G 2R 3L›.»

«Also keine Entsprechung, jedenfalls keine inhaltliche.»

«Was steht in der nächsten Zeile?»

Evan las die Kombination aus Buchstaben und Zahlen vor.

«Wieder etwas anderes, eine noch längere Reihe», sagte Darby ratlos.

Evan fuhr mit der Lupe über die Seite. «Da sind Dutzende verschiedener Zeichenkombinationen.»

Coop fragte: «Wie können sich Richtungsanweisungen ständig verändern?»

«Auf den ersten Blick habe ich an Zahlenkombinationen von Schließfächern oder Tresoren gedacht. Aber dazu passt nicht, was hier steht, nämlich ‹3: ABSTAND HALTEN› und daneben der Name von Terry Mastrangelo mit einem Fragezeichen. Da sind noch mehrere andere Namen, die Rachel offenbar durchgestrichen hat.»

«Sie hat die Namen der Frauen festgehalten, die mit ihr eingesperrt waren», sagte Darby leise und wie zu sich selbst. «Gibt es hier zufällig auch einen Videospektralkomparator?»

«Das Beste, was wir haben, ist ein Stereodiskussionsmikroskop.» Evan holte das Gerät aus einem Schrank, stellte es auf die Arbeitsplatte und trat zur Seite.

Darby setzte sich auf den Hocker und legte das Papier vorsichtig auf den Objektträger. Sie fing mit ihrer Untersuchung in der oberen linken Ecke an. Die meisten Namen waren unleserlich, mehrere durchgestrichen.

«Hier scheint einer ausradiert zu sein», sagte Darby. «Die Druckspuren, die das Schreiben hinterlassen hat, ließen sich vielleicht mit Streiflicht und entsprechenden Blenden sichtbar machen.»

«Dazu eignet sich eine Infrarotreflektographie besser», sagte Coop. «Damit sollten wir auch die durchgestrichenen Namen lesen können.»

«Ich mache mir wegen möglicher Fingerabdrücke Sorgen.»

«Die Lösungsmittel, die wir verwenden, greifen die Bleistiftspuren nicht an. Ich würde allerdings vorschlagen, dass wir zuerst die Druckspuren mit einem EDSA untersuchen. Mögliche Fingerabdrücke bleiben dabei unberührt.»

«Ein solches Gerät könnte hier sein», überlegte Evan. «Ich schaue gleich mal in der Inventarliste nach.»

«Hier, ein Name – Joanne Novack.» Darby buchstabierte. «Dann steht da noch K-A ... den Rest kann ich nicht lesen. Der Nachname ist Bellona oder Bellora. Darunter steht Jane Gittle, vielleicht Gittles, gefolgt von weiteren Buchstaben, die aber nicht zu entziffern sind.»

«Mal sehen, was sich darüber herausfinden lässt.» Evan notierte die Namen und verließ das Labor.

Darby untersuchte den Rest des Dokuments. Rachel Swansons seltsame Zeichen und Buchstaben füllten Dutzende von Zeilen.

Für ihre persönlichen Akten machte Darby ein paar Polaroid-Fotos, während Coop die Kamera für Nahaufnahmen einstellte. Danach steckte sie die Polaroids in die Hosentasche und kopierte die vermeintlichen Wegbeschreibungen auf ein separates Stück Papier.

«Um die soll sich Evan auch gleich kümmern», sagte sie.

Darby zog den Schutzanzug aus und ging in die Kabine nebenan. Evan war nicht da. Ein Laserdrucker spuckte gerade ein Blatt Papier aus, auf dem das Bild einer Frau mit schwarzen Locken und bleichem Gesicht war. Joanne Novack, einundzwanzig Jahre alt, aus Newport, Rhode Island. Sie war nach ihrem Dienst in einer Bar nicht mehr nach Hause zurückgekehrt und wurde seit fast drei Jahren vermisst.

Darby zog die anderen beiden Seiten aus dem Drucker.

Kate Bellora, neunzehn. Sie hatte ein farbloses, gequältes Gesicht, typisch für misshandelte Frauen, wie Darby festgestellt hatte. Kate war heroinsüchtig und hatte als Prostituierte gearbeitet. Zum letzten Mal war sie vor rund einem Jahr in ihrer Heimatstadt New Bedford, Massachusetts, gesehen worden.

Der dritte Ausdruck zeigte eine Frau mit blauen Augen, dünnen Haaren und Sommersprossen. Jane Gittlesen war zweiundzwanzig Jahre alt und stammte aus Ware, New Hampshire. Sie wurde seit zwei Jahren vermisst. Ihr Auto war auf der Seitenspur eines Highways verlassen aufgefunden worden. Sie war verheiratet und hatte eine zweijährige Tochter.

Darby borgte sich noch einmal Coops Handy aus und wählte Banvilles Nummer. Es meldete sich nur sein Anrufbeantworter. Sie berichtete von ihrem Fund und verließ den Laborwagen, um Evan zu suchen. Sie musste dringend mit ihm sprechen.

Sie fand ihn neben dem Einsatzfahrzeug, wo er sich mit Kyle Romano, dem Chef des Bostoner Bombenentschärfungskommandos, unterhielt. Es wurde hell; durch die Bäume drang erstes Sonnenlicht. In der kühlen Luft hing der Rauch.

Evan holte sein Mobiltelefon aus der Tasche. Romano ließ ihn allein und ging. Darby eilte ihm nach und fragte, ob er ihr seinen Wagen leihen würde, was er bejahte. Als sie zu Evan zurückkehrte, hatte der seinen Anruf beendet.

«Irgendwelche guten Nachrichten?», fragte Darby.

Evan schüttelte bedrückt den Kopf. «Ich muss nach Boston zurück und mich um andere Dinge kümmern.»

«Romano hat mir erlaubt, seinen Wagen zu benutzen», sagte Darby. «Ich werde jetzt in den Wald fahren und schauen, ob sich mit den Wegbeschreibungen was anfangen lässt.»

«Mir wäre es lieber, Sie würden die Untersuchungen an den Beweisstücken fortsetzen, bis die Spezialisten eintreffen.»

«Das wäre reine Zeitverschwendung. Für uns gibt's hier nichts mehr zu tun, denn zuerst einmal muss das Papier trocknen. Coop wird mich begleiten. Ich habe Banville gebeten, sich mit uns im Wald zu treffen.»

Evan warf einen Blick auf seine Armbanduhr. «Dann fahre ich an seiner Stelle mit», entschied er. «Wenn da was zu finden ist, möchte ich dabei sein.»

Dreiundfünfzigstes Kapitel

Darby bog von der Route 22 ab und hielt vor einem Trampelpfad an, der zwischen zwei Bäumen seinen Ausgang nahm. Es boten sich hier mehrere Möglichkeiten, ein Auto so abzustellen, dass es von der Hauptstraße aus nicht zu sehen war. Darby suchte nach Reifenspuren, fand aber keine.

«Das scheint die Stelle zu sein», sagte Darby.

Evan Manning nickte. Er war während der Fahrt ungewöhnlich still gewesen und hatte nur mit kurzen Gesten oder einsilbig geantwortet.

Darby stellte den Motor ab. Sie hob ihren Einsatzkoffer vom Rücksitz und verspürte ein zunehmendes Unbehagen. Manning klemmte sich die Schaufeln unter den Arm.

«Der Weg wird beschwerlich sein», sagte er. «Soll ich Ihnen den Koffer abnehmen?»

«Danke, es geht.» Darby steuerte auf den Wald zu.

Sie kamen nur langsam voran; der Boden war aufgeweicht vom vielen Regen. Zwanzig Minuten später war der Pfad zu Ende. Vor ihnen lag nun ein unwegsames Dickicht voller Felsbrocken und umgekippter Bäume.

Evan legte sich die Schaufeln über die andere Schulter. «Sie sind sehr schweigsam.»

«Das Gleiche könnte man von Ihnen sagen. Sie haben während der gesamten Fahrt kaum ein Wort gesprochen.»

«Mir geht Victor Grady durch den Kopf.»

«Wieso ausgerechnet der?»

«Die Karte, die Sie gefunden haben», antwortete Evan langsam. «Von Riggers weiß ich, dass bei der Durchsuchung von Gradys Haus eine ganz ähnliche Karte gefunden worden ist. Von dieser Gegend.»

«Ich kann mich nicht erinnern, irgendetwas von einer solchen Karte gelesen zu haben.»

«Sie ist bei dem Hausbrand verlorengegangen. Riggers wusste nicht viel über die Karte zu sagen, nur, dass sie mit dieser Gegend übereinstimmte. Es gab den Verdacht, dass Grady hier seine Opfer vergraben hat. Also haben wir uns auf die Suche gemacht, allerdings vergeblich.»

«Haben Sie den ganzen Wald durchsucht?»

«Um ehrlich zu sein, nur etwa ein Viertel davon», antwortete Evan. «Der Polizei von Belham ist das Geld ausgegangen, deshalb musste die Suche eingestellt werden.»

«Gradys Opfer sind also wahrscheinlich immer noch hier irgendwo vergraben.»

«Möglich. Ich vermute es jedenfalls. Aber sie zu finden käme einem Wunder gleich.»

Darby blieb stehen. «Das müsste die Stelle sein.»

Sie standen vor einer mit Laub bedeckten Senke.

«Ich sehe nirgends Anzeichen dafür, dass jemand hier gegraben hat», sagte Evan, nachdem er sich gründlich umgeschaut hatte. «Und auf der Böschung müssten doch zumindest Fußspuren zu sehen sein.»

«Möglicherweise hat der Regen alle Spuren weggespült. Der konnte hier ungehindert niederprasseln, weil keine Bäume da sind.»

«Wir sollten ein Suchteam zusammenstellen und später zurückkehren.»

«Sehen Sie mal dort.» Darby zeigte auf einen Felsen. Darauf war ein kleines Smiley-Gesicht mit weißer Farbe aufgesprüht worden.

«Das könnten Kinder gemacht haben», wehrte Evan ab.

Nein. Manning irrte sich. Kinder würden nicht hierherkommen, denn diese Stelle lag viel zu weit ab. Wer hier seinen grausigen Machenschaften nachging, brauchte nicht zu befürchten, entdeckt zu werden.

Darby stieg die Böschung hinab und fragte sich, wie der Traveler vorgegangen sein mochte. Hatte er zuerst das Grab ausgehoben und dann in einer zweiten Tour die Leiche herbeigeschafft oder beides auf einmal getan?

Darby stellte den Koffer auf den Fels und breitete eine Plane aus, in die die ausgehobene Erde kommen würde.

«Wir sollten Verstärkung kommen lassen», schlug Evan vor. «Es ginge dann schneller.»

«Bis die hier ist, haben wir es wahrscheinlich schon allein geschafft.» Darby nahm sich eine Schaufel. «Kommen Sie, fangen wir an.»

Vierundfünfzigstes Kapitel

Darby hoffte, eine Zigarettenkippe zu finden, ein Bonbonpapier oder eine Getränkedose – irgendetwas, worauf der Traveler DNA-Spuren zurückgelassen haben könnte. Eine Stunde lang durchharkte sie das Laub, fand aber nur einen alten Penny, den sie gewohnheitsmäßig eintütete, obwohl sie nicht damit rechnete, dass sich darauf ein Fingerabdruck entdecken ließe.

«Ich schlage vor, wir fangen hier vor dem Fels zu graben an», sagte Darby.

Evan war einverstanden und reichte ihr eine Schaufel.

Die Sonne brannte ihr in den Nacken, und während sie schaufelte, ging ihr durch den Kopf, was Evan über die Suche nach Gradys Opfer in diesem Wald gesagt hatte. Ob Melanie hier irgendwo begraben lag?

Tut mir leid, Mel. Es tut mir schrecklich leid, dass ihr, du und Stacey, nicht die Chance hattet, euer Leben zu leben. Ich bin mir sicher, dass du mich in sehr viel besserer Erinnerung gehabt hättest, wenn ich deinem Mörder zum Opfer gefallen wäre. Wenn es so etwas wie einen Himmel gibt, hoffe ich inständig, dass du mir verziehen haben wirst, wenn wir uns dort wiederbegegnen.

Darby und Evan hatten eine Grube von einem Meter Tiefe ausgehoben, als Darby plötzlich ihre Schaufel ablegte.

«Nicht dass irgendwas kaputtgeht, wenn wir so weitermachen», sagte sie und legte sich am Rand der Grube auf den Bauch. «Würden Sie mir bitte die Bürste und den Spatel aus meinem Koffer geben?»

Mit behandschuhten Händen scharrte Darby in der Erde.

Feuchtigkeit drang durch ihre Jeans. In der Ferne war das Knacken von Zweigen zu hören.

Evan stand über ihr und sah zu. Er war wieder sehr schweigsam geworden.

Wenig später ertastete Darby einen harten Gegenstand, den sie zuerst für einen Stein hielt. Doch als sie einen Teil davon aus der Erde befreit hatte, ahnte sie, um was es sich tatsächlich handelte.

Dann gab es keinen Zweifel mehr: Was sie dort vor sich hatten, waren das Scheitel- und das Hinterhauptsbein eines menschlichen Schädels. Die Leiche lag offenbar mit dem Gesicht nach unten in ihrem Grab. Der Schädel war rostbräunlich verfärbt und ohne Haare.

Evan reichte ihr die Bürste, mit der sie weitere Stellen freilegte. «Das weiche Gewebe scheint völlig verwest zu sein. Muskeln, Knorpel oder Sehnen sind nicht mehr zu erkennen.» Darby deutete auf ein dunkles Liniennetz am Schläfenbein. «Das sind Spuren von Wurzeln. Der oder die Tote muss hier schon ziemlich lange liegen. Ich sollte Carter rufen. Das ist unser Spezialist für solche Fälle.»

«Wie viele Mitarbeiter hat er?»

«Ich glaube, zwei. Carter gehört auch einem Team an, das zur Untersuchung von Massengräbern in Kriegsgebieten gerufen wird.»

Das Knacken der Zweige im Hintergrund wurde lauter. Irgendjemand kam näher. *Vielleicht Banville*, dachte sie.

«Ich frage mich, ob das Skelett hier vollständig ist», sagte Darby.

«Vielleicht sind wir auf eine Deponie gestoßen.»

«Leider ist der Boden zu feucht für den Einsatz von Radarsonden.» Die Geräte, die Carter manchmal benutzte, sahen aus wie futuristische Rasenmäher. Sie funktionierten nur auf trockenen, festen Böden. «Ich werde Carter kommen lassen. Wenn wir hier auf eigene Faust weitermachen, geht womöglich einiges in die Brüche.»

Evan hörte ihr nicht zu, er hatte sich dem Pfad zugewendet. Darby warf einen Blick über die Schulter zurück.

Auf der Böschung über der Senke standen vier Männer in dunklen Anzügen. Der größte von ihnen, ein Typ mit Bürstenschnitt, sagte: «Mr Manning, kann ich Sie einen Moment unter vier Augen sprechen?»

«Wer ist das?», fragte Darby.

Evan entfernte sich ohne Antwort. Darby schüttelte den Kopf, stand auf und klopfte sich den Schmutz von der Hose.

Plötzlich fing Coops Mobiltelefon in ihrer Hosentasche zu vibrieren an.

Darby streifte die Handschuhe ab. Das Funksignal war schwach, die Verbindung schlecht. Sie konnte Coop kaum verstehen. Darby sagte ihm, er solle einen Moment warten, und suchte eine Stelle, an der der Empfang besser war.

Das andere Ohr mit der Hand abgedeckt, fragte sie: «Was hast du gesagt, Coop?»

«Ich sagte, sie haben mich aus dem mobilen Labor rausgeschmissen.»

«Wer sind ‹sie›?»

«Unsere Freunde Fies, Blöd und Igitt», antwortete Coop ironisch. «Die Feds haben die Ermittlungen an sich gerissen.»

Fünfundfünfzigstes Kapitel

Es war vor ungefähr zwanzig Minuten», erzählte Coop. «Sie bringen mich gleich in die Stadt.»

«Warum?»

«Angeblich wollen sie mich zu den Ermittlungen befragen. Hat dir Manning nichts gesagt?»

«Nein.» *Aber ich krieg's auch so noch raus,* dachte Darby. «Wie haben sie begründet, dass sie den Fall übernehmen?»

«Überhaupt nicht. Bei der Explosion des Lieferwagens sind zwei ihrer Beamten ums Leben gekommen. Vermutlich greifen sie deshalb ein. Ich muss jetzt Schluss machen. Ich habe mich kurz aus dem Staub gemacht und rufe über Romanos Handy an.»

«Ist Banville da?»

«Ich habe ihn nicht gesehen. Hör zu, mir ist schleierhaft, was hier passiert, aber vielleicht hat es was mit CODIS zu tun. Kurz nachdem du gegangen bist, kam über den Computer die Meldung eines DNA-Treffers. Ich hab es noch auf dem Bildschirm gesehen, konnte mir die Analyse aber nicht anschauen, weil der Zugriff gesperrt wurde. Mist. Sie kommen, ich muss Schluss machen.»

«Ruf Leland an», riet Darby. «Ich werde sehen, was sich machen lässt.»

Darby steuerte auf die Böschung zu. Die Männer hörten schlagartig auf zu reden.

Der mit dem Bürstenschnitt reichte ihr seine Visitenkarte – Stellvertretender Generalstaatsanwalt Alexander Zimmerman, Justizministerium. *Na wunderbar.*

«Ihr Einsatz in diesem Fall ist beendet, Miss McCormick»,

sagte Zimmerman in einem Ton, der keine Widerrede duldete. «Sobald Sie Ihr Fahrzeug erreicht haben, werden Sie das gesamte Material und alle Unterlagen Spezialagent Vamosi aushändigen. Er begleitet Sie ins Bostoner Büro.»

Ein mondgesichtiger Mann trat neben sie.

«Wir fahnden nach Vermissten», sagte Darby störrisch. «Sie haben kein Recht ...»

«Zwei unserer Beamten sind tot», entgegnete Zimmerman kühl. «Damit geht der Fall in meine Zuständigkeit über. Wenn Sie irgendwelche Fragen haben, können Sie die an den Generalstaatsanwalt richten.»

«Warum wurde die von CODIS gemeldete DNA-Probe als geheim klassifiziert?», hakte Darby nach.

«Auf Wiedersehen, Miss McCormick.»

Darby wandte sich an Evan Manning. «Kann ich Sie kurz sprechen?»

«Später», antwortete er. «Sie müssen jetzt gehen.»

Darby lief vor Wut rot an. Dass er sie so abservierte, würde sie ihm nie verzeihen. «*Sie* haben diese Herren kommen lassen, stimmt's?»

Er antwortete nicht, was auch nicht nötig war, denn seine Miene verriet alles.

«Sie strapazieren meine Geduld, Miss McCormick», sagte Zimmerman.

Darby ließ Evan nicht aus den Augen. «Sie wissen, wer der Traveler ist, nicht wahr? Die Wanzen waren unser Schlüssel zu seiner Ergreifung. Ihnen ist klar, wozu er fähig ist, und trotzdem lassen Sie uns in die Falle tappen.»

Evans Gesichtszüge strafften sich. Er betrachtete sie mit demselben kalten, durchdringenden Blick, der ihr schon im Labor aufgefallen war.

«Was ist mit Carol?»

«Wir werden alles tun, um sie zu finden», antwortete Evan gelassen.

«O ja, ganz bestimmt. Ich werde ihrer Mutter sagen, dass sie sich voll und ganz auf Sie verlassen kann.»

Vamosi ergriff ihren Arm. Jetzt hieß es einlenken oder kämpfen.

«Ich brauche meinen Koffer», beharrte Darby.

«Tut mir leid, aber der bleibt einstweilen bei uns», entgegnete Vamosi. «Wenn wir hier fertig sind, bekommen Sie ihn zurück.»

Zwei FBI-Beamte durchsuchten den Einsatzwagen. Ein ziviler Pkw blockierte den Pfad. Darby musste warten und konnte nichts dagegen tun, dass Vamosi ihre Sachen durchstöberte.

Das Handy vibrierte wieder. Der Anrufer war Pappy.

«Ich versuche schon den ganzen Vormittag, dich zu erreichen. Wieso hast du Coops Telefon?»

«Meins ist kaputt», antwortete Darby und entfernte sich ein paar Schritte. «Was ist los?»

«Ich habe gute Nachrichten. Das Lackpartikel von Rachel Swansons T-Shirt konnte von der Datenbank in Deutschland identifiziert werden. Es handelt sich um einen ganz speziellen Lack, der in Großbritannien hergestellt wird. Die Farbe heißt ‹Moonlight White› und wird ausschließlich für den Aston Martin Lagonda verwendet.»

«Ist das nicht der Wagen von James Bond?»

«Durch einen der Filme wurde der Aston Martin bekannt, ja, aber das Modell, von dem ich spreche, der Lagonda, gehört zur Serie Zwei und kam in den späten Siebzigern auf den Markt – 77, glaube ich. Ab 83 wurde er auch bei uns zugelassen, als Sonderanfertigung mit Farbfernseher sowohl vorn als auch hinten. Ursprünglich hat er 85000 Pfund gekostet, was heute umgerechnet rund 150000 US-Dollar wären.»

Darby musste hilflos zusehen, wie Vamosi ihren Rucksack durchwühlte. «Das käme von der Preisklasse hin», sagte sie.

«Ich weiß nicht, was der Schlitten heute wert ist. Wahrscheinlich interessieren sich nur noch verschrobene Sammler dafür. In den Staaten sind lediglich ein gutes Dutzend davon abgesetzt worden. Wir werden es also mit einem begrenzten und ziemlich elitären Käuferkreis zu tun haben. Ein solcher Wagen sollte schnell ausfindig zu machen sein.»

«Wo bist du jetzt?»

«Zu Hause, um mich von gestern zu erholen. Hätte ich mich nicht auf dem Schrottplatz umgeschaut, wäre ich wahrscheinlich in der Zentrale gewesen, als es ... gekracht hat.»

Vamosi übergab Darbys Rucksack einem der beiden Kollegen und kam auf sie zu.

«Ich wusste gar nicht, dass deine Mutter krank ist», sagte sie schnell. «Tut mir leid.»

«Wovon redest du?»

«Ja. Hör mal, ich muss jetzt Schluss machen. Das FBI hat noch Fragen an mich. Wir fahren jetzt ins Bostoner Büro.»

«Die Feds haben doch nicht etwa die Ermittlungen an sich gerissen?»

«Doch», antwortete Darby. «Wen hast du sonst noch über die Erkrankung deiner Mutter informiert?»

«Nur dich.»

«Lass es am besten dabei bewenden. Ich werde dich später über dein Handy anzurufen versuchen.» Darby unterbrach die Verbindung.

Vamosi stand vor ihr. «Dürfte ich die Fotos haben, die in Ihrer Hosentasche stecken, bitte?»

Darby händigte sie ihm aus.

«Sind Sie im Besitz weiteren Materials, das diesen Fall betrifft?»

«Nein, Sie haben jetzt alles.»

«Das hoffe ich in Ihrem Interesse.»

Wenig später saß Darby am Steuer. Die beiden Beamten bedeuteten ihr loszufahren. Vamosi fuhr voraus. Darby folgte. Sie zitterte vor Wut. Ihre Augen waren feucht und brannten.

Sie dachte an Rachel Swanson. Mit ihrem zuversichtlichen Lächeln, mit Beharrlichkeit und Mut hatte Rachel jahrelang unvorstellbare Schmerzen und Grausamkeiten ertragen und war darüber fast zu einem Skelett abgemagert. Sie hatte eine Liste der Mitgefangenen zusammengestellt und ihre Flucht geplant. Jetzt war sie tot.

Und was war mit Carol? Lebte sie überhaupt noch? Oder lag sie bereits unter der Erde, unauffindbar verscharrt wie Mel?

Auf der anderen Seite des Waldes lag die Route 86. Vor vierundzwanzig Jahren war sie dort Zeugin eines Mordes gewesen. Bis heute kannte sie weder den Namen des Opfers noch dessen Verbleib. Victor Grady, der Mann aus dem Wald, hatte auch sie versucht zu töten, doch sie war mit dem Leben davongekommen. Wer eine solche Gefahr überlebte, war nicht kleinzukriegen. Und schon gar nicht von Leuten wie Evan Manning und seinen Kollegen.

Darby wusste, was sie zu tun hatte. Unmittelbar vor der nächsten Ausfahrt trat sie aufs Gaspedal und bog von der Schnellstraße ab.

Sechsundfünfzigstes Kapitel

Darby stellte den Wagen auf dem Parkplatz hinter einem Spirituosenladen ab. Sie rief Pappy auf dem Handy an, berichtete kurz und bündig, was geschehen war, und bat ihn, zu wiederholen, was er über das Lackpartikel herausgefunden hatte. Eifrig machte sie sich Notizen.

«Was ich dich noch fragen wollte: Wer hat sich wegen dieser Sache an die Deutschen gewendet?»

«Das war ich», antwortete Pappy stolz. «Ich habe denen eine Probe zukommen lassen für den Fall, dass über die Feds nichts zu erfahren ist. Außerdem sind die Deutschen schneller.»

«Die Feds haben den Lack also nicht identifiziert?»

«Soweit ich weiß, nein. Mein Kontaktmann in deren Labor hat dir eine E-Mail geschickt, in der stand, dass sie mit der Probe nichts anfangen können.»

Gleiches hatte Evan Manning behauptet.

«Darby, wenn mir die Feds auf die Bude rücken, werde ich ihnen alles, was ich habe, aushändigen müssen.»

«Darum wäre es besser, wenn du dir jetzt eine Auszeit nehmen würdest.»

«Ich hatte mir schon vorgenommen, mich für eine Weile in die MIT-Bibliothek zurückzuziehen.»

«Gut. Bleib dort – und nimm keinen Anruf entgegen, es sei denn, er kommt von mir.»

Als Nächstes wählte sie die Nummer von Banvilles Mobiltelefon.

«Ich schätze, Sie haben erfahren, was vorgefallen ist», sagte sie ohne Umschweife.

«Unsere Freunde vom FBI sind gerade in meinem Büro und nehmen sich die Akten und den Computer vor.»

«Wonach suchen sie?»

«Wenn ich das wüsste. Das Einzige, was ich von ihnen höre, ist der Paragraph achtzehn des Strafrechts, um die Übernahme der Ermittlungen zu rechtfertigen.»

«Paragraph achtzehn?», sagte Darby erstaunt. «Bezieht der sich nicht auf Terrorismusbekämpfung?»

«In der Tat. Und für solche Fälle ist das FBI zuständig. Mehr weiß ich nicht. Aber wenn ich sehe, wie eifrig die Jungs hier zu Werke gehen, drängt sich mir der Verdacht auf, dass wir auf eine möglicherweise ziemlich peinliche Sache gestoßen sind, die schnellstens unter den Teppich gekehrt werden soll. Wenn es darum geht, Unannehmlichkeiten zu vertuschen, ist niemand so tüchtig wie unsere Regierung, vor allem die jetzige.»

«Ich habe ein komplettes ...»

«Wir sollten nicht über Handy telefonieren. Rufen Sie mich in ein paar Minuten unter folgender Nummer an.»

Darby notierte sich die Nummer und ging los, um nach einem Münzfernsprecher zu suchen. Sie fand einen vor dem Eingang zum Spirituosenladen und besorgte sich an der Kasse einen Vorrat an Wechselgeld. Aus Sorge, Vamosi könnte auftauchen, behielt sie die Straße im Auge.

Banville antwortete nach dem ersten Klingelzeichen. Im Hintergrund war Verkehrslärm zu hören.

«Werden unsere Anschlüsse abgehört?», fragte Darby.

«Bei den Feds muss man mit allem rechnen. Sagen Sie mir, was Sie gefunden haben.»

«Einen Schädel. Ich hatte ihn schon zum Teil freigelegt, als die Feds gekommen sind. Von Coop weiß ich, dass ihnen über CODIS ein positives Ergebnis gemeldet wurde.»

«Vielleicht war das der Auslöser.»

«Über CODIS werden sie einen Namen und eine Adresse erfahren haben. Ich hätte da aber noch eine andere Spur, von der die Feds nichts wissen.» Darby berichtete ihm von der Lackprobe.

«Aston Martin Lagonda», sagte Banville überrascht. «Ein ganz spezieller Abnehmerkreis.»

«Ja, dazu zählen in den Staaten nur einige wenige. Wir sollten in ganz New England suchen. Der Traveler hält sich wahrscheinlich nicht in Boston auf, womöglich aber irgendwo in der Nähe. Er braucht für seine Verbrechen eine gewisse Abgeschiedenheit, also sollten wir nach Besitzern allein stehender Häuser fahnden.»

«Manning hat uns gegenüber behauptet, dass der Lack nicht identifiziert werden konnte.»

«Ach ja?»

«Vielleicht belügt er uns», sagte Banville. «Ich könnte mir vorstellen, dass auch die Feds versuchen, dem Traveler über den Lacksplitter auf die Spur zu kommen.»

«Es könnte aber auch sein, dass Manning die Wahrheit sagt. Vielleicht kamen die Feds damit nicht weiter, dann haben sie nur die Karte von Rachel an der Hand.»

«Ich kann Ihnen nicht ganz folgen.»

«Die Karte wurde von einer Website runtergeladen», erklärte Darby. «Die URL steht am unteren Rand der Seite. Ich schätze, die Feds suchen jetzt nach einer IP-Adresse.»

«IP-Adresse? Was soll das sein? Ich kenne mich mit diesem Computerkram nicht aus.»

«Die Feds brauchen nur die Person zu identifizieren, die

auf diese Karte Zugriff genommen hat. Sie gehen zum Host dieser URL und lassen sich deren Log sämtlicher IP-Adressen ausdrucken – das sind Codes, die einzelnen Computern unverwechselbar zugewiesen sind. Über eine solche Adresse lässt sich also ein einzelner PC spielend leicht ausfindig machen.»

«Diese Codes wären demnach so etwas wie digitale Fingerabdrücke.»

«Mehr noch, sie führen geradewegs zum einzelnen Anwender hin. Allerdings wird den Feds in unserem Fall zunächst nur eine lange Liste von IP-Adressen zur Verfügung stehen, das heißt, sie werden alle in Frage kommenden Anwender in und rings um New England überprüfen müssen. Das kann dauern. Über das Auto werden wir den Traveler wahrscheinlich sehr viel schneller dingfest machen können.»

«Okay. Sagen Sie mir noch einmal, was Sie über die Lackspur herausgefunden haben.»

«Können wir uns nicht irgendwo treffen? Das wäre weniger umständlich.»

«Sie sollten sich lieber gleich im Bostoner Büro melden. Sonst kommen Sie noch in Teufels Küche.»

«Das ist mir egal, ich will Ihnen helfen. Sie brauchen Mitarbeiter, denen Sie vertrauen können.»

«Ich habe im Moment andere Sorgen. Die Feds können mir eine Menge Ärger machen. Ende nächsten Jahres gehe ich in Pension. Wenn sie merken, dass Sie in diesem Fall weiter ermitteln, gibt es Schwierigkeiten, und zwar nicht nur für Sie. Melden Sie sich in deren Büro. Ich werde Sie später anrufen und auf dem Laufenden halten, versprochen.»

«Wenn Sie meine Notizen haben wollen, sollten wir uns treffen», sagte Darby unbeirrt.

«Sie setzen Ihre Karriere aufs Spiel. Überlegen Sie sich das gut.»

«*Ich* will Carol Cranmore finden und nach Hause bringen. Was wollen *Sie*?»

Banville antwortete nicht.

«Wir vergeuden Zeit», sagte Darby. «Vielleicht lebt Carol noch. Wir müssen uns beeilen.»

«Wo sind Sie jetzt? Sie sagten was von einem Spirituosenladen.»

«*Joseph's Discount Liquors* in Palisades. Mein Wagen steht auf dem Hinterhof.»

«In zwanzig Minuten bin ich bei Ihnen.»

Siebenundfünfzigstes Kapitel

Mittags um dreizehn Uhr bestieg ein auf die Rettung von Geiseln spezialisiertes Team des FBI einen Privatjet auf der Startbahn von Quantico. Die Männer waren soeben über den Traveler-Fall gebrieft worden. Folgendes hatten sie in der Einsatzbesprechung erfahren:

1992 waren in Denver, Colorado, und Umgebung neun latein- und afroamerikanische Frauen verschwunden beziehungsweise entführt worden. Die Polizei konnte einen Hauptverdächtigen ermitteln, der aber, als sie seinen Wohnsitz lokalisierte, bereits untergetaucht war.

Seine Wohnung war zwar gründlich sauber gemacht worden, doch hatten die Kriminaltechniker der Polizei von Denver Spuren eines Stiefelabdrucks sichergestellt, welcher mit jenem Abdruck übereinstimmte, der neben dem verlassenen Fahrzeug einer der Vermissten gefunden worden war. In einem leeren Mülleimer konnten mit Hilfe von Luminol winzige Blutspuren nachgewiesen werden. Bei deren Analyse kamen zwei verschiedene DNA-Muster zutage.

Das erste Muster entsprach dem genetischen Profil einer der vermissten Frauen aus Denver. Ihre DNA wurde ins CODIS aufgenommen.

Auch das zweite DNA-Muster konnte identifiziert werden. Den Strafverfolgungsbehörden aber wurde vorenthalten, dass die Blutspur von Earl Slavick stammte, dem Mitglied einer paramilitärischen Extremistengruppe, die sich die Vertreibung ethnischer Minderheiten und den Umsturz der US-Regierung auf die Fahnen geschrieben hatte. Die Gruppe nannte sich die «Hand Gottes». Vieles deutete darauf hin, dass sie an dem Bombenanschlag in Oklahoma City beteiligt gewesen war, was aber nicht bewiesen werden konnte.

Slavick fungierte auch als wichtiger FBI-Informant.

Wegen schwerer Körperverletzung angeklagt, war er auf freien Fuß gesetzt worden mit der Auflage, das FBI über heimliche Aktivitäten der «Hand Gottes» zu informieren. Als Mitglied dieser Gruppe hatte Slavick Anfang der neunziger Jahre in deren Trainingslager in den Bergen von Arkansas den Umgang mit Schusswaffen und die Herstellung von Bomben erlernt. Dann war er unter dem Verdacht festgenommen worden, die Mexikanerin Eva Ortiz mit vorgehaltener Waffe entführt und in einen Wald verschleppt zu haben.

Die Frau hatte fliehen können, als Slavick über eine Wurzel gestolpert und zu Boden gestürzt war. In einer Gegenüberstellung aber hatte Eva Ortiz ihren Entführer angeblich nicht eindeutig identifizieren können. Die örtliche Polizei musste ihn laufenlassen.

Aufgrund der Brisanz des Falles wurden sämtliche Akten Slavicks unter Verschluss genommen. Seine Fingerabdrücke und das genetische Profil aber blieben in den einschlägigen Datenbänken gespeichert. Falls je Verdachtsmomente gegen ihn zum Vorschein träten, würde das FBI sofort eingeschaltet werden; die Strafverfolgung erführe nur Slavicks Decknamen Traveler, der ihm vom FBI gegeben worden war.

Slavicks nächster Aufenthaltsort war Las Vegas, wo über den Zeitraum von neun Monaten zwölf Frauen und drei Männer verschwanden. Es wurde eine Schuhabdruckspur gefunden, die mit der in Denver übereinstimmte.

Als Slavick 1998 nach Atlanta umzog, wurde Spezialagent Evan Manning um Unterstützung bei der Suche nach drei vermissten Frauen gebeten. Als Tankwart getarnt, hatte Slavick Manning attackiert und zu töten versucht. Danach schien er sich wie viele seiner Opfer in Luft aufgelöst zu haben.

Dies änderte sich allerdings an diesem Morgen, als Schlag acht Uhr von CODIS gemeldet wurde, dass die im Haus eines entführten Teenagers aus Massachusetts gefundenen Blutspuren mit dem DNA-Profil von Earl Slavick übereinstimmten.

Beim Start des Privatjets sprach keiner der Insassen ein Wort. Das auf die Rettung von Geiseln spezialisierte Team, besser bekannt unter dem Kürzel HRT, war auf dem Luftweg zur Pease Air Force Base in Portsmouth, New Hampshire. Von dort sollte es in einem Kampfhubschrauber weitergehen zu dem in Lewiston eingerichteten Kommandoposten.

Colin Cunnery, der Leiter der Sondertruppe, setzte den Kopfhörer ab, nahm seine Notizen zur Hand und stand auf, um seine Männer über den bevorstehenden Einsatz aufzuklären.

«Okay, Jungs, aufgepasst! Der heute früh gefundene Computerausdruck einer Karte stammt, wie unser Labor ermittelt hat, von einer Website für Wandervögel. Die Kollegen konnten in Erfahrung bringen, dass diese Karte vor zwei Wochen von einem Mann aufgerufen wurde, der in Lewiston wohnt, und zwar in der Cedar Road Nummer zwölf. Das Krisenmanagement ist bereits vor Ort und hat sich im Haus umgeschaut. Es gehört unserem Freund Slavick.»

«Wenn er sich denn mal nicht wieder aus dem Staub gemacht hat», sagte Sammy DiBattista ironisch.

Vereinzeltes Kichern hallte durch die Kabine.

«Vor gut einer Stunde haben unsere Freunde von der Air

Force einen Black-Hawk-Hubschrauber losgeschickt, um Luftaufnahmen vom Haus zu machen», fuhr Cunnery fort. «Es liegt mitten im Wald, was für uns von Vorteil sein könnte. Insgesamt stehen dort drei Gebäude: das Wohnhaus, eine große Garage, in der mehrere Fahrzeuge stehen – bislang sind zwei Lieferwagen gesichtet worden –, und ein Bunker. Das Grundstück ist ringsum eingezäunt und mit Stacheldraht, Überwachungskameras, Infrarotfallen und jeder Menge anderem Schnickschnack gesichert.»

Cunnery legte eine Pause ein, um dem, was er nun zu sagen hatte, besondere Bedeutung zu verleihen.

«Slavick war lange Zeit im Ausbildungslager der ‹Hand Gottes› in Arkansas. Er weiß nicht nur mit Schusswaffen umzugehen, sondern versteht sich auch auf die Herstellung von Sprengsätzen. Wie ihr wisst, hat er eine Kunstdüngerbombe in einem Krankenhaus hochgehen lassen und dem kriminaltechnischen Labor in Boston ein Paket geschickt, in dem selbstangemischter Plastiksprengstoff steckte. Mit Dynamit, verpackt in einem Lieferwagen, hat er zwei Kollegen von uns in die Luft gejagt. Wir müssen uns also darauf gefasst machen, dass er auch in seinem Haus und den anderen Gebäuden irgendeine Gemeinheit installiert hat.

Es wird dunkel sein, wenn wir ankommen. Laut Auskunft von Intel befinden sich noch andere Personen auf Slavicks Grundstück – wahrscheinlich irgendwelche Wochenendkrieger aus seiner verdammten Bewegung. Ich will, dass wir schnell und hart zuschlagen. Und dass es nur ja nicht wieder zu einem dieser verfluchten Feuergefechte kommt.»

Das wollte keiner, die Katastrophe von Waco war allen noch in abschreckender Erinnerung.

Cunnery richtete seinen Blick auf seine beiden besten Scharfschützen, Sammy DiBattista und Jim Hagman.

«Sam, Haggy, bevor ich nicht den Befehl dazu gebe, wird nicht geschossen, auf keinen Fall, kapiert?»

Beide nickten. Cunnery konnte sich auf sie verlassen. Aus zahlreichen Einsätzen wusste er um ihre Fähigkeiten.

«Wie viele Frauen Slavick gefangen hält, ist fraglich», sagte er. «Wir gehen allerdings davon aus, dass sie noch leben. Sie zu retten ist unser oberstes Anliegen. Es wird keine Verhandlungen mit dem Entführer geben.

Ein Letztes noch. Dieser Einsatz ist ganz allein unsere Sache. Einmischung von außen brauchen wir nicht zu befürchten. Das Krisenmanagement stellt uns alle notwendige technische und taktische Hilfe zur Verfügung. Das war's. Irgendwelche Fragen?»

Sammy DiBattista fragte, was auch allen anderen durch den Kopf ging: «Wie verhalten wir uns, wenn sich Slavick mit uns anzulegen versucht?»

«Ganz einfach», antwortete Cunnery. «In dem Fall knallen wir das Miststück ab.»

Achtundfünfzigstes Kapitel

Die Computer des Straßenverkehrsamts von Massachusetts waren schrecklich langsam. Es dauerte über zwei Stunden, bis eine zwanzigseitige Liste von Personen zusammengestellt war, die einen der zwölf in den Staaten zugelassenen Aston Martin Lagondas besaßen oder besessen hatten.

Darby studierte die engbedruckten Seiten auf der Suche nach derzeitigen Haltern eines solchen Fahrzeugs, während Banville an einem der sicheren Telefonapparate im Innern des reparierten Explorers saß und telefonierte. Mehr als vier Stunden waren seit der Intervention der Feds vergangen. Banville hatte unterdessen eine kleine Gruppe von vertrauenswürdigen Detectives zusammengestellt, mit denen er die Ermittlungen diskret weiterzuführen gedachte.

Von den zwölf importierten Lagondas waren vier inzwischen verschrottet, also nur noch acht im Verkehr. Darby machte sich gerade Notizen, als Banville den Hörer auflegte.

«Rachel Swanson ist an einer Lungenembolie gestorben», sagte er. «Es sieht so aus, als habe ihr irgendjemand Luft in den Infusionsschlauch gepumpt. Die Feds haben alle Beweismittel und auch die Bänder der Überwachungskameras auf der Intensivstation beschlagnahmt.»

«Na prima», kommentierte Darby. Das FBI war wirklich sehr gründlich im Vertuschen.

«Wir haben die Pflegerinnen und Pfleger der Intensivstation befragt, doch keiner von ihnen konnte irgendeinen Hinweis liefern. Der Bombenanschlag ist das Einzige, woran sie sich erinnern. Genau darauf scheint es der Traveler angelegt zu haben, nicht wahr? Chaos und Furcht zu stiften, um unerkannt davonzukommen.»

«Wie am elften September. Alles rennt aufgescheucht durcheinander und sucht den nächsten Ausgang. Auf Einzelheiten achtet keiner mehr.»

«Raffiniert.» Banville massierte sich das Kinn. «Allerdings frage ich mich, warum er hier nicht einfach seine Sachen zusammengepackt hat und abgereist ist.»

«Vielleicht wähnt er sich in Sicherheit. Keinem seiner Opfer ist es bislang gelungen, ihm zu entkommen. Möglich aber auch, dass er fürchten musste, Rachel könnte zu viel wissen, und nicht riskieren wollte, dass sie eine Aussage machte. Hier, ich möchte Ihnen zeigen, was ich über das Auto herausgefunden habe.»

Darby reichte ihm die Blätter, auf denen sie acht Namen markiert hatte. «Die uns am nächsten liegenden Staaten, in denen jüngst Lagondas gemeldet waren, sind Connecticut, Pennsylvania und New York.»

«Stammte nicht eines seiner Opfer aus Connecticut?»

Darby nickte. «Sehen Sie sich einmal diesen Namen an.»

«Thomas Preston aus New Canan, Connecticut», las Banville. «War zwei Jahre lang Halter eines solchen Wagens, hat ihn aber vor gut zwölf Monaten wieder verkauft. Bislang ist dieser Lagonda nicht neu angemeldet worden.»

«Mag sein, dass der Traveler diesen Wagen gekauft hat. Schauen wir uns zunächst diesen Preston an. Mal sehen, seit wann er in Connecticut wohnt und ob er einen Lieferwagen besitzt.»

Banville langte wieder nach dem Telefonhörer.

«Steve, hier ist Mat. Schlag mal Seite fünfzehn der Liste auf. Ungefähr in der Mitte steht der Name Thomas Preston mit Adresse in New Canan, Connecticut. Stell fest, was sich über ihn herausfinden lässt. Ich muss wissen, ob er einen Lieferwagen besitzt.»

Zwanzig Minuten später läutete das Telefon. Banville nahm den Anruf entgegen, lauschte und deckte dann die Sprechmuschel mit der Hand ab. «Gegen Preston liegt nichts vor. Er ist neunundfünfzig Jahre alt, Anwalt, geschieden und lebt seit über zwanzig Jahren in seinem Haus. Einen Lieferwagen hat er nie besessen.»

Preston schied also aus.

«An wen hat Preston sein Auto verkauft?», wollte Darby wissen. «Wir brauchen den Namen des Käufers. Fragen Sie Ihren Mann nach Prestons Telefonnummer – am besten gleich nach allen Nummern. Privatanschluss, Büro, Handy, alles. Und lassen Sie sich sagen, wo er versichert ist.»

Banville leitete die Fragen weiter und legte auf. «Wenn der Traveler tatsächlich der Käufer ist, wird er sich Preston gegenüber wahrscheinlich mit falschen Daten ausgewiesen haben, über die wir nicht an ihn herankommen können.»

«Trotzdem, wir sollten optimistisch denken. Es wird Zeit, dass wir auch einmal Glück haben.»

«Warum wollen Sie wissen, wo Preston versichert ist?»

«Wenn wir bei ihm anrufen, könnten wir uns als Vertreter seiner Versicherung ausgeben. Der Mann ist Anwalt. Sie wissen ja, wie solche Typen reagieren, wenn man ihnen Fragen zu einer Strafsache stellt. Er würde uns mit Rechtsvorschriften und Papierkram behelligen und jede Menge Zeit verstreichen lassen, ehe er uns Auskunft gibt. Wenn wir ihm aber sagen, dass wir im Auftrag der Versicherung anrufen, wird er uns Rede und Antwort stehen.»

«Wahrscheinlich.»

Banvilles Kontaktmann rief zehn Minuten später zurück und teilte die gewünschten Informationen mit.

«Wäre es Ihnen recht, wenn ich Preston anriefe?» Darby wollte verhindern, dass Banville den Zeugen mit seiner unwirschen Art verprellte.

Banville reichte ihr wortlos den Hörer.

Darby versuchte es zuerst mit der Büronummer. Die Sekretärin sagte, dass Mr Preston auf der anderen Leitung spreche. Darby musste minutenlang warten und seichte Unterhaltungsmusik über sich ergehen lassen.

«Tom Preston.»

«Mr Preston, ich rufe im Auftrag von *Sheer Insurance* an. Es geht um Ihren Aston Martin Lagonda.»

«Den habe ich vor einem Jahr verkauft.»

«Haben Sie die Nummernschilder zurückgegeben?»

«Natürlich.»

«Nach unseren Informationen behauptet die Zulassungsstelle das Gegenteil.»

Preston ging in die Defensive.

«Ich *habe* die Nummernschilder zurückgegeben. Wenn es ein Problem gibt, setzen Sie sich darüber mit der Zulassungsstelle auseinander.»

«Dann muss sich da irgendwo ein Fehler eingeschlichen haben. Haben Sie eine Kopie der Abmeldung?»

«Was glauben Sie denn? Ich hefte alles sorgfältig ab. Wenn ich meinen Laden so führen würde, wie diese verfluchte Behörde geführt wird, wäre ich meine Zulassung als Anwalt längst los.»

«Ich kann Ihren Ärger gut verstehen. Mein Vorschlag: Nennen Sie mir den Namen und die Adresse des Käufers, und ich werde Ihnen den Gang zum Straßenverkehrsamt ersparen.»

«An den Namen kann ich mich nicht erinnern. Der Kaufvertrag liegt bei mir zu Hause. Ich werde mich morgen früh bei Ihnen melden. Wie war noch gleich Ihr Name?»

«Mr Preston, ich brauche die Informationen sofort. Ist jemand bei Ihnen zu Hause, den Sie jetzt anrufen könnten?»

«Nein, ich lebe allein ... Augenblick, ich erinnere mich gerade, ihm das Betriebshandbuch für den Lagonda zugeschickt zu haben.»

«Wie bitte?»

«Als der Käufer den Wagen abholen wollte, konnte ich das Betriebshandbuch nicht finden», erklärte Preston. «Darauf bestand er aber, und so musste ich ihm versprechen, es zu suchen und ihm nachzuschicken. Er nannte mir seine Adresse. Ich habe sie im Terminkalender notiert ... da ist sie. Carson Lane Nummer fünfzehn in Glen, New Hampshire.»

«Und der Name des Mannes?»

«Daniel Boyle.»

Neunundfünfzigstes Kapitel

Banvilles Kontaktmann in der zentralen Meldebehörde von Massachusetts hatte sich bereits mit Kollegen des Straßenverkehrsamtes in New Hampshire in Verbindung gesetzt. Nach deren Auskunft hatte Daniel Boyle zwei Tage zuvor seinen Lieferwagen verkauft, ohne die Nummernschilder zurückgegeben zu haben. Ein Aston Martin Lagonda war bei ihnen nicht zugelassen.

Vom Straßenverkehrsamt New Hampshires erhielt Banville, noch während er telefonierte, eine E-Mail mit einer Kopie von Boyles Führerschein. Das Passbild zeigte einen Mann mit dichten blonden Haaren, einem angenehmen Gesicht und toten grünen Augen.

Banville legte auf und wählte gleich darauf eine andere Nummer. «Boyle hat seinen Telefonanschluss vor drei Tagen sperren lassen.»

«Dann scheint er ja seine Zelte abbrechen zu wollen», sagte Darby.

«Wenn er nicht schon weg ist. Es wird gerade geprüft, ob er ein Mobiltelefon angemeldet hat. Wenn ja, könnten wir ihn aufspüren, vorausgesetzt, er trägt es bei sich und hat es eingeschaltet. Dazu bräuchten wir allerdings die Unterstützung der Telefongesellschaft.»

Banville ließ sich mit dem Sheriffbüro von Glen County verbinden. Darby warf einen Blick auf das Display des Navigationssystems. Sie fuhren mit hohem Tempo auf der Route 95 nach Norden und würden, wenn nichts dazwischenkäme, in gut einer Stunde Boyles Adresse erreicht haben.

«Der County-Sheriff Dick Holloway hat schon Feierabend

gemacht», sagte Banville, als er den Hörer aufgelegt hatte. «Seine Vertretung, mit der ich gerade gesprochen habe, kennt sich in der Gegend gut aus. Es gibt dort sechs oder sieben alte Häuser am Ufer eines Sees. Ziemlich entlegen, wie sie sagt. An Daniel Boyle kann sie sich nicht erinnern, wohl aber an seine Mutter Cassandra. Sie lebte dort jahrelang in ihrem Haus und war dann plötzlich verschwunden.»

«Erstaunlich, dass sich die Frau daran noch erinnern kann.»

«Glen scheint eine sehr kleine Gemeinde zu sein. Die Kollegin ist dort aufgewachsen. Sie dachte, das Haus stünde seit Jahren leer, und war überrascht zu hören, dass Boyle nach Hause zurückgekehrt ist.

Sie wusste mir noch ein interessantes Detail zu berichten», fuhr Banville fort. «In den späten Siebzigern verschwand ein Nachbarmädchen. Alicia Cross. Es ist nie wiederaufgetaucht. Ob Boyle in diesem Zusammenhang verhört wurde, konnte sie mir nicht sagen, will es aber prüfen lassen.»

«Wie schnell ließe sich in Glen County ein SWAT-Team mobilisieren?», fragte Darby.

«Ich schätze, in ein bis zwei Stunden», antwortete Banville.

«Wie wär's, wenn wir erst einmal einen Streifenwagen losschickten, um festzustellen, ob Boyle überhaupt zu Hause ist?»

«Ich würde lieber nicht riskieren, dass er im letzten Moment entkommt. Unser Transporter ist gut getarnt. Wir sind in weniger als einer Stunde da. Ich schlage vor, wir fahren direkt auf Boyles Haus zu. Wenn der Lagonda in der Garage steht, bitten wir Holloway um Verstärkung.»

«Wir dürfen auf keinen Fall mit der Tür ins Haus fallen.

Wenn Boyle einen Polizisten kommen sieht, wird er womöglich Carol und die anderen Frauen umbringen.»

«Stimmt. Dann werde ich eben Washington – das ist der Mann, der uns fährt – bitten, sich als Fernmeldetechniker zu verkleiden. Wenn Boyle einen Fernmeldetechniker vor der Tür stehen sieht, wird er ihm wahrscheinlich eher öffnen als uns, die er schon im Fernsehen gesehen haben dürfte.»

Sechzigstes Kapitel

Daniel Boyle hatte die längste Zeit seines Lebens aus Koffern gelebt. Während seines Wehrdienstes in der Armee war ihm beigebracht worden, sich in seinem Alltag auf einige wenige Dinge zu beschränken. Er brauchte nicht viel zu packen.

Ursprünglich war geplant, am Sonntag aufzubrechen, nachdem er im Keller aufgeräumt haben würde. Doch dieser Plan änderte sich am frühen Nachmittag, als Richard ihm die Nachricht schickte: «Überreste im Wald gefunden. Sofort abreisen.»

Boyle sah die Nachricht auch im Fernsehen. Die Polizei von Belham hatte ein in den Wäldern vergrabenes Skelett geborgen. Es wurde nicht erwähnt, wie oder durch wen die Polizei auf diesen Fund gebracht worden war, noch gab es Bildmaterial über die Fundstelle, weshalb er nicht wusste, wo genau die Polizei gegraben hatte.

Die Leichen der im Sommer 84 verschwundenen Frauen waren in dieser Gegend verscharrt, aber nie gefunden worden. Dass sie jemals entdeckt werden würden, schien so gut wie ausgeschlossen. Die Karte, die er in Gradys Haus hinterlegt hatte, war verbrannt.

Die Polizei hatte nur *ein* Skelett freigelegt. Er fragte sich, ob es die Überreste seiner Mutter beziehungsweise Schwester sein könnten. Wenn dem so war und wenn es der Polizei gelänge, sie zu identifizieren, würden sie ihm auf die Spur hierher nach New Hampshire kommen.

Rachel schien der Polizei doch irgendetwas verraten zu haben. Aber was mochte das sein? Sie wusste nichts über den Wald bei Belham, geschweige denn, wie viele Frauen er dort vergraben hatte. Rachel kannte weder seinen Namen noch seine Adresse, und sie wusste ganz bestimmt nichts über das Grab seiner Mutter. Was also mochte Rachel gesagt haben? Hatte sie womöglich irgendetwas in seinem Büro entdeckt? Im Aktenschrank etwa? Diese Fragen gingen ihm immer und immer wieder durch den Kopf, während er den Laptop und die Briefumschläge einpackte.

Der erste Umschlag enthielt Ausweispapiere – jeweils zwei Reisepässe, Führerscheine, Geburtsurkunden und Sozialversicherungsausweise. In den beiden anderen Umschlägen steckten jeweils zehn Tausenddollarnoten, das Startgeld für eine neue Existenz in einer anderen Stadt. Wenn es aufgebraucht sein würde, könnte er sich von seiner Privatbank auf den Cayman-Inseln weiteres Geld anweisen lassen.

Boyle zog den Reißverschluss des Koffers zu. Bedauern oder Traurigkeit empfand er nicht. Solche Gefühle waren ihm so fremd wie die Landschaft des Mondes. Allerdings würde er dieses Haus, das Haus seiner Kindheit mit den großen Räumen und seinem wunderschönen Ausblick auf den See, durchaus vermissen. Vor allem den Keller.

Boyle schaltete das Licht im Schlafzimmer aus. Jetzt gab es nur noch eines: einzupacken.

Er ging in das Zimmer über der Garage. Die Lampe brauchte er nicht anzumachen; durch die Fenster fiel genügend Mondlicht.

Er passierte den Einbauschrank, in dem immer noch die Garderobe seiner Mutter hing, und kniete sich vor dem Fenster über der Einfahrt auf den Boden. Er zog den Teppich zurück, entfernte das lose Dielenbrett und griff nach der gut geölten Mossberg-Flinte. Er hatte sie bislang nur ein einziges Mal gebraucht – um seine Großeltern zu erschießen.

Boyle warf einen Blick zum Fenster hinaus und wollte gerade aufstehen, als er jemanden in der Einfahrt vor der Garage stehen sah.

Es war Banville, der Detective aus Belham.

Boyle erstarrte.

Der Detective trug einen Knopf im Ohr und sprach in ein Mikrophon, das am Kragen seiner Jacke steckte.

Sie haben dich gefunden, Daniel.

Die Stimme seiner Mutter.

Sie kommen, um dich zu holen. Ich habe es dir ja immer gesagt.

Es war nicht zu fassen, hatte er doch mit aller Sorgfalt eine Spur gelegt, die unweigerlich zu Earl Slavick führte. Das Blut, die gepolsterte Versandtasche, die marineblauen Fasern, die Fotos von Carol – all das musste auf Slavick hinweisen. Banville dürfte gar nicht hier sein.

Warum hatte Richard nicht angerufen? Er beschattet diesen Schnüffler doch.

War ihm, seinem Vetter, irgendetwas zugestoßen?

Boyle nahm sein BlackBerry-Handy aus der Tasche. Richard eine SMS zu schicken und auf eine Antwort warten zu müssen würde zu lange dauern. Er musste sofort Bescheid wissen und wählte daher Richards Hauptnummer.

Das Telefon läutete und läutete. Schließlich meldete sich die Mailbox. Boyle hinterließ eine Nachricht. «Banville steht vor meinem Haus. Wo bist du?»

In diesem Moment bog ein Transporter in die Einfahrt ein. In der Kabine ging Licht an. Am Steuer saß ein Mann mit brauner Jacke und einem Aufnäher der Telefongesellschaft *Verizon.* Er nahm ein Klemmbrett zur Hand.

Auf dieser Schiene also versuchten sie ihm beizukommen. Ein Fernmeldetechniker sollte an der Tür klingeln, und wenn er ihm öffnete, würden sie über ihn herfallen. Das Haus zu stürmen war ihnen wohl zu riskant, weil sie sich Sorgen um Carol machten.

Jetzt kommst du nicht mehr davon, Daniel.

Er überlegte. Er würde einfach nicht an die Tür gehen. Sie würden wieder verschwinden, wenn er ihnen nicht öffnete. Also musste er nur warten, bis sie wieder abzögen, um dann selbst das Weite zu suchen.

Zu spät. Sie wissen, dass du zu Hause bist. Im Erdgeschoss brennt Licht, und Banville wird die Kartons entdecken, die du neben dem Wagen abgestellt hast. Die Polizei weiß, dass du dabei bist zu verschwinden. Wenn du nicht rausgehst, werden sie die Tür aufbrechen.

Welchen Ausweg gab es noch? Er könnte sich durch die Hintertür schleichen. Die Schlüssel zum Schuppen hatte er in der Tasche. Darin stand der Unimog. Er könnte damit durch den Wald bis zur nächsten Hauptstraße fahren, irgendein Auto aufbrechen, kurzschließen ... Nein, der Geländewagen machte zu viel Krach. Er würde zu Fuß fliehen müssen.

Banville hat noch andere Bullen im Schlepp, Daniel. Sie werden das Haus umstellen. Du kommst nicht weit.

Boyle blickte in Richtung Wald und fragte sich, wie viele SWAT-Beamte sich dort verstecken mochten.

Es ist vorbei, Danny. Diesmal entkommst du nicht.

«Doch.»

Sie werden dich in den Todestrakt bringen, an einen Ort, der noch dunkler ist als der Keller.

«Halt's Maul!»

Sie werden dir in einem Staat den Prozess machen, wo es die Todesstrafe gibt. Sie schnallen dich auf einen Tisch, in-

jizieren dir ein Gift, und die letzte Stimme, die du hören wirst, bevor du erstickst, wird meine sein, Danny. Du wirst so einsam sterben wie ich.

Dazu durfte es nicht kommen. Er würde sich nicht in einen verfluchten Käfig sperren und hinrichten lassen. Also musste er jetzt irgendwie zu seinem Wagen gelangen oder den Transporter kapern. Er wusste auch schon, wo er sich für eine Weile versteckt halten konnte. Dort würde er dann darüber nachdenken, wie es weitergehen sollte.

Der Fahrer verließ den Transporter. Banville zog seine Pistole.

Boyle stopfte vier Super-Magnum-Patronen ins Magazin des Gewehrs. Den Rest der Munition steckte er in seine Jackentasche.

Einundsechzigstes Kapitel

Darby beobachtete aufmerksam den Hauseingang durch das Periskop.

Während der Fahrt hierher hatte sie sich vorgestellt, ein heruntergekommenes Haus vorzufinden, eine Bruchbude mit morscher Veranda und eingeschlagenen Fensterscheiben. Doch das Haus, das sie jetzt sah, hätte auch im vornehmen Weston, Massachusetts, stehen können. Es war etwas völlig anderes, als sie erwartet hatte: eine Villa im kolonialen Stil, wahrscheinlich mit großen und teuer eingerichteten Zimmern. Lampen beleuchteten die gepflasterte Einfahrt, und die Hecken waren frisch getrimmt.

Wie ihr Banville über Funk mitgeteilt hatte, stand in der Garage ein Aston Martin Lagonda mit Rostflecken auf Kühlerhaube und Kotflügeln. Darby war mit einem Funkgerät ausgestattet, das auch der Geheimdienst verwendete – mit Ohrknopf und Reversmikrophon, die an eine kleine schwarze, am Gürtel getragene Box angeschlossen waren.

Darby hatte Verstärkung anfordern wollen, doch Banville mochte nicht länger warten. Neben Boyles Auto standen Umzugskartons; es schien, dass er abreisen wollte. Das Bombenentschärfungsteam von New Hampshire aufmarschieren zu lassen würde zu lange dauern. Boyle musste sofort gestellt werden, denn noch bestand Aussicht darauf, Carol und die anderen Frauen lebend vorzufinden.

Es schien jemand zu Hause zu sein. In der Eingangsdiele brannte Licht, und Darby glaubte, hinter einem Fenster im Obergeschoss die Umrisse einer Person gesehen zu haben, bevor dort das Licht gelöscht worden war.

Verkleidet als Fernmeldetechniker, klingelte Detective Glen Washington an der Tür.

Ein Telefon läutete. Es war keiner der Apparate, die an der Wand im Transporter hingen, sondern Coops Handy. Darby antwortete.

«Wir haben den Traveler», meldete sich Evan Manning. «Unsere Sondereinsatzkräfte haben ihn zur Strecke gebracht. Mehr kann ich Ihnen nicht sagen, aber ich dachte, das sollten Sie wissen.»

«Sind Sie sicher, dass es der Richtige ist?»

«Absolut. Es ist der Mann, der mich an der Tankstelle überfallen hat. Er hat dieselbe Tätowierung am Unterarm wie John Smith. Erinnern Sie sich, was ich Ihnen über die Versandtasche gesagt habe, in der Carol Cranmores Sachen steckten?»

Darby ließ das Haus nicht aus den Augen. «Sie sagten, dass solche Versandtaschen nicht mehr auf dem Markt sind. Dass der Hersteller pleitegegangen ist.»

«Ich stehe gerade vor einem Regal, in dem sich genau diese Versandtaschen stapeln. Wir haben auch eine alte elektrische IBM-Schreibmaschine sichergestellt, einen Computer, einen Fotodrucker und Papier. Die kommen jetzt ins Labor. Außerdem haben wir mehrere Abhörgeräte unterschiedlicher Machart gefunden.»

«Wo ist Carol?»

Washington klingelte erneut.

«Wir suchen noch nach ihr», antwortete Evan. «Hören Sie, es tut mir leid, was heute Vormittag passiert ist. Ich dachte, es würde anders ablaufen, und es war auch nicht meine Entscheidung.»

Die Haustür öffnete sich.

Über den Ohrknopf war Washingtons Stimme zu hören: «Guten Abend, Sir. Ich komme von *Verizon* ...»

Ein Schuss krachte. Washington flog rücklings von den Stufen.

Zweiundsechzigstes Kapitel

Darby ließ das Handy fallen. Sie sah, wie Banville seine Pistole hob und zwei Schüsse auf die Tür abfeuerte. Der vom Headset übertragene Knall war wie eine Ohrfeige. Vom Türpfosten stoben Splitter auf und regneten auf Banville herab.

Darby hob das Handy vom Boden auf. Evan rief: «Miss McCormick! Was ist los? Sind Sie noch dran?», doch sie brach die Verbindung ab und wählte die 911, um einen Krankenwagen und Verstärkung anzufordern.

Durch das Periskop erhaschte sie einen Blick auf Banville, als er das Haus betrat. Washington lag auf dem Rücken, eine Hand vor die Brust gepresst.

Darby stieß die Hecktür auf und rannte zur Fahrertür. Mit zitternden Beinen schwang sie sich hinters Steuer. Zum Glück steckte der Schlüssel. Sie startete den Motor, trat aufs Gaspedal und steuerte den Transporter über die Rasenfläche auf den Eingang des Hauses zu. Wieder krachte es im Ohrknopf. Banville feuerte in schneller Folge zurück.

Darby hielt unmittelbar vor dem Eingang an. Washington war jetzt durch den Transporter geschützt. Sie sprang nach draußen und eilte auf den am Boden liegenden Kollegen zu.

Die Jacke war aufgerissen. Kein Blut. Darby zog den Reißverschluss auf. Unter dem Hemd kam eine kugelsichere Weste zum Vorschein.

Washington blickte aus glasigen Augen zu ihr auf. Er gab gurgelnde Geräusche von sich.

Darby packte ihn erleichtert unter den Achseln. «Nur nicht

schlappmachen, es wird schon wieder», sagte sie und zog ihn so gut sie konnte über den Rasen. Ein Windstoß wirbelte Laub auf.

Über den Ohrknopf waren nicht nur Schüsse, sondern auch Schreie und splitterndes Glas zu hören.

Darby hievte den Oberkörper des verletzten Kollegen auf die Schwelle der Hecktür, sprang nach draußen, packte seine Beine und schob ihn in den Transporter hinein.

Zurück im Wagen, kniete sie sich an seine Seite und nahm ihm die SIG-Sauer-Pistole aus dem Schulterhalfter. Dann riss sie ihm das Hemd darunter auf und löste den Klettverschluss der Weste, um den Druck zu lindern.

Glas splitterte. Diesmal aber kam das Geräusch nicht über den Ohrknopf.

Darby langte nach der SIG und zog die Türen zu.

Boyle stand auf dem Dach über der Garage, ein Gewehr im Anschlag.

Sie ging in Deckung. Es krachte. Eine der Hecktüren war getroffen. Sie robbte nach vorn zur Fahrertür. Und wieder fiel ein Schuss. Die Kugel prallte von der gepanzerten Außenwand des Fahrzeugs ab.

Als Darby die Pistole hob und auf das Dach zielte, sprang Boyle gerade auf die Einfahrt hinunter.

Er will zu seinem Auto, dachte sie erstaunt und feuerte zwei Schüsse ab.

Vorbei. Beide Geschosse schlugen in der Außenwand ein. Boyle verschwand in der Garage. Es krachte abermals. *Wo war Banville?*

Jetzt kam Boyle wieder zum Vorschein. Er rannte auf den Wald zu.

Darby folgte ihm. Im Vorbeilaufen warf sie einen Blick

in die Garage und sah Banville. Sie lief weiter, folgte dem Geräusch knackender Zweige, legte noch einen Schritt zu, rannte wie in ihren Träumen, durch Gestrüpp und aufwirbelndes Laub.

Ein Geschoss traf auf einen Baumstamm unmittelbar neben ihr. Sie erschrak, geriet ins Stolpern und stürzte zu Boden, der voller Steinbrocken und abgefallener Äste war. Darby raffte sich wieder auf. Sie hörte Boyles stampfende Schritte. Er kam näher, direkt auf sie zugelaufen.

Hinter ihr knackte es im Gebüsch. Schritte näherten sich. Von Banville? Vor ihr war plötzlich kein Laut mehr zu hören.

Wo steckte Boyle?

Ihre Augen hatten sich an die Dunkelheit gewöhnt. Sie sah den Boden unter den Füßen, tastete sich weiter vor und erklomm eine kleine Anhöhe. Die Pistole lag ihr schwer in der Hand.

Oben angekommen, musste sie sich entscheiden. Links oder rechts?

Sie wandte sich nach links – und stand unvermittelt Daniel Boyle gegenüber.

Darby riss die Pistole hoch. Boyle schleuderte ihr den Gewehrkolben gegen die Schläfe. Funken sprühten ihr vor den Augen, sie taumelte und ging dann zu Boden. Boyle trat ihr auf die Hand und quetschte die Finger, die die Pistole umklammerten. Er drückte ihr die heiße Gewehrmündung an den Hals.

Und wieder krachte es. Boyle taumelte zurück und prallte gegen einen Baum. Plötzlich war Banville zur Stelle. Er drückte ein zweites Mal ab, doch Boyle, obwohl in der Brust getroffen, hob seine Flinte. Banville feuerte drauflos. Boyles

Gesicht zerplatzte wie ein Luftballon. Am Baumstamm entlangrutschend, sank er zu Boden und ließ eine rote Spur an der Rinde zurück.

Dreiundsechzigstes Kapitel

Darby konnte sich kaum auf den Beinen halten. Banville musste sie stützen und führte sie aus dem Wald. Immer wieder warf sie einen Blick über die Schulter zurück aus Angst, Boyle könnte ihr nachsetzen.

«Er ist tot, er kann Ihnen nichts mehr anhaben», versuchte Banville sie zu beruhigen. «Es ist vorbei.»

Als sie den Hinterhof erreichten, war die Straße voller Einsatzfahrzeuge der Polizei. Weiße und blaue Alarmlichter spiegelten sich in den Fensterscheiben des Hauses.

Ein rotgesichtiger Polizist stand in der Einfahrt. Sheriff Dickey Holloway machte aus seiner Verärgerung keinen Hehl und beklagte sich lauthals über die Schießerei in seinem Revier.

Darby kehrte ihm den Rücken und ging auf das Haus zu. Putz und Mörtel waren aus der Fassade geplatzt. Es stank verbrannt, nach Kordit. Sie irrte im Erdgeschoss umher, bis sie die Tür zum Keller fand.

Die Stufen führten hinunter in ein albtraumhaftes Labyrinth aus spärlich beleuchteten Gängen. Darby rief Carols Namen und durchsuchte eine staubige Kammer nach der anderen, die alle mit alten Möbeln, Kisten und Gerümpel vollgestellt waren. Zum Schluss erreichte sie einen kleinen Weinkeller, in dem es streng nach Schimmel roch. Dem dichten Spinngewebe nach zu urteilen, war der Raum schon lange nicht mehr betreten worden.

Von Carol oder anderen Frauen gab es keine Spur.

Banville stand im Flur, als sie wieder nach oben zurückkehrte.

«Eine Gefängniszelle ist da unten nicht», sagte sie. «Boyle muss die Frauen woanders versteckt halten.»

Holloway war im Schlafzimmer und untersuchte einen am Boden liegenden Koffer. Eine der Fensterscheiben war zerborsten.

«Er hat sich hier verbarrikadiert und ist dann durch das Fenster geflohen», erklärte Banville. «Vom Dach hat er dann auf Sie geschossen.»

Im Koffer befanden sich Kleidung und ein Laptop. In den Briefumschlägen steckten Geld und mehrere falsche Ausweispapiere.

«Sieht so aus, als wollte er auf Reisen gehen», bemerkte Holloway. «Sie sind gerade noch rechtzeitig aufgekreuzt, fast wäre er entwischt.»

«Ich würde mir gern mal den Laptop vornehmen», sagte Darby. «Vielleicht lässt sich darauf ein Hinweis auf Carol finden.»

«Wär's nicht besser, Sie ließen sich vorher verarzten? Nichts für ungut, Ma'am, aber Sie bluten mir hier alles voll.»

Der Notarzt klammerte die Platzwunde über dem Jochbeinknochen und gab ihr einen Eisbeutel für die Schwellung. Sie konnte aus dem linken Auge kaum sehen, weigerte sich aber, ins Krankenhaus gebracht zu werden.

Darby saß allein auf der hinteren Stoßstange des Transporters, drückte den Eisbeutel an die Schläfe und blickte Holloways Männern nach, die im Wald verschwanden.

Die Lichtstrahlen der Taschenlampen zuckten durchs Gehölz und riefen schmerzhafte Erinnerungen an die Suche nach Mel wach. Darby hatte sich damals einzureden versucht, dass der Freundin nichts passieren würde. Doch sie war nie wiederaufgetaucht. Darby seufzte.

Bitte, lieber Gott, bitte bring Carol lebend zurück. Alles andere könnte ich nicht mehr ertragen.

Banville verließ das Haus und setzte sich neben Darby auf die Stoßstange. «Einer von Holloways Männern kennt sich mit Computern aus. Er hat den Laptop eingeschaltet und sagt, dass sämtliche Dateien passwortgesichert seien. Wir brauchen jetzt jemanden, der die Sperre zu umgehen versteht, ohne dass alles gelöscht wird.»

«Ich könnte die Computertechniker in Boston einschalten; sie sind in einem Seitenflügel untergebracht, der von der Bombe verschont geblieben ist», sagte Darby. «Allerdings haben sie jetzt Feierabend und wären erst morgen zu erreichen. So lange möchte ich nicht warten.»

«Haben Sie eine andere Idee?»

«Sie könnten Manning anrufen. Vielleicht hat er einen Experten an der Hand – und er ist ganz in der Nähe.»

Darby berichtete von ihrem Telefongespräch mit Evan. Banville schwieg, starrte auf seine Schuhspitzen und klimperte mit dem Wechselgeld in der Hosentasche.

Holloway kehrte aus dem Wald zurück.

«Wir haben einen Schuppen entdeckt, rund vierhundert Meter entfernt. Die Tür ist fest verriegelt. Ich zeige Ihnen den Weg. Aber passen Sie auf, das Gelände ist holprig.»

Der Schuppen stand in einer Lichtung und war mit derselben Farbe gestrichen wie das Haus. Zwei schwere Vorhängeschlösser sicherten die große Schiebetür. Fenster gab es keine.

Sie mussten über eine halbe Stunde warten, bis jemand mit einem Bolzenschneider kam.

Im Inneren des Schuppens fanden sie einen Unimog vor.

Auf der Pritsche lagen eine Schaufel und Erde, die offenbar irgendwo ausgegraben worden war. Darby borgte sich eine Taschenlampe und entdeckte in der Fahrerkabine auf einem der Sitze Spuren, die wie getrocknetes Blut aussahen.

Banville stand vor einem Korridor. «Darby, schauen Sie mal.»

Die Wände rechts und links des engen Ganges bestanden aus gelochten Hartfaserplatten; daran hingen diverse Gartengeräte. Banville nahm einen Sack Kalk aus einem Regal und stellte ihn auf den Boden. Auf Schulterhöhe war in eine der Hartfaserplatten ein quadratisches Loch eingelassen, groß genug, um mit der Hand durchgreifen und einen Türgriff erreichen zu können.

Zuerst musste jedoch ein Vorhängeschloss aufgebrochen werden.

Der versteckte Raum war in zwei Gefängniszellen unterteilt, beide unverschlossen und leer.

Banville stand in einer Zelle aus grauem Beton und Edelstahl. Fenster oder einen Spiegel gab es nicht, nur einen kleinen Belüftungsschacht in der Decke. Ein Feldbett war mit Schrauben am Boden befestigt. In der Mitte des Bodens befand sich ein Abfluss. Darby erinnerte sich an die Fotos von Carol, die sie im Labor gesehen hatte.

«Hier scheint er sie gefangen gehalten zu haben», sagte Banville.

Darby lief es kalt den Rücken herunter, sie musste an den Unimog mit der Schaufel und der Erde denken und hatte das Gefühl, dass auch ihre letzte Hoffnung schwand.

Vierundsechzigstes Kapitel

Darby bat Banville nach draußen, um mit ihm unter vier Augen reden zu können.

«Die Sondertruppe könnte einen Hubschrauber anfordern», sagte sie. «Mit Infrarotsensoren ließe sich der Wald nach Carols Leiche absuchen, vorausgesetzt, sie hat noch Restwärme und ist nicht allzu tief vergraben.»

«Holloway hat bereits die Landespolizei um Unterstützung gebeten. Morgen früh wird sie mit einer Hundestaffel hier sein.»

«Mit einem Hubschrauber ginge alles sehr viel schneller.»

Banville seufzte.

«Mir gefällt es ebenso wenig wie Ihnen, die Feds um Hilfe zu bitten», sagte Darby. «Aber ich denke an Dianne Cranmore. Wir beide wissen, dass morgen die Fernsehnachrichten voll von dem sein werden, was hier geschehen ist. Ich finde, wir sollten die Mutter informieren, bevor sie es aus den Nachrichten erfährt.»

Banville reichte ihr sein Mobiltelefon. «Von mir aus können Sie Manning anrufen.»

Darby zog sich zurück und wählte Evans Nummer. Im Hintergrund schwirrten Holloways Männer umher.

«Ich bin's, Darby.»

«Ich versuche seit über einer Stunde, Sie zu erreichen», sagte Evan erleichtert. «Was ist passiert? Die Verbindung war plötzlich abgebrochen. Und danach haben Sie meine Anrufe nicht mehr entgegengenommen.»

«Haben Sie Carol gefunden?»

«Nein, noch nicht. Allerdings haben wir weitere Beweismittel sichergestellt – ein Paar Stiefel, Größe 44, hergestellt von Ryzer Gear. Im Schlafzimmer lag ein marineblauer Teppich. Ich glaube, davon stammen die gefundenen Fasern.»

«Haben Sie eine Gefängniszelle entdeckt? Eine solche, wie wir sie auf den Fotos gesehen haben?»

«Nein.»

«Carol war also nicht dort?»

«Wovon sprechen Sie?»

«Später. Zuerst möchte ich Ihnen eine Frage zu dem Geiselbefreiungskommando stellen. Steht den Kollegen ein Hubschrauber zur Verfügung?»

«Ja, ein Black Hawk», antwortete Evan. «Warum fragen Sie?»

«Gibt es ein Infrarot-Suchgerät an Bord?»

«Was soll das alles, Miss McCormick?»

«Fragen Sie bitte nach und benachrichtigen Sie mich dann über Banvilles Mobiltelefon. Haben Sie die Nummer?»

«Ja. Und jetzt erklären Sie mir bitte ...»

Doch Darby hatte die Verbindung schon abgebrochen. Holloways Männer machten sich bereit, den Wald nach jüngeren Grabungsstellen zu durchsuchen.

Eine halbe Stunde später rief Manning zurück.

«Der Black Hawk ist mit Infrarotsensoren ausgestattet.»

«Wir brauchen ihn dringend, um ein Waldgebiet abzusuchen», antwortete Darby. «Wir suchen nach einer vergrabenen Leiche. Womöglich nach mehreren.»

«Wo sind Sie jetzt?»

«Erst erklären Sie mir bitte, warum mir Ihre wundervolle Organisation den Fall abgenommen hat.»

«Wie gesagt, darüber darf ich nicht reden ...»

Darby brach das Gespräch ab.

Evan rief sofort wieder an. «Es war nicht meine Entscheidung, Ihnen den Fall abzunehmen.»

«Ich weiß. Sie machten keinen besonders glücklichen Eindruck, als es passierte.»

«Sie bringen mich in eine schwierige Lage. Ich darf Ihnen nicht ...»

«Wenn Sie mir nicht sofort reinen Wein einschenken, lege ich wieder auf.»

Evan antwortete nicht.

«Auf Wiedersehen, Mr Manning.»

«Augenblick. Was ich Ihnen jetzt sage, bleibt unter uns. Falls ein Wort davon durchsickern sollte, werde ich alles abstreiten.»

«Keine Sorge, ich weiß, wie man mit Feds umgehen muss.»

«Der Mann, den wir unschädlich gemacht haben, hieß Earl Slavick und war ein FBI-Informant mit engen Kontakten zu einer Extremistengruppe, von der wir glauben, dass sie an dem Bombenanschlag in Oklahoma City beteiligt war. Doch während uns Slavick mit Informationen über seine Gruppe bediente, ließ er seinem eigenen rassistischen Wahn freien Lauf und entführte mehrere Frauen aus der Umgebung. Ich wurde aufgefordert, den Behörden vor Ort zu helfen. Als ich ihm auf die Spur kam, machte sich Slavick aus dem Staub. Seitdem haben wir nach ihm gefahndet.»

«Sie wussten also von vornherein, dass dieser Slavick in den Entführungsfall Carol Cranmore verwickelt war. Darauf gebracht hat sie wahrscheinlich der Stiefelabdruck, der mir aufgefallen ist.»

«Ja, das habe ich Ihnen auch gesagt.»

«Sie haben mir aber verschwiegen, dass Slavicks DNA-

Profil im CODIS gespeichert ist und geheim gehalten wird. Als dann eine übereinstimmende Spur gefunden wurde, hat Ihr Verein sofort geschaltet und alles darangesetzt, dass seine unselige Partnerschaft mit diesem Mistkerl nicht ans Tageslicht kommt. Sie wollten vertuschen, dass ein FBI-Informant Frauen entführt und verschwinden lässt. Was wir im Wald gefunden haben, waren die Überreste eines von Slavicks Opfern, stimmt's?»

«Gratuliere», entgegnete Evan kühl. «Sie haben richtig kombiniert.»

«Eine letzte Frage», sagte Darby. «Wie sind Sie darauf gekommen, wo sich der Traveler – Verzeihung, Earl Slavick – versteckt gehalten hat?»

Evan antwortete nicht.

«Lassen Sie mich raten», fuhr Darby fort. «Anhand der Karte, die ich gefunden habe. Am unteren Rand stand die URL. Sie sind Slavick über dessen IP-Adresse auf die Spur gekommen, stimmt's?»

«Wir tauschen Informationen aus. Jetzt sind Sie an der Reihe.»

«Wir haben im Wald hinter einem Haus einen Schuppen gefunden, in dem Gefängniszellen eingerichtet sind, wie wir sie auf den Bildern mit Carol Cranmore gesehen haben. Das Haus gehört einem gewissen Daniel Boyle. Ich gehe jede Wette ein, dass er seine Verbrechen Slavick in die Schuhe geschoben hat.»

Evan antwortete nicht.

«Es sieht alles danach aus, dass Ihrem Verein eine böse PR-Schlappe bevorsteht», sagte Darby. «Ich hoffe für Sie, dass die Presse keinen Wind von der Sache bekommt. Anderenfalls müssten Sie sich wochenlang Schelte gefallen lassen, meinen Sie nicht auch? Aber wahrscheinlich kennt man bei Ihnen Mittel und Wege, einer solchen Gefahr vorzubeugen. Wenn's ums Vertuschen geht, ist Ihr Verein ja besonders tüchtig.»

«Wo ist Boyle?»

«Er ist tot.»

«Haben Sie ihn getötet?»

«Banville.» Sie diktierte Manning die Adresse. «Und vergessen Sie nicht, den Hubschrauber anzufordern.»

Darby brach die Verbindung ab. Sie machte die Augen zu und drückte den Eisbeutel an die Schläfe. Die Haut war kalt und taub.

Fünfundsechzigstes Kapitel

Der Black Hawk drehte zwei Runden über dem Wald, konnte aber keine Wärmequelle aufspüren. Entweder hatte Boyle Carol schon vor Tagen umgebracht, oder aber ihr Körper war zu tief in der Erde vergraben.

Die Suche nach Toten würde fortgesetzt werden, sobald die Landespolizei von New Hampshire mit der Hundestaffel aufkreuzte. Der Fall lag nunmehr bei ihr.

Kurz vor Mitternacht waren Kriminaltechniker der Zentrale eingetroffen. Sie hatten sich in zwei Teams aufgeteilt. Das eine sicherte die Spuren im Haus, das andere durchsuchte den Wald.

Manning wurde der Zutritt zum Haus verwehrt. Er telefonierte ständig und marschierte auf dem Rasen des Vorgartens hin und her. Darby erstattete zwei Kriminalbeamten aus Holloways Revier Bericht.

Banville kam aus dem Wald. Er sah erschöpft aus. «Holloway hat Boyles Brieftasche gefunden, sein Handy und Schlüssel – jede Menge Schlüssel», sagte er. «Was wollen wir wetten, dass sich mit einem dieser Schlüssel Slavicks Haustür öffnen lässt?»

«Ich glaube kaum, dass uns die Feds auch nur in die Nähe von Slavicks Haus lassen. Es sei denn, wir erlauben ihnen den Zutritt zu Boyles Haus.»

«Was macht Manning?»

«Er telefoniert fleißig. Wahrscheinlich wird Zimmerman mit seinen Spießgesellen jeden Moment auftauchen und sich einzumischen versuchen. Jetzt, da ihm klar ist, dass sie den falschen Mann getötet haben, wird er ziemlich nervös sein.»

«Boyle hatte eins dieser BlackBerry-Geräte in der Tasche», sagte Banville. «Holloway hat es sich angesehen. E-Mails sind keine gespeichert. Aber auf der Liste für empfangene und ausgehende Anrufe stehen einige Nummern. Boyle hat heute Abend um neun Uhr achtzehn, also kurz vor unserem Angriff, jemanden angerufen.»

«Wen?»

«Das wissen wir noch nicht. Der Anruf dauerte nur sechsundvierzig Sekunden. Holloway sagt, die Vorwahl spricht für einen Ort in Massachusetts. Wer der Empfänger war, wird gerade ermittelt. Haben Sie mit Manning gesprochen?»

«Ja. Aber er hat nichts gesagt.»

«Gut. Soll er doch schwitzen. Geschieht ihm recht.»

Banvilles Handy klingelte. Er kniff die Brauen zusammen, als er die Nummer auf dem Display sah.

«Dianne Cranmore», brummte er. «Jetzt muss ich es ihr wohl sagen. Danach werde ich jemanden auftreiben, der Sie nach Hause fährt. Keine Widerworte, Darby. Ich will nicht, dass Sie hier sind, wenn die Feds kommen. Falls jemand fragt, bin ich es gewesen, der Sie aufgefordert hat, am Fall dranzubleiben.»

Darby sah zwei Männern der Gerichtsmedizin nach, die Boyles Leiche, in einen Sack gehüllt, auf einer Trage fortschafften, als Evan plötzlich neben ihr auftauchte.

«Die Schwellung sieht übel aus. Haben Sie kein Eis mehr?»

«Ich werde mir unterwegs welches besorgen.»

«Wollen Sie weg?»

«Sobald Banville einen Fahrer für mich gefunden hat», antwortete Darby.

«Ich kann Sie fahren.»

«Bleiben Sie denn nicht?»

«Es scheint, dass man mich hier nicht besonders gern sieht.»

«Woran das wohl liegen mag?»

«Wie wär's, wir schlössen Frieden und Sie ließen sich von mir nach Hause fahren? Besser noch, in ein Krankenhaus?»

«Nicht nötig.»

«Dann bring ich Sie nach Hause.»

Darby warf einen Blick auf ihre Armbanduhr. Es war längst nach Mitternacht. Wenn Banville keinen Fahrer für sie fände, würde sie Coop anrufen oder warten müssen, bis einer von Banvilles Männern käme. Sie würde dann frühestens gegen drei zu Hause in Belham sein. Wenn sie aber Evans Angebot annähme, wäre sie schon in gut einer Stunde im Bett und würde morgen zur großangelegten Suchaktion ausgeschlafen sein.

«Ich sage nur noch schnell Banville Bescheid», sagte Darby.

Als sie losfuhren, sah Darby im Außenrückspiegel die pulsierenden blau-weißen Alarmlichter immer kleiner und schwächer werden. Ihr war, als würde sie Carol im Stich lassen.

Bald herrschte, von den Scheinwerfern abgesehen, nur noch Dunkelheit. Darbys Atem stockte. Sie fühlte sich eingezwängt in der Enge des Wagens und brauchte frische Luft. Sie musste sich bewegen.

«Halten Sie bitte an.»

«Was ist los?»

«Halten Sie sofort an.»

Evan fuhr an den Straßenrand. Darby stieß die Beifahrertür auf und stürzte nach draußen. Von dunklem Wald umgeben, musste sie nur noch mehr an Carol denken, wie sie, allein und verängstigt, in einer kalten grauen Zelle hockte.

Darby kannte diese Art von Furcht aus jener Nacht vor vielen Jahren, als sie, um sich vor dem Mann aus dem Wald zu schützen, unter das Bett gekrochen war und Melanie später in der Küche um Hilfe gerufen hatte.

Der Motor wurde abgestellt. Eine Tür öffnete sich und fiel wieder ins Schloss. Einen Moment später hörte Darby den Schotter unter Evans Schuhen knirschen.

«Sie haben sich nichts vorzuwerfen – Sie haben alles getan, um das Mädchen zu finden», sagte er begütigend.

Darby antwortete nicht. Sie starrte in den schwarzen Wald. Irgendwo da draußen lag Carol vergraben.

In der Ferne war noch ein schwacher Schein der blauweißen Alarmlichter zu erkennen. Sie dachte an Boyle, wie er hinter einem der Schlafzimmerfenster gestanden und den Explorer in die Einfahrt hatte einbiegen sehen; und dann –

«Dann hat er jemanden angerufen», sagte Darby laut.

«Wie bitte?»

«Boyle hat jemanden angerufen, *nachdem* wir bei ihm aufgekreuzt sind. Auf seinem BlackBerry ist die Zeit festgehalten. Neun Uhr achtzehn. Wir sind kurz nach neun gekommen. Ich erinnere mich noch, auf die Uhr gesehen zu haben.»

Darby hatte das Bild klar vor Augen – Boyle hinter dem Fenster; er sieht den als Fernmeldewagen getarnten Transporter. Woher wusste er, dass er es mit der Polizei zu tun hatte? Er konnte es nicht wissen. Banville stand zu diesem Zeitpunkt in der Einfahrt. Hatte Boyle ihn gesehen? Vielleicht.

Angenommen, Boyle hat Banville gesehen. Er schnappt sich daraufhin sein Gewehr und ruft, bevor er nach unten kommt, jemanden an. Aber wen? Wahrscheinlich jemanden, von dem er sich Hilfe versprach –

«Um Himmels willen.» Darby griff sich aufgeregt in den Nacken. «Der Traveler war kein Einzeltäter. Boyle hatte einen Partner. Den wollte er warnen.»

Darby drehte sich um. Evan starrte in die Ferne und schien eigenen Gedanken nachzuhängen.

«Stellen Sie sich vor», fuhr Darby fort. «Drei Bombenanschläge binnen kürzester Zeit. Ein Sprengsatz in dem schwarzen Lieferwagen, ein zweiter in einem Paket, das mit den Gliedern einer Schaufensterpuppe gefüllt war, und schließlich ein Kunstdüngersprengsatz im Krankenhaus.»

«Boyle könnte den präparierten Lieferwagen nachts abgestellt und am nächsten Morgen einen FedEx-Transporter gestohlen haben.»

«Die Wanzen wurden zu einer ganz bestimmten Zeit aktiviert. Das heißt, Boyle müsste uns beschattet haben, was aber eigentlich unmöglich ist. Er kann uns nicht beobachtet und gleichzeitig einen FedEx-Transporter gesteuert haben.»

«Vielleicht war Slavick sein Partner», entgegnete Evan. «Dafür sprechen jede Menge Hinweise, die wir in seinem Haus sicherstellen konnten.»

«Slavick war nicht sein Partner. Er war der Sündenbock.»

«Vielleicht kam es zum Streit, und Boyle hat ihn ans Messer geliefert, um sich dann in aller Ruhe aus dem Staub zu machen. Er war doch auf dem Sprung, nicht wahr?»

«Sie haben mir gesagt, Sie hätten Slavicks Haus auf den Kopf gestellt, aber so etwas wie ein Gefangenenverlies sei da nicht gewesen.»

«Richtig. Und auf Boyles Grundstück sind Sie fündig geworden.»

«Wir haben dort nicht gefunden, wonach wir gesucht haben.»

«Ich kann Ihnen nicht folgen.»

«Da waren nur zwei Zellen», erklärte Darby. «Von Rachel weiß ich aber, dass ihr Entführer mindestens zwei weitere Frauen gefangen gehalten hat – Paula und Marci. Also insgesamt drei Personen ... nein, vier. Rachel, Paula, Marci und Rachels Freund Chad. Boyle hatte sie anscheinend alle in Einzelzellen eingesperrt.»

«Vielleicht waren Rachel und Chad anfangs in einer Zelle. Nachdem es ihn nicht mehr gab, hat Boyle – oder Slavick – vielleicht zuerst diese Paula in Rachels Zelle untergebracht und, als sie tot war, Marci dazugelegt.»

«Nein, sie wurden alle gleichzeitig gefangen gehalten. Isoliert.»

«Das wissen Sie aber nicht mit Sicherheit», entgegnete Evan. «Rachel Swanson hat phantasiert. Als sie im Krankenhaus war, glaubte sie, in ihrer Zelle zu sein.»

«Sie haben das Tonband gehört. Rachel sagte, es gebe keinen Ausweg, nur Verstecke. Die Zellen in Boyles Haus sind sehr klein. Da hätte sich Rachel unmöglich verstecken können. Und außerdem gab es da diese Beschreibungen auf ihrem Arm. Wegbeschreibungen. Rachel sagte wörtlich: ‹Egal, ob wir rechts, links oder geradeaus gehen; am Ende stehen wir doch immer vor einer Wand.› Rachel und die anderen Frauen wurden an einem anderen Ort festgehalten, dessen bin ich mir sicher.»

«Darby, ich weiß, wie wichtig es für Sie ist, Carol zu finden. Aber ich glaube ...»

Darby drängte an Evan vorbei.

«Wo wollen Sie hin?»

«Zurück», antwortete Darby bestimmt. «Ich muss mit Banville sprechen.»

Evan griff in seine Tasche. «Haben Sie schon einmal über die Möglichkeit nachgedacht, dass Boyle Rachel und die anderen Frauen in den Keller seines Hauses gebracht haben könnte? Vielleicht hat er ihnen da unten nachgestellt. Es gibt dort etliche Räume und jede Menge Verstecke.»

«Woher wissen Sie, wie es in Boyles Keller aussieht?», fragte Darby misstrauisch.

«Ich weiß es. Schließlich habe ich dort Melanie getötet», sagte Evan und presste ihr einen mit Chloroform getränkten Lappen vors Gesicht.

Sechsundsechzigstes Kapitel

Als Darby zu sich kam, war sie wie benebelt, ihre Gedanken waren verworren. Sie lag auf dem Bauch, auf einer Unterlage, die so hart war, dass es sich nicht um ein Bett handeln konnte. Nur das eine Auge ließ sich öffnen, das andere war offensichtlich zugeschwollen. Es war stockdunkel. Sie wälzte sich auf den Rücken und richtete den Oberkörper auf.

Für eine Schrecksekunde glaubte sie, erblindet zu sein. Doch dann erinnerte sie sich.

Evan hatte ihr einen Lappen vors Gesicht gedrückt. Er, der sie damals am Strand vor dem Haus ihres Onkels zu trösten versucht und ihr von Victor Grady und dem Schicksal der verschwundenen Frauen berichtet hatte, war derselbe, der sie nun mit Chloroform betäubt und den Mord an Melanie eingestanden hatte. Evan war Boyles Partner. Als solcher hatte er falsche Fährten gelegt, während Boyle Frauen entführte und sie hierherbrachte.

Darby stand auf. Ihr schwindelte. Sie betastete sich vom Kopf bis zu den Füßen. Ihre Jacke war verschwunden. Die anderen Kleider aber und die Schuhe trug sie noch. Sie registrierte, dass ihre Taschen geleert worden waren. Sie blutete nicht, schien auch nicht verletzt zu sein, doch ihre Beine wollten nicht aufhören zu zittern.

Der Schwindel legte sich langsam. Jetzt galt es, zu erkunden, wo sie war.

Mit ausgestreckten Armen tastete sie sich Zentimeter für Zentimeter durchs Dunkle und hielt inne, als die Fingerspitzen auf Widerstand trafen – eine raue Oberfläche. Beton.

Sie wendete sich nach links und zählte die Schritte. Eins, zwei, drei. Das rechte Schienbein stieß vor einen harten Gegenstand. Gebückt fuhr sie die Umrisse mit den Händen ab. Eine Pritsche. Nach fünf Schritten endete die Wand. Eine Vierteldrehung nach links. Sechs Schritte, und wieder stand ein Hindernis im Weg. Eine Kloschüssel. Sie befand sich in einer Zelle, ähnlich derjenigen, die sie in Boyles Haus gesehen hatte.

Eine Klingel schrillte, laut und wütend wie ein Wecker.

Mit metallenem Scheppern öffnete sich die Tür. Ein dünner Lichtstrahl fiel in ihre Zelle.

Widerstand war zwecklos. Sie brauchte eine Waffe. Aber nichts dergleichen ließ sich in der Zelle finden. Alles war fest verschraubt.

Sie blickte durch die geöffnete Tür in einen schwach beleuchteten Korridor.

Musik ertönte – Frank Sinatras «I Get a Kick Out of You».

Evan ließ sich nicht blicken.

Der Schwindel war verschwunden, verdrängt von dem Adrenalinstoß. *Denk nach!*

Wartete Evan darauf, dass sie in den Korridor hinaustrat?

Darby schlich auf die Tür zu und lauschte angestrengt auf Geräusche jenseits der Musik, gefasst auf eine plötzliche Bewegung. Wenn er käme, würde sie ihm sofort mit den Fingern in die Augen stechen. Wenn er sie nicht mehr sehen könnte, hätte er keine Chance.

Darby stand mit dem Rücken zur Wand. *Okay, lass es drauf ankommen.* Ihr Herz raste. *Jetzt.* Sie sprang über die Schwelle in einen langen Korridor, gesäumt von insgesamt zehn Türen. Die sechs auf der einen Seite waren alle geschlossen; vor zweien hingen Vorhängeschlösser.

Die vier Türen auf der anderen Seite standen offen. Darby durchsuchte die drei Gefängniszellen neben der ihren. Sie waren leer, die Einrichtungsgegenstände am Boden verschraubt. In der letzten Zelle schlug ihr ein scharfer Geruch entgegen, der sie sofort an die Ausdünstungen von Rachel Swanson erinnerte. Hier also war Rachel gefangen gehalten worden. Hier hatte sie jahrelang ausharren müssen.

Wieder ertönte das Alarmsignal. Die Metalltüren gingen scheppernd zu.

Im Hintergrund waren jetzt neue Geräusche zu hören – Türen, die geöffnet und zugeschlagen wurden.

Evan. Er kam, um nach ihr zu sehen.

Nichts wie weg. Aber wohin? Durch irgendeine der Türen auf der gegenüberliegenden Seite.

Darby versuchte diejenige unmittelbar vor ihr zu öffnen. Verschlossen. Die nächste Tür aber ließ sich öffnen. Sie trat über die Schwelle und starrte in einen dunklen, engen Korridor, wiederum von Türen gesäumt, vier auf jeder Seite. Am Ende des Korridors befand sich eine fünfte Tür. Die Wände waren mit Spanplatten verkleidet und an einigen Stellen durchlöchert. Durch eines dieser Löcher blickte sie in einen weiteren Korridor.

Jetzt ging ihr ein Licht auf. Die Buchstaben und Zahlen, die Rachel Swanson auf ihren Arm und die Karte geschrieben hatte, waren Wegbeschreibungen für dieses Labyrinth. Rachel hatte nach einem Ausweg durch all diese Türen gesucht.

Darby zerbrach sich den Kopf, um sich die Zeichen in Erinnerung zu rufen, während ringsum das Schlagen von

Türen zu hören war. Hielt sich außer Evan noch jemand in diesem Verlies auf? War Carol in der Nähe? Lebte sie noch? Wie viele Frauen befanden sich in diesem Labyrinth? Und was tat Evan ihnen an, dass sie immer wieder auf der Flucht durch diese Gänge irrten?

Für einen klaren Gedanken fehlte ihr die Ruhe. Darby hastete weiter und gelangte in einen Raum, wo sie die Wahl zwischen zwei Türen hatte. Eine war abgeschlossen. Auch hier in den Wänden waren Löcher zu finden. Einschusslöcher. Hatte Evan eine Pistole? *Himmel, was ließe sich dagegen ausrichten?* Nichts. Sie musste in Bewegung bleiben, versuchen, sich von hinten an ihn heranzuschleichen und ihn mit einem Überraschungsangriff außer Gefecht zu setzen. Dazu brauchte sie irgendeinen Gegenstand, der sich als Waffe einsetzen ließ. *Schnell, schnell.*

Darby erstarrte. Da näherte sich jemand.

Der nächste Raum war größer und hatte vier Türen. Eine davon war mit einem Vorhängeschloss gesichert. Darby versuchte es mit einer der anderen. Als sie sich öffnete, schlüpfte sie in den Raum dahinter und zog leise die Tür hinter sich zu, um nicht zu verraten, wo sie sich befand.

Von diesem Raum ging ein Korridor ab, der so niedrig war, dass sie nur tief geduckt vorankam. Manche der Türen links und rechts konnten, wie sie feststellte, von innen verschlossen werden. Andere waren ohne Klinke, und dann gab es Öffnungen ohne Türblatt. Wozu diese Unterschiede?

Sie jagen ihre Opfer durch dieses Labyrinth, und es gefällt ihnen, wenn sich die Gehetzten zu verstecken versuchen. Das macht die Jagd umso aufregender für sie.

Darby rückte immer tiefer in das Labyrinth vor. Ihre Augen hatten sich an die Dunkelheit gewöhnt. Immer wieder kamen ihr Rachels Worte in den Sinn: *Einen Ausweg gibt's nicht, allenfalls Verstecke ... Egal, ob wir rechts, links oder geradeaus gehen; am Ende stehen wir doch immer vor einer Wand, erinnerst du dich nicht?*

Es *musste* einen Ausweg geben. Rachel Swanson hatte fünf Jahre an diesem Ort überlebt. Es *gab* einen Ausweg oder zumindest ein sicheres Versteck –

Ein gellender Schrei ließ Darby zusammenfahren.

RUMS. Und wieder schrie da eine Frau. Sie war ganz in der Nähe, irgendwo hinter dieser dünnen Wand. Immer wieder schlugen Türen zu. *Wie viele Frauen befanden sich hier unten?*

«HILFEEEEE!»

Das war nicht Carols Stimme. Darby wusste nicht, wer es war, aber sie war ganz in der Nähe. Sollte sie nach ihr rufen und sie wissen lassen, dass sie nicht allein war? *Nein, verrate jetzt nicht, wo du bist.* Darby schlich weiter, wechselte schnell von einem Raum in den anderen, merkte sich Besonderheiten und hoffte, eine Art Knüppel zu finden, ein loses Brett, irgendetwas, das sie als Waffe verwenden konnte.

Auf dem Betonboden eines Raumes lag zersplittertes Holz. Aus einem Türspalt rann eine schwarze Flüssigkeit. Darby ahnte, um was es sich handelte, noch ehe sie davor in die Hocke ging. Blut. Sie konnte es riechen. Die Tür war unverschlossen. Sie öffnete sie. *Bitte, lieber Gott, lass Evan nicht dahinterstehen.*

Auf dem Boden lag eine Frau in ihrem Blut. Beim Anblick ihrer Verstümmelungen entfuhr Darbys Kehle fast ein Schrei, sie konnte ihn gerade noch in letzter Sekunde unterdrücken.

Sie biss die Zähne aufeinander. Ihr Körper bebte. Der

Boden war voller blutiger Fußspuren, die sich im Korridor verloren. Evan war verschwunden.

Hinter ihr regte sich etwas. Darby blickte auf eine Wand ohne Tür. In Bodennähe war ein rechteckiges Loch in der Wand zu erkennen, groß genug, um kriechend hindurchschlüpfen zu können. War Evan auf der anderen Seite?

Darby sträubte sich, konnte aber der Neugier nicht widerstehen. Auf den Knien kauernd, spähte sie durch das Loch in den Raum dahinter und erblickte Carol Cranmores zitternde Gestalt.

Siebenundsechzigstes Kapitel

Carol», flüsterte Darby. «Carol, ich bin hier unten.»

Carol Cranmore kauerte sich auf der anderen Seite auf den Boden und starrte durch den Ausschnitt in der Wand.

«Ich bin von der Polizei», erklärte Darby. «Bist du verletzt?»

Carol schüttelte den Kopf. Ihre Augen waren weit aufgerissen und voller Angst.

«Komm zu mir; das Loch ist groß genug», sagte Darby. «Ich helfe dir.»

Carol zwängte sich durch das Loch, blieb aber an den aufgesplitterten Rändern hängen. Darby nahm sie bei den Händen und zog sie frei. Carol hatte weder Schuhe noch Strümpfe an. Ihre Füße und Unterschenkel waren zerkratzt und bluteten an einigen Stellen. Nur mit Unterwäsche und einem BH bekleidet, zitterte sie vor Kälte.

«Er hat eine Axt in der Hand. Ich habe ihn gesehen ...»

«Ich weiß, wer er ist», sagte Darby, so ruhig sie konnte. «Jetzt muss ich wissen, *wo* er ist. Hast du eine Ahnung?»

Carol schüttelte den Kopf.

«Wer ist sonst noch hier unten? Weißt du das?»

«Ich habe mehrere Leute gehört – Frauen –, aber nur eine gesehen. Sie blutete. Ich wollte mich gerade um sie kümmern, als er kam. Da bin ich weggelaufen und wäre beinahe über ein Skelett gestolpert.» Carol verzerrte das Gesicht. «Bitte, ich will nicht sterben –»

Darby packte sie bei den Schultern und blickte ihr in die Augen. «Hör mir genau zu. Ich weiß, du hast Angst, aber du darfst jetzt weder weinen noch schreien. Auf keinen Fall.

Verstanden? Wir müssen einen kühlen Kopf bewahren, das ist die einzige Möglichkeit, hier herauszukommen. Wir werden fliehen, ganz bestimmt, aber du musst stark sein. Und tapfer. Schaffst du das?»

Eine Frau schrie – aus nächster Nähe, unmittelbar vor ihnen.

Darby hielt Carol den Mund zu und zog sie an die Wand. Eine Tür fiel ins Schloss. Die Frau schrie ein zweites Mal auf. Sie befand sich offenbar nebenan, da, wo Carol bis vor wenigen Sekunden gewesen war.

Die Frau bettelte um ihr Leben. «Bitte ... ich mache alles, was Sie wollen, aber tun Sie mir bitte nicht weh.»

Carol schluchzte; Tränen rannen über Darbys Hand, mit der sie dem Mädchen den Mund zuhielt.

WUMM. Von dem Schreckensschrei der Frau in Panik versetzt, versuchte Carol aufzuspringen.

Es krachte, und der Schrei der Frau verwandelte sich in ein kehliges Gurgeln. Dazu sang Frank Sinatra: «Fly Me to the Moon».

Drei krachende Schläge kurz nacheinander. Dann war nur noch Evans keuchender Atem zu hören. Er befand sich in dem Raum nebenan und hatte gerade eine Frau getötet. Jetzt klopfte er mit der Axt an die Wand, *wumm-wumm-wumm*. Er versuchte, Carol zum Schreien zu bringen, damit er wusste, wo sie steckte.

Darby starrte auf das Loch am Boden. *Komm, zeig dich, steck deinen Kopf durchs Loch.* Ein gezielter Tritt würde ihm das Genick brechen.

Frank Sinatra fing an «My Way» zu singen.

Evan zeigte sich nicht.

War er weg?

Darby wartete und wartete, bis selbst ihr die Anspannung zu groß wurde.

Sie flüsterte Carol ins Ohr: «Ich werde jetzt einen Blick durch das Loch werfen. Bleib hier, rühr dich nicht und gib keinen Mucks von dir, okay?»

Carol nickte. Darby kniete sich auf den Boden.

Hinter den Händen der toten Frau sah sie schwarze Schuhe vor einer offenen Tür stehen. Evan war immer noch da und lauerte. Über seinem Fußgelenk schwebte eine blutverschmierte Axt.

Darby sah, wie die Schuhe sich in Bewegung setzten. Evan ging in den Raum nebenan und zog die Tür hinter sich zu. Gleich darauf fiel eine weitere Tür ins Schloss. Dazu sang Frank Sinatra: «The Way You Look Tonight».

Darby hatte einen Einfall. *O Gott, bitte lass es gutgehen.*

«Carol, du hast doch ein Skelett gesehen. Weißt du noch, wo es liegt?»

«Irgendwo dahinten», antwortete sie und zeigte auf das Loch.

«Du musst es mir zeigen.»

«Lassen Sie mich nicht allein.»

«Das tu ich auch nicht.»

«Versprochen?»

«Versprochen.» Darby zog ihr Hemd aus und reichte es dem Mädchen. «Ich krieche zuerst durch das Loch. Wenn ich drüben bin, lässt du dich von mir auf die andere Seite ziehen und hältst die Augen geschlossen – ja? Also, bis gleich.»

Darby wand sich durch das Loch. Die Holzsplitter bohrten sich durch ihr T-Shirt und kratzten die Haut auf. Als sie drüben ankam, folgte Carol. Danach führte sie Carol, die gehorsam die Augen geschlossen hielt, an der Leiche am Boden vorbei.

«Du kannst jetzt die Augen wieder aufmachen», sagte Darby. «Und nun zeige mir, wo du das Skelett gesehen hast.»

«Wir müssen durch diese Tür hindurch.»

Darby öffnete sie. Der Korridor dahinter war leer. Leise zog sie die Tür hinter sich zu. Es ging durch zwei weitere Räume, dann durch einen dritten. Darby hielt vor jeder Ecke an, spähte in die toten Winkel und versuchte, die zurückgelegte Strecke im Gedächtnis festzuhalten.

Wenig später standen sie in einem Korridor mit Wänden aus Beton. Anscheinend war ein Ende des Labyrinths erreicht. Aber welches?

Carol deutete mit ausgestreckter Hand ins Dunkle. Auf dem Boden lag ein zerrissenes T-Shirt.

«Es muss dahinten sein.»

Darby nahm Carol bei der Hand.

Der Korridor endete vor einer Wand. Davor lagen etliche Knochen, große und kleine – der Stumpf eines Oberschenkelknochens, ein Schienbein, ein zerschlagener Schädel. Darby fragte sich, ob Evan und Boyle die Knochen zurückgelassen hatten, um die Frauen damit in Angst und Schrecken zu versetzen.

Sie bückte sich und hob den Oberschenkelknochen auf. Die Bruchstelle war voll scharfer, spitzer Kanten.

Den Knochen in der einen und Carol an der anderen Hand, eilte Darby dem anderen Ende des Korridors entgegen. Es gab dort nur eine Tür. Darby öffnete sie vorsichtig und sah sich dem Mann aus dem Wald gegenüber.

Achtundsechzigstes Kapitel

Evan trug die gleiche Maske wie der Mann aus dem Wald vor über zwanzig Jahren: zusammengenähte Streifen einer Bandage mit schwarzen Gazeflicken an Augen und Mund. Sein blauer Overall war blutverschmiert; am Gürtel hingen mehrere Messer und ein Pistolenhalfter.

Carol schrie laut auf, als Evan mit der Axt ausholte. Darby warf die Tür zu und stemmte sich mit aller Kraft dagegen. Diese Tür hatte kein Schnappschloss wie einige der anderen. Carol half, sie zuzuhalten.

WUMM. Die Axt durchbrach das Holz der Tür. Ihre Klinge riss eine tiefe Wunde in Darbys Wange.

Darby schrie, ließ aber nicht von der Tür ab. *Nichts wie weg, aber wohin?* WUMM. Wieder traf die Axt aufs Holz. *Denk nach!* Der kleine Gang in dem Raum mit der Toten. Evan würde nicht hindurchpassen. *Schnell, schnell.*

Ein Schuss sprengte das Holzblatt neben Darbys Kopf. Sie packte Carol bei der Hand und rannte los, durch dunkle Räume und Korridore. *Bitte, lieber Gott, lass uns jetzt nicht stolpern und stürzen.* Darby warf die Türen hinter sich zu. Evan kam hinter ihnen her. Seine Schritte wurden lauter und lauter.

Krachend traf ein Geschoss auf die Wand vor ihnen. Carol schrie. Darby stieß sie in den Raum mit der Toten, drehte sich um und sah, wie Evan die Flinte anlegte. In dem Moment, als sie die Tür zuschleuderte, feuerte er einen weiteren Schuss ab. Holzsplitter flogen durch die Luft, doch die Tür blieb zu. Sie hatte ein Schnappschloss. *Gott sei Dank.*

Carol starrte auf die tote Frau am Boden. Darby drehte

das Mädchen herum und drängte es auf das Loch zu. Evan versuchte währenddessen, die Tür aufzubrechen. Er war ausgesperrt.

«Kriech hindurch», befahl Darby.

Carol drängte sich durch die gezackte Öffnung und blieb hängen. Darby half ihr, während Evan auf die Tür eintrat. WUMM-WUMM ...

Darby ging in die Hocke und flüsterte Carol auf der anderen Seite zu: «Schlag die Türen, damit es sich so anhört, als würden wir weglaufen. Schlag sie so laut, wie du kannst, okay? Ich bin gleich bei dir.»

«Aber Sie haben versprochen, mich nicht allein zu lassen –»

Ein Schuss riss ein weiteres Loch in die Tür.

«Lauf, Carol, lauf!»

Darby blutete. Es war dunkel, doch sie sah Evans Hand, die in einem schwarzen Handschuh steckte und durch das Loch in der Tür griff. Währenddessen öffnete Carol auf der anderen Seite die Türen und schlug sie zu. Darby stand mit dem Rücken zur Wand. Sie spürte, wie ihr das Blut über den Hals rann. Mit den Fingern ertastete sie einen tiefen Einschnitt, der bis auf den Knochen ging.

Evan fand den Knauf, drehte ihn und öffnete die Tür.

Die Pistole im Anschlag, betrat er den Raum. Darby zögerte keine Sekunde. Den Oberschenkelknochen beidhändig gepackt, wuchtete sie ihm die schartige Bruchstelle in den Bauch.

Evan schrie vor Schmerzen. Darby zog, bis sie den Knochen frei bekam, und stach dann ein zweites Mal zu, als Evan versuchte, die Pistole auf sie zu richten. Der Schuss löste sich mit ohrenbetäubendem Knall unmittelbar neben ihrem Gesicht, und als er sie bei den Haaren zu packen versuchte, trieb sie ihm die Spitze des Knochens durch die Kehle.

Er ließ die Waffe fallen und griff mit beiden Händen an ihren Hals. Die Pistole lag auf dem Boden – eine 9-mm-Glock, das beim FBI gängige Modell. Schnell hob sie die Waffe auf und schlug die Tür zu.

«Carol, bleib, wo du bist», rief Darby. Und dann, lauter noch: «Hier ist die Polizei. Falls hier irgendjemand sein sollte: Bleiben Sie, wo Sie sind, bis ich Ihnen sage, dass Sie herauskommen sollen.»

Darby richtete die Glock auf Evan, der, mit dem Oberschenkelknochen im Hals, durch den Raum taumelte. Er versuchte, die blutende Wunde im Bauch mit der Hand zu schließen. Vergeblich.

Lass ihn bluten.

Evan griff nach der Axt.

«Lassen Sie das – oder ich schieße!»

Er holte mit der Axt aus. Darby drückte ab und schoss ihm ein Loch in den Bauch.

Evan prallte rücklings gegen die Wand. Sie trat ihm die Axt aus der Hand. Er versuchte aufzustehen, stürzte, versuchte es aber immer wieder, bis er keine Kraft mehr hatte.

Durch die Maske drang ein kehliges Röcheln. Es gelang ihm, ein Wort zu formulieren:

«Melanie.»

Darby riss ihm die Maske vom Gesicht.

«Vergraben ... sie ist vergraben ...» Evan spuckte Blut.

«Wo? Wo ist Mel vergraben?»

«Fragen Sie ... Ihre ... Mutter.»

Darby spürte, wie sich ihre Gesichtszüge verhärteten.

Evan lächelte nur. Dann war er tot.

Darby schnallte ihm den Gürtel ab und öffnete den Reißverschluss seines Overalls. In einer der Taschen fand sie einen Schlüsselbund. Ein Handy hatte er nicht dabei, wohl aber eine Digitalkamera. Sie steckte die Kamera ein.

Die Hände voller Blut, probierte sie die Schlüssel aus, bis sie denjenigen fand, der in die Vorhängeschlösser an den Türen passte. Darby atmete tief aus und blickte dann unter die dunkle Decke.

«Ist noch jemand hier unten? Er ist tot. Er kann Ihnen nicht mehr wehtun. Ist hier jemand?»

Keine Antwort. Die Musik dudelte weiter.

Darby kehrte zu Carol zurück. Das Mädchen hockte in einer Ecke und wippte vor und zurück. Sie stand unter Schock.

«Es ist vorbei, Carol. Hier, nimm meine Hand. Ja, halte sie fest. Ich zieh dich jetzt durch das Loch ... nein, nicht auf den Boden schauen. Sieh mich an. Ich bringe dich jetzt hier raus. Am besten ist, du machst die Augen zu und erst dann wieder auf, wenn ich es dir sage, okay? So ist es gut. Nicht hinsehen. Wir sind gleich draußen und bald wieder zu Hause.»

Neunundsechzigstes Kapitel

Aus dem Labyrinth herauszufinden schien eine Ewigkeit zu dauern.

Darby stand auf der entgegengesetzten Seite des Verlieses in einem Korridor mit vier gleichen Käfigen. Sie wusste, dass sie sich auf der anderen Seite befand, weil dieser Korridor mit einer zusätzlichen Metalltür und vier Vorhängeschlössern abgesperrt war. Darby probierte die Schlüssel aus. Erst jetzt ließ Carol ihre Hand los.

Eine an die Wand geschraubte Leiter führte hinauf in einen Keller, beleuchtet von weichem Licht, das durch eine geöffnete Tür am äußeren Ende führte. Mit dem Mädchen an der Hand ging Darby auf diese Tür zu.

Auf einem alten Schreibtisch standen sechs Monitore. Jeder dieser Bildschirme zeigte eine Gefängniszelle in dunkelgrüner Farbe – Nachtsicht. Evan und Boyle hatten Überwachungskameras mit Nachtsichtfunktion installiert, um ihre Gefangenen beobachten zu können. Alle Zellen waren leer.

Evans Kleider lagen sorgsam zusammengefaltet auf dem Tisch, daneben seine Brieftasche, ein Mobiltelefon und Autoschlüssel.

Darby wollte gerade den Raum betreten, als ihr mehrere Kostüme ins Auge fielen, die über Schaufensterpuppen drapiert waren. Die Köpfe trugen Halloweenmasken; manche waren offenbar gekauft, andere selbstgemacht. Hinter den Schaufensterpuppen befand sich eine Lochwand aus Hartfaserplatten, an der etliche Waffen hingen: Messer, Macheten, Äxte und Speere.

«Bleib einen Moment hier draußen vor der Tür», sagte Darby. «Und rühr dich nicht vom Fleck, okay? Ich bin gleich wieder bei dir.»

Darby nahm das Mobiltelefon und die Autoschlüssel an sich; als sie aufblickte, sah sie links von sich eine verschlossene Tür. Einer der Schlüssel am Bund passte. Sie trat in eine kleine Kammer und fand darin einen Aktenschrank. An der Wand dahinter hingen die Bilder der Frauen, die hier gefangen gehalten worden waren. Mit Evans Schlüsseln versuchte sie, den Aktenschrank zu öffnen. Vergeblich.

Auf manchen Fotos lächelten die abgebildeten Frauen, auf anderen machten sie einen sehr verängstigten Eindruck. Es gab auch entsetzliche Schnappschüsse, die zeigten, wie sie ermordet worden waren. Darby stellte sich die beiden vor, Boyle und Evan, wie sie hier standen und auf die Fotos starrten, während sie ihre Kostüme anzogen und sich auf die Jagd vorbereiteten.

Sie betrachtete all diese Gesichter, bis sie den Anblick nicht länger ertragen konnte. Dann nahm sie Carol bei der Hand, war dankbar, ihre Wärme zu spüren, und stieg mit ihr über die Treppe hinauf ins Erdgeschoss des alten Hauses. Die Lichter ließen sich einschalten. Möbel gab es keine, nur kalte, leere Räume im Verfall. Mehrere Fenster waren mit Brettern vernagelt.

Darby öffnete die Eingangstür und trat mit Carol vor das Haus. Sie hoffte, ein Straßenschild in der Nähe zu entdecken, doch es gab nirgends eine Laterne, nur Dunkelheit, und ein kalter Wind wehte über kahle Felder. Das heruntergekommene Haus hinter ihnen war das einzige Gebäude weit und breit.

Evans Auto hatte, wie sie sich erinnerte, ein Navigationsgerät an Bord. Sie fand das Auto hinter dem Haus, startete den Motor und schaltete die Heizung ein.

Das Navigationsgerät zeigte an, wo sie sich befanden. Darby gab über den Notruf 911 die Adresse durch und forderte mehrere Rettungsfahrzeuge an, für den Fall, dass sich in dem Verlies unter dem Keller doch noch Frauen befanden, die noch lebten.

«Carol, kennst du die Telefonnummer deiner Nachbarn, die in dem weißen Haus mit den grünen Fensterläden wohnen?»

«Die Lombardos. Bei denen habe ich manchmal als Babysitter gearbeitet. Ja, ihre Nummer kenne ich auswendig.»

Darby wählte die Nummer. Eine Frau antwortete mit schläfriger Stimme.

«Mrs Lombardo, entschuldigen Sie bitte die späte Störung. Mein Name ist Darby McCormick, ich bin vom Erkennungsdienst der Bostoner Polizei. Ist Dianne Cranmore bei Ihnen? Ich muss mit ihr reden, sofort.»

Carols Mutter kam ans Telefon.

«Ich habe hier jemanden, der mit Ihnen sprechen möchte», sagte Darby und reichte Carol das Handy.

Siebzigstes Kapitel

Den Angaben des Navigationsgerätes zufolge lag der verlassene Bauernhof vierzig Kilometer von Daniel Boyles Haus entfernt. Darby rief Mathew Banville an und berichtete, was geschehen war und was sie entdeckt hatte.

Die vier Krankenwagen trafen als Erste ein. Während Carol ärztlich versorgt wurde, bereitete Darby die Sanitäter auf das vor, was sie im Keller erwartete. Sie zeigte ihnen, welcher Schlüssel zu den Vorhängeschlössern passte und womit sich die verschlossenen Türen öffnen ließen. Danach setzte sie sich zu Carol in den Krankenwagen und wartete, bis bei dem Mädchen die Wirkung der Beruhigungsspritze einsetzte. Sie selbst ließ sich von dem Notarzt untersuchen, verzichtete aber auf ein Sedativum.

Der Notarzt klammerte gerade ihre Schnittwunde am Kopf, als Banville mit der örtlichen Polizei eintraf. Banville blieb bei Darby, während Holloway und seine Leute ins Haus gingen.

«Haben Sie Boyles Schlüssel mitgebracht?», fragte Darby.

«Die hat Holloway.»

«Es gibt da unten, wo die vielen Fotos hängen, einen verschlossenen Aktenschrank. Ich würde gern wissen, ob darin Hinweise auf Melanie Cruz zu finden sind.»

«Die Staatspolizei wird jeden Moment hier sein», erwiderte Banville. «Alles Weitere müssen wir den Kollegen überlassen, es ist jetzt deren Fall. Viel wichtiger ist: Wie geht es Ihnen?»

Darby antwortete nicht. Sie reichte ihm Evans Kamera. «Da dürften Bilder drauf sein, die zeigen, was er den Frauen angetan hat.»

«Holloway sagt, Sie sollten Ihre Aussage morgen zu Protokoll geben und erst einmal ein wenig schlafen. Einer seiner Männer wird Sie gleich nach Hause fahren.»

«Ich habe Coop angerufen. Er ist schon auf dem Weg hierher.»

Darby berichtete Banville von Melanie Cruz und den anderen vermissten Frauen. Danach schrieb sie eine Telefonnummer auf die Rückseite seiner Visitenkarte.

«Das ist die Nummer meiner Mutter. Bei ihr bin ich zu erreichen. Wenn Sie irgendetwas über Melanie herausfinden, rufen Sie mich bitte an, egal wann.»

Banville steckte die Karte in seine Tasche und nickte. «Ich habe mich sofort nach Ihrem Anruf bei Dianne Cranmore gemeldet. Ich habe ihr zu verstehen gegeben, dass wir ohne Sie, Darby, ihre Tochter nicht gefunden hätten. Es ist mir wichtig, dass sie das weiß.»

«Wir haben sie gemeinsam gefunden.»

«Ihr Einsatz ...» Banville starrte lange Zeit auf Evans Auto. «Wenn Sie sich nicht mit so viel Energie an die Aufklärung dieses Falls gemacht hätten, hätte er ein anderes Ende genommen. Sie haben uns alle mitgerissen.»

Darby lächelte. «Trotzdem, danke für die Zusammenarbeit.»

Banville nickte. Offenbar wusste er nicht, was er mit seinen Händen anstellen sollte, und knetete sie hilflos.

Darby ergriff seine Rechte und schüttelte sie.

Als Coop in seinem Mustang aufkreuzte, war die Straße vor dem Bauernhof voller Streifenwagen und Fahrzeuge des Erkennungsdienstes. Auch die Medien waren bereits zur Stelle. Hinter den Absperrungen wurden hastig die Fernsehkameras aufgebaut. Ein Fotograf versuchte, ein Foto von Darby zu schießen.

Coop zog sein Jackett aus, legte es ihr um die Schultern und nahm sie in den Arm.

«Wohin soll ich dich bringen?»

«Nach Hause», antwortete Darby müde.

Schweigend fuhren sie über holprige Straßen in Richtung Belham. Ihre Kleider rochen nach Blut und Schießpulver. Sie kurbelte das Fenster herunter, schloss die Augen und ließ sich den Fahrtwind übers Gesicht streichen.

Als das Auto anhielt, öffnete sie die Augen und sah, dass Coop auf der Standspur einer Schnellstraße angehalten hatte. Er nahm eine kleine Kühltasche von der Rückbank. Darin befanden sich, auf Eis gelegt, zwei Gläser und eine Flasche irischen Whiskeys der Marke Bushmills.

«Davon kannst du jetzt einen Schluck brauchen», sagte Coop.

Darby füllte die Gläser mit Eis und goss Whiskey darüber. Als sie die Staatsgrenze erreichten, hatte sie ihr zweites Glas geleert.

«Das tut gut», sagte Darby seufzend.

«Ich habe Leland noch nicht angerufen, weil ich dachte, du würdest lieber mit ihm persönlich reden.»

«Ja, das ist lieb von dir.»

«Ich würde allerdings gern mitkommen, mit meiner Kamera, und den Moment festhalten.»

«Coop, ich möchte dir etwas sagen.» Darby erzählte ihrem Kollegen von Melanie und Stacey. Es war das zweite Mal in dieser Nacht. Diesmal aber ließ sie sich Zeit mit ihrer Geschichte. Sie wollte alles loswerden und ihm auch erklären, mit welchen Schuldkomplexen sie seit damals zu kämpfen hatte.

«Ich wollte mit Stacey nach dem Vorfall im Wald nicht

länger befreundet sein», sagte Darby. «Aber Mel ließ nicht locker. Sie versuchte, den Streit zu schlichten, damit zwischen uns dreien wieder alles so sein würde wie früher. Als ich sie unten im Flur stehen sah, wollte ich ...» Darby rang um Fassung.

Coop schwieg. Er wusste, dass Darby es selbst aussprechen musste.

Darby schluckte. Sie spürte, wie alles wieder hochkam, hässlich und messerscharf, die ganze Wahrheit, die sie seit all den Jahren mit sich herumschleppte. Als die Tränen über ihr Gesicht strömten, wehrte sie sich nicht dagegen; sie war es leid, sie zu unterdrücken.

«Mel schrie. Der Mann aus dem Wald hatte ein Messer. Er bedrohte sie damit, und Mel flehte mich an, herunterzukommen und ihr zu helfen. Aber ich hab's nicht getan ... Ich hatte sie nicht gebeten, mich zu besuchen und Stacey mitzubringen. Das war Mels Entscheidung. Sie war diejenige, die beschlossen hatte zu kommen, und ich ... Ihre Mutter hat mich spüren lassen, dass sie mir die Schuld an Mels Verschwinden gab. Ich wollte ihr alles erklären, ihr die ganze Wahrheit ins Gesicht schreien, um diesen vorwurfsvollen Blicken endlich nicht mehr ausgesetzt zu sein.»

«Was hast du ihr gesagt?»

Darby wusste keine Antwort darauf. Mit welchen Worten wäre zu erklären gewesen, dass sie Mel dafür gehasst hatte, an diesem Abend zu ihr gekommen zu sein und Stacey mitgebracht zu haben? Wie hätte sie irgendjemandem begreiflich machen können, dass sie sich doppelt schuldig fühlte, nämlich an dem, was geschehen war, und auch wegen der Wut, die sie auf ihre Freundin empfunden hatte?

Darby schloss die Augen und erinnerte sich an den Moment in der Schule, als Mel fragte, ob es nicht möglich wäre, dass sie wieder Freundinnen seien. Würde Mel vielleicht noch leben, wenn sie damals nachgegeben hätte? Wäre sie dem Mann mit der Maske womöglich selbst zum Opfer gefallen und jetzt irgendwo in den Wäldern vergraben, wo sie niemand fände?

Coop legte ihr einen Arm um die Schultern. Darby lehnte sich an ihn.

«Darby?»

«Ja?»

«Heute solltest du wissen, dass es richtig von dir war, Melanie nicht zu Hilfe zu kommen. Du hättest ihr nicht helfen können.»

Darby schwieg. Als sie die Route 1 erreichten, waren in der Ferne die beleuchteten Hochhäuser von Boston zu sehen.

«Ich muss immer an den Tag zurückdenken, als Evan Manning über den Strand auf mich zukam und mir von Victor Grady und Melanie Cruz berichtete. Das war vor über zwanzig Jahren, und ich kann es immer noch nicht fassen.»

«Das kommt noch.»

«Ich weiß.»

«Sooft dir danach ist, über die Geschichte von damals zu reden – ich habe immer ein offenes Ohr für dich», sagte Coop. «Das weißt du doch, oder?»

«Ja, das weiß ich.»

«Gut.» Coop drückte ihr einen Kuss auf die Stirn, nahm sie in den Arm und drückte sie. Es tat gut, festgehalten zu werden.

Als sie Belham erreichten, dämmerte es bereits. Darby führte Coop ins Gästezimmer und ging ins Bad, um zu duschen.

Mit frischen Sachen und neu bandagiert, schaute sie bei ihrer Mutter vorbei. Sheila schlief tief und fest.

Wo ist Mel vergraben?

Fragen Sie ... Ihre ... Mutter.

Darby schlüpfte unter die Decke und schmiegte sich an ihre Mutter. Ein Bild aus der Erinnerung tauchte auf: Sie hockte auf der Rückbank des alten, holzvertäfelten Buick-Kombi und sah ihre Eltern vor sich. Big Red tippte mit dem Daumen den Rhythmus eines Frank-Sinatra-Songs aufs Lenkrad; Sheila saß neben ihm und lächelte; beide waren jung, kräftig und gesund. Darby lauschte dem Atem ihrer Mutter und hoffte inständig, dass er nie stillstehen würde.

TEIL III

Gefunden

Einundsiebzigstes Kapitel

Helles Sonnenlicht drang durch die zugezogenen Fenstervorhänge, als Darby erwachte.

Ihre Mutter war nicht da. Voller Sorge warf Darby die Decke zurück, zog sich hastig an und eilte nach unten. Es war drei Uhr am Nachmittag.

Coop saß in der Küche, trank Kaffee und sah fern. Als er ihre verstörte Miene bemerkte, wusste er sofort, was ihr durch den Kopf ging.

«Deine Mutter wollte an die frische Luft. Die Pflegerin schiebt sie im Rollstuhl um den Block», sagte er. «Möchtest du etwas essen? Ich könnte dir ein Müsli zusammenrühren.»

«Kaffee reicht, danke. Hast du schon die Nachrichten gesehen?»

«NECN will nach der Werbung einen aktuellen Bericht bringen. Setz dich. Ich schenke dir eine Tasse Kaffee ein.»

Der Bostoner Nachrichtensender war schnell auf den Fall angesprungen. Während der zwölf Stunden, die sie geschlafen hatte, war es den Reportern gelungen, die Verbindung zwischen Daniel Boyle und Evan Manning aufzudecken.

Mannings richtiger Name war Richard Fowler. Seine Mutter Janice Fowler hatte sich 1953 erhängt, nachdem sie, an einer schweren Depression leidend, in eine psychiatrische Klinik eingewiesen worden war. Kurz zuvor hatte sie nach Aussage ihres Mannes Trenton Fowler den einzigen Sohn in der Badewanne zu ertränken versucht. Janice sei, so der Ehemann, aus ihrem Mittagsschlaf erwacht und habe Richard neben sich an dem Bett stehen sehen – mit einem großen Küchenmesser in der Hand. Richard Fowler war damals fünf Jahre alt gewesen.

Sieben Jahre später war auch der Vater ums Leben gekommen. Er hatte mit seinem Mähdrescher die Ernte einholen wollen, als die Einzugstrommel plötzlich blockierte. Er ließ die Maschine laufen und versuchte, die Ursache zu beheben, als er auf der mit feinem Getreidestaub übersäten Plattform ausrutschte und ins Schneidwerk stürzte. Richard, damals zwölf Jahre alt, beteuerte der Polizei gegenüber, nicht gewusst zu haben, wie der Mähdrescher abzustellen gewesen sei.

Richards Tante, Ophelia Boyle, nahm das Kind zu sich und zog mit ihm in das neugebaute Haus ihrer Tochter in Glen, New Hampshire. Cassandra, so der Name der Tochter, erwartete gerade ihr erstes Kind. Sie war dreiundzwanzig Jahre alt und unverheiratet. Die Mutter schlug vor, das Kind zur Adoption freizugeben, wogegen sich Cassandra allerdings entschieden zur Wehr setzte.

Damals – 1963 – wurde die Mutterschaft einer unverheirateten Frau als Skandal erachtet, der den Ruf einer Familie ruinieren konnte, vor allem in jenen Kreisen, in denen Ophelia und ihr Mann Augustus verkehrten. Darum hatten sie ihrer Tochter ein Haus in Glen, New Hampshire, eingerichtet, fernab von Belham. Von ihren Eltern finanziell großzügig unterstützt, brachte sie dort einen Jungen zur Welt, den sie Daniel nannte. Ihren Freunden und Nachbarn erzählte Cassandra, dass der Vater des Jungen bei einem Autounfall ums Leben gekommen sei.

Ehemalige Nachbarn, von denen noch manche vor Ort wohnten, beschrieben Daniel als grüblerisches, zurückgezogenes Kind. Dass sich der blasse Junge und sein älterer, gutaussehender und allseits beliebter Vetter Richard allem Anschein nach sehr nahestanden, blieb vielen ein Rätsel.

Alicia Cross wohnte knapp drei Kilometer von den Boyles entfernt. Sie war zwölf Jahre alt, als sie im Sommer 1978 verschwand. Richard Fowler hatte zu dieser Zeit einen anderen Namen angenommen und als Evan Manning ein neues Leben begonnen. Die einzige Person, die von dem Namenswechsel wusste, schien sein Vetter Daniel Boyle gewesen zu sein.

Evan hatte sein Studium an der Harvard Law School abgeschlossen und war, kurz bevor Alicia Cross verschwand, nach Virginia umgezogen, wo er an einem Ausbildungsprogramm des FBI teilnahm. Daniel Boyle war inzwischen sechzehn und lebte nach wie vor im Haus seiner Mutter. Das Mädchen wurde nie gefunden; sein Verschwinden blieb ungeklärt.

Nach Abschluss seines Wehrdienstes hatte es Boyle nicht nötig, sich nach einer Arbeitsstelle umzusehen. Die finanzielle Unterstützung seiner Großeltern kam ihm nun in voller Höhe zugute. Er zog ein Jahr lang durchs Land, jobbte gelegentlich als Zimmermann und kehrte schließlich im Sommer 1983 nach Hause zurück. Dort bemerkte er als Erstes, dass die Kleiderschränke seiner Mutter ausgeräumt waren und ihre persönlichen Sachen fehlten. Daniel rief seine Großeltern an, doch Ophelia Boyle hatte keine Ahnung, wo ihre Tochter sein mochte, und gab eine Vermisstenanzeige auf. Die Suche nach Cassandra Boyle wurde jedoch bald eingestellt, weil ihr Pass nicht zu finden war und davon ausgegangen werden konnte, dass sie aus freien Stücken untergetaucht war. Die Familie hörte nie wieder von ihr.

Ophelia ermöglichte ihrem Enkel eine private Schulausbildung, ein College-Studium und schließlich den Besuch der Harvard Law School. Sie hatte sogar eine Farm für ihn erworben, die sie selbst bis zu ihrem Tod im Winter des Jahres 1991 erfolgreich bewirtschaftete. Sie und ihr Mann wurden Opfer eines Raubmordes. Den oder die Täter vermutete die Polizei im Bekanntenkreis der Opfer. Als sie Daniel Boyle befragen wollte, war der übers Wochenende verreist, um seinen Vetter in Virginia zu besuchen. Evan Manning arbeitete inzwischen in der vom FBI neu eingerichteten Abteilung für Verhaltenswissenschaften. Er bestätigte Boyles Aussage, zum Zeitpunkt der Tat nicht zu Hause gewesen zu sein.

Von seinen Großeltern war Daniel Boyle ein Vermögen von über zehn Millionen Dollar hinterlassen worden.

In einem Aktenschrank in Boyles Keller hatte die Polizei an diesem Morgen die Fotos derjenigen Frauen entdeckt, die im Sommer 1984 in Massachusetts verschwunden waren, während jener Zeit, die von den Medien als «Sommer der Angst» bezeichnet wurde. Die Fotos bewiesen, dass Boyle diese Frauen in seinem Keller versteckt gehalten hatte.

Über die Zeit nach Belham, als Boyle durchs Land gereist war, gab es kaum etwas zu berichten. In den Osten zurückgekehrt, hatte er irgendwann damit angefangen, im Keller seines Vetters ein Labyrinth zu bauen, das einer der

Ermittler mit den Worten beschrieb: «... das Schrecklichste, was mir in meiner dreißigjährigen Amtszeit zu Gesicht gekommen ist.» Eine Spezialeinheit war damit beauftragt, das ausgedehnte Waldgebiet hinter Boyles Haus nach Gräbern abzusuchen.

Carol Cranmore wurde in einer nicht genannten Klinik behandelt. In einem auf Band aufgezeichneten Interview schilderte Dianne Cranmore den Zustand ihrer Tochter: «Carol steht noch unter Schock. Sie hat einen langen Weg vor sich, aber gemeinsam werden wir es schaffen. Mein Kind lebt – das ist das Wichtigste. Dass sie noch lebt, verdanken wir Darby McCormick vom Bostoner Erkennungsdienst. Sie hatte die Hoffnung nie aufgegeben.»

Der Nachrichtenreporter erinnerte daran, dass den Müttern der anderen Opfer ein ähnliches Glück versagt geblieben sei. Als Nächstes wurde ein Interview mit Helena Cruz eingespielt:

«Über all die Jahre habe ich mich mit zahllosen Fragen gequält. Jetzt, nach über zwanzig Jahren, muss ich erfahren, dass der Mörder meines Kindes nicht Victor Grady war, sondern ein Beamter des FBI. Und das FBI will auf meine Fragen nicht antworten. Dabei bin ich mir sicher, dass irgendjemand weiß, was meiner Tochter zugestoßen ist.»

Darby starrte auf das Gesicht von Helena Cruz, als das Telefon läutete. Es war Banville.

«Haben Sie die Nachrichten gesehen?», fragte er.

«Ich habe gerade NECN eingeschaltet. Es ist davon die Rede, dass Manning und Boyle verwandt waren.»

«Es kommt noch besser. Cassandra Boyle war nicht nur die Mutter, sondern auch die *Halbschwester* von Daniel Boyle.»

«Um Himmels willen.» Das erklärte natürlich, warum sie von der Familie ins Hinterland von New Hampshire verbannt worden war. «Wusste Daniel Boyle Bescheid?»

«Keine Ahnung. Es kann aber durchaus sein, dass er mit ihrem Verschwinden zu tun hat. Wer weiß? Ich habe mir auch noch einmal die Akten über den Raubmord an seinen Großeltern raussuchen lassen. Verdachtsmomente hat es keine gegen ihn gegeben. Aber er kann natürlich ihr Mörder gewesen sein. Wie es aussieht, ist jemand ins Haus eingestiegen und hat die beiden erschossen, als sie im Bett lagen und schliefen.»

«Aber Manning hatte für das Alibi gesorgt», sagte Darby seufzend.

«Ja. Ich habe mir außerdem Mannings BlackBerry vorgenommen. Darauf sind mehrere Textmeldungen gespeichert, die bestätigen, dass er Boyle bei den Bombenanschlägen unterstützt hat. Und die Nummer, die Boyle gewählt hat, als wir vor seiner Haustür standen, ist die von Manning. Offenbar hat er seinen Vetter warnen wollen.»

«Was ist mit Boyles Laptop? Konnten die Passwörter geknackt werden?»

«Ja. Er hat seine ganzen Bankgeschäfte online geregelt. Darüber lässt sich nicht viel sagen – er hatte eine Privatbank auf den Cayman-Inseln. Dafür haben wir jede Menge Bilder gefunden. Die Fotos seiner Opfer aus jüngerer Zeit sind auf seiner Festplatte gespeichert. Wie auch Lagepläne der Stellen, an denen sie begraben wurden. Diese Gräber sind über das ganze Land verstreut.»

«Und was ist mit Melanie Cruz? Gibt es auch Hinweise auf sie oder auf die anderen Frauen, die 84 verschwunden sind?»

«Eine Karte der Umgebung von Belham war nicht zu finden. Aber wir wissen, dass Melanie Cruz tot ist. In Boyles Aktenschrank waren Polaroids, die keinen Zweifel daran lassen. Wenn Sie sie sehen wollen, kommen Sie zu mir in die Zentrale. Ich werde den ganzen Tag im Büro sein.»

«Was ist auf den Fotos zu sehen?»

«Am besten ist, Sie schauen sie sich selbst an.»

Zweiundsiebzigstes Kapitel

Banville telefonierte gerade, als Darby und Coop sein Büro betraten. Er winkte sie herein und zeigte auf zwei Stühle, die neben dem Kleiderständer an der Wand standen.

Eine Viertelstunde später legte er auf und massierte sich die Müdigkeit aus dem Gesicht. «Das war die Gerichtsmedizin. Ich habe Carter heute früh losgeschickt, um sich da, wo die Feds das Skelett freigelegt haben, ein bisschen umzusehen. Sonst scheint aber niemand dort vergraben zu sein.»

«Erstaunlich, dass die Feds ihn durchgelassen haben», sagte Coop.

«Oh, sie haben natürlich versucht, ihn abzuwimmeln. Aber die Katze ist nun einmal aus dem Sack, und die Presse stürzt sich auf sie wegen Manning. Übrigens haben die Feds sein Apartment in Back Bay entdeckt. Es wird Sie nicht überraschen, dass unsere Freunde uns keine ihrer Informationen über Manning oder diesen Rassisten anvertrauen, den sie abgeknallt haben. Der Verein hat ein riesiges Problem mit den Medien.» Banville wandte sich Darby zu. «Machen Sie sich auf einiges gefasst. Die Reporter werden Ihnen in den nächsten Tagen in Scharen hinterherlaufen.»

«Hat Carter schon was über das Skelett sagen können?»

«Es stammt definitiv von einer Frau, die vor zehn bis fünfzehn Jahren begraben wurde. Den genauen Zeitpunkt will er mit einem Radiokarbontest bestimmen.»

Banville lehnte sich in seinem Sessel zurück. «Ich habe ihm von den Frauen berichtet, die hier im Sommer 84 verschwunden sind. Vielleicht stammen die Überreste von einer dieser Frauen, aber der Größe und bestimmten Knochenmerkmalen nach zu urteilen, handelt es sich mit Sicherheit nicht um Melanie Cruz.»

«Zeigen Sie mir bitte die Bilder.»

Banville reichte ihr einen Umschlag.

Es kostete Darby viel Überwindung, die schrecklichen Farbfotos von Melanie, gefesselt und geknebelt in Boyles Weinkeller, zu betrachten. Die Kamera hatte den Schrecken in ihrem Gesicht eingefangen. Auf jedem Foto war Melanie allein. Auf jedem Foto weinte sie.

Das hätte ich sein können.

«Weiß man, wie sie gestorben ist?»

Banville schüttelte den Kopf. «Vielleicht lässt sich das klären, wenn ihre Überreste gefunden sind. Glauben Sie, dass Manning oder Boyle sie im Wald vergraben hat?»

Fragen Sie ... Ihre ... Mutter.

Darby rutschte auf ihrem Stuhl nach vorn. «Ich weiß überhaupt nicht mehr, was ich glauben soll.»

«Carter meint, dass sie womöglich nie gefunden wird, es sei denn, wir stoßen auf einen klaren Hinweis, wo sie begraben liegt.»

Darby steckte die Fotos zurück in den Umschlag. Melanie hatte die Glücksbringer an ihrem Armband befingert, während Stacey hinter dem Müllcontainer hockte und weinte. «Warum können wir nicht wieder Freundinnen sein?», hatte sie später in der Schule gesagt. *Hätte ich doch bloß nachgegeben*, dachte Darby verzweifelt.

Es dauerte eine Weile, bis sie wieder einen Ton hervorbringen konnte. «Was ist mit den anderen Frauen? Gibt es darüber was Neues?»

«Boyle hat sie alle in seinen Keller geschafft und diverse ... Dinge mit ihnen angestellt.» Banville reichte ihr einen größeren Umschlag. Darin befanden sich sortierte und mit Gummibändern zusammengehaltene Polaroids.

Manche der darauf abgebildeten Frauen erkannte Darby sofort – Tara Hardy, Samantha Kent und die Gesichter späterer Opfer. Auf einer Reihe von Fotos war eine Frau mit ausgemergeltem Gesicht und langen blonden Haaren zu sehen. Sie schien wie Rachel Swanson halb verhungert zu sein.

Darby hob eines der Fotos von Samantha Kent in die Höhe. «Das ist die Frau, die ich damals im Wald gesehen habe», sagte sie. «Wissen wir, was ihr widerfahren ist?»

«Nein, rein gar nichts», antwortete Banville. «Hat Manning irgendwas gesagt?»

«Nur, dass sie vermisst wird.» Darby wollte die Fotos nicht mehr in der Hand halten. Sie legte die Umschläge an den Rand des Schreibtisches und wischte sich die Handflächen an der Hose ab.

«Wollen Sie den Rest hören?»

Darby nickte. Sie atmete tief durch und hielt die Luft an.

«Der Keller, in dem Sie waren, ist voller Überwachungskameras», sagte Banville. «Boyle hat jede Menge Videos auf seinem Computer gespeichert. Einige davon wurden schon vor über acht Jahren aufgenommen, also ungefähr zu der Zeit, als er in den Osten zurückkehrte. Anfangs haben er und Manning immer nur auf ein einziges Opfer Jagd gemacht, dann waren es zwei, dann drei ... Boyle hat später weitere Zellen gebaut und die Spielregeln geändert. Er entließ die Frauen in das Labyrinth, und wenn sie es bis auf die andere Seite schafften, blieben ihre Zellentüren anschließend offen; sie hatten dann ausreichend zu essen und durften am Leben bleiben.»

«Deshalb hat Rachel Swanson so lange durchgehalten», sagte Darby. «Sie kannte sich in dem Labyrinth bestens aus.»

«Auch wenn es nur Spekulation ist, ich vermute, dass Boyle derjenige war, der die Frauen entführt hat, während sich Manning darum kümmerte, in den Fällen, mit denen er gerade zu tun hatte, falsche Spuren zu legen, also in den Fällen Victor Grady, Miles Hamilton und Earl Slavick. Wahrscheinlich gab es noch weitere Sündenböcke.»

Coop fragte: «Wie lange haben die beiden dieses Spiel getrieben? Haben Sie eine Ahnung?»

Banville stand auf. «Ich zeige Ihnen, was wir gefunden haben.»

Dreiundsiebzigstes Kapitel

Darby und Coop folgten ihm durch enge Flure, begleitet von Geräuschen, die sich aus Stimmen, dem Läuten der Telefone und schnurrenden Faxgeräten zusammensetzten.

Banville führte sie in das große Besprechungszimmer, wo er vor Tagen den Einsatz zur Ergreifung des Travelers erklärt hatte. Die Stühle standen gestapelt in einer Ecke, sodass genügend Platz war für ein Dutzend großer Schautafeln auf Rollen. Auf jeder dieser Tafeln steckten mehrere zwanzig mal dreißig Zentimeter große Fotos von Frauen.

«Einer unserer Spezialisten hat heute Morgen die Passwörter von Boyles Laptop geknackt», erklärte Banville. «Alle Fotos, die Sie hier sehen, stammen von der Festplatte. Wir haben sie auf CDs gebrannt und ausgedruckt. Glücklicherweise hat Boyle Unterverzeichnisse angelegt, die nach den Staaten beziehungsweise Städten benannt sind, in denen er Station gemacht hat. Wir können davon ausgehen, dass Boston seine erste Station nach Belham war.»

Banville deutete auf eine Tafel mit der Aufschrift «Chicago». Das Foto ganz oben zeigte eine hübsche blonde Frau mit gewinnendem Lächeln. Ihr Name war Tabitha O'Hare. Sie wurde seit dem 3. Oktober 85 vermisst.

Zu dem darunterhängenden Foto war vermerkt: Catherine Desouza, vermisst seit 5-10-85.

Und darunter: Janice Bickney, vermisst seit 28-10-85.

Vier weitere Frauen waren aufgeführt, allerdings ohne Namen oder Daten. Insgesamt sieben vermisste Frauen.

«Wir haben die Kollegen in Chicago eingeschaltet und gebeten, uns Informationen über alle Vermisstenfälle seit 85 zukommen zu lassen», sagte Banville. «Bislang konnten wir allerdings nur drei der sieben Frauen identifizieren.»

«Wo sind sie begraben?», fragte Coop.

«Das wissen wir nicht», antwortete Banville. «Nach einer Karte der Gräber haben wir vergeblich gesucht.»

Darby schaute auf die nächste Tafel. «Atlanta.» Dreizehn vermisste Frauen, allesamt ausgewiesen als Prostituierte.

Boyles nächste Station war Texas. Aus Houston verschwanden in einem Zeitraum von zwei Jahren zweiundzwanzig Frauen. Von Texas war Boyle zunächst nach Montana, dann nach Florida weitergezogen. Darby zählte die Fotos auf beiden Tafeln. Sechsundzwanzig vermisste Frauen. Keine Namen, keine Daten, nur Bilder.

«Wir haben erst heute mit den Behörden vor Ort Kontakt aufgenommen», sagte Banville. «Die Akten über sämtliche Vermisstenfälle werden uns in Kürze zugefaxt beziehungsweise gemailt. Wir stehen vor einem Berg von Arbeit, die uns wahrscheinlich Wochen, wenn nicht Monate in Anspruch nehmen wird.»

Darby stand vor einer mit «Colorado» markierten Tafel. Zuoberst hing das Foto einer gewissen Kimberly Sanchez, darunter die Porträts von acht weiteren Frauen.

«Was ich noch nicht ganz verstehe, ist Mannings Geschichte von dem Überfall auf der Tankstelle», sagte Banville. «Glauben Sie, dass es Boyle war, der ihn überfallen hat?»

«Ja», antwortete Darby wie aus der Pistole geschossen.

«Er hatte dem Extremisten Slavick doch schon falsche Beweise untergejubelt. Warum dann noch dieser Aufwand?»

«Nach dem Überfall konnte sich Manning als Augenzeuge ausgeben und, falls es sein musste, Slavick als mutmaßlichen Täter identifizieren.»

«Außerdem war es für Boyle wichtig, dass Manning Einfluss auf die Ermittlungen hatte», sagte Coop. «Ich vermute, dass ist auch der Grund für die Bombenanschläge auf das Labor und die Klinik. Die ließen sich als Terrorakte ausgeben, und in solchen Fällen ermitteln nun mal die Feds.»

«Damit hatte Manning die Fäden in der Hand», sagte Banville.

Darby nickte. «Ein Irrtum ist natürlich nicht ausgeschlossen. Endgültigen Aufschluss hätten nur zwei Personen geben können, und die sind tot.»

Ein Polizist steckte den Kopf zur Tür herein. «Mat, Sie werden am Telefon verlangt. Detective Paul Wagner aus Montana. Es ist dringend.»

«Sagen Sie ihm, dass ich gleich am Apparat bin.» Banville wandte sich wieder Darby zu. «Heute Morgen sind die Leichen von Boyle und Manning obduziert worden. Wir können mit Sicherheit davon ausgehen, dass es Manning war, der damals bei Ihnen eingedrungen ist. Man hat an seinem linken Unterarm eine alte Haarrissfraktur festgestellt. Ich dachte, das interessiert Sie vielleicht.»

Banville ging nach draußen und ließ die beiden in der gespenstischen Ausstellung zurück. Darby betrachtete die Tafel mit der Aufschrift «Seattle». Weitere Fotos von Opfern, wie auch auf den Tafeln entlang der Wand. Sie alle waren voll von Bildern entführter Frauen, identifiziert oder nicht.

«Sieh dir das hier an», sagte Coop.

Er stand vor sechs Porträts lächelnder Frauen. Die Ortsangabe fehlte. Keines der Opfer hatte einen Namen.

«Frisuren und Kleider lassen darauf schließen, dass die Aufnahmen in den Achtzigern gemacht wurden», sagte Coop.

Eine Frau mit bleichem Gesicht und blonden Haaren kam

Darby irgendwie bekannt vor. Sie hatte den Eindruck, das Foto schon einmal gesehen zu haben –

Und dann fiel es ihr ein. Ein Abzug genau dieses Fotos war ihr von der Pflegerin gegeben worden; es hatte zwischen den Sachen gesteckt, die für die Altkleidersammlung der Kirchengemeinde bestimmt gewesen waren. Darby hatte das Bild ihrer Mutter gezeigt. *«Das ist Regina, Cindy Greenleafs Tochter»*, hatte Sheila geantwortet. *«Ihr habt früher oft zusammen gespielt. Cindy schickt mir jedes Mal zu Weihnachten eine Grußkarte mit einem Bild von Regina.»*

Darby nahm das Foto von der Tafel. «Davon mache ich mir schnell eine Kopie», sagte sie. «Bin gleich wieder zurück.»

Vierundsiebzigstes Kapitel

Als Darby auf der Suche nach einem Farbkopierer durch den Flur eilte, sah sie, wie ein Polizist eine ältere Dame auf Banvilles Büro zuführte.

Kein Zweifel, die Frau, die sich bei dem Beamten untergehakt hatte, war Helena Cruz. Darby erkannte sie an den stark ausgebildeten Jochbeinen und kleinen Ohren, die immer rot wurden, wenn es kalt war – Merkmalen, die Mel von ihr geerbt hatte.

«Darby», sagte Helena Cruz im Flüsterton. «Darby McCormick.»

«Hallo, Mrs Cruz.»

«Längst wieder Miss Cruz. Ted und ich haben uns vor vielen Jahren getrennt.» Melanies Mutter schluckte; es fiel ihr offenbar schwer, die schmerzlichen Erinnerungen daran zu verdrängen. «Dein Name wurde in den Nachrichten erwähnt. Du arbeitest für den Erkennungsdienst, oder?»

«Ja.»

«Kannst du mir sagen, was Mel widerfahren ist?»

Darby antwortete nicht.

«Bitte, wenn du irgendetwas weißt ...» Ihre Stimme brach, doch Helena Cruz hatte sie sich schnell wieder gefasst. «Ich muss es wissen. Bitte. Es ist mir sehr wichtig.»

«Detective Banville wird Ihnen sagen, was wir wissen. Er ist in seinem Büro. Ich komme mit Ihnen.»

«Du weißt, was passiert ist, nicht wahr? Es steht dir ins Gesicht geschrieben.»

«Verzeihen Sie.»

Helena Cruz starrte auf ihre Schuhspitzen. «Als ich heute

Morgen in Belham ankam, bin ich an meinem alten Zuhause vorbeigegangen. Ich war seit Jahren nicht mehr dort. Eine Frau harkte Laub zusammen, und das kleine Töchterchen spielte im Sandkasten. Den gibt's immer noch, genau an der Stelle, wo auch Mel immer gespielt hat. Ihr beiden habt, als ihr noch klein wart, stundenlang im Sand zusammengehockt. Melanie hat kleine Sandburgen gebaut, und du hast sie kaputt gemacht, worüber sie aber nie wütend wurde. Sie war überhaupt nie wütend.»

Darby hörte ihr betreten zu und ließ sich daran erinnern, bei Melanie häufig übernachtet und mit ihr die Sommerferien in Cape Cod verbracht zu haben. Die Frau, die ihr all dies erzählte, war dieselbe, die früher immer darauf geachtet hatte, dass sie, Darby, ihre helle Haut mit Sonnencreme schützte.

Und doch hatte sie mit jener Frau von damals nicht mehr viel gemein. Die Freundlichkeit war aus ihren Augen verschwunden. Wie bei so vielen Opfern von Gewalt zeigte sich in ihrem Gesicht jene schmerzliche Verwirrung darüber, wie es möglich sein konnte, dass einem ein geliebter Mensch gewaltsam genommen wurde.

«Ich habe Mel zu einer jungen Frau erzogen, die allzu vertrauensvoll war und immer nur das Gute in anderen gesehen hat. Daran gebe ich mir die Schuld. Ich habe versucht, meiner Tochter nur das Beste mit auf den Weg zu geben, aber es hat wohl nicht gereicht. Gott verfolgt seine eigenen Pläne, und die sind häufig nicht zu verstehen, sosehr man auch im Gebet darum bittet. Aber ich glaube, selbst wenn man alles verstünde, würde der Schmerz nicht weniger.»

Darby hatte eine Begegnung mit Helena Cruz schon Hunderte Male im Geiste durchgespielt, sich Worte zurechtgelegt und ihre Reaktion darauf vorherzusehen versucht. Jetzt diesen schmerzlichen Ausdruck im Gesicht von Helena Cruz zu sehen und ihr verzweifeltes Flehen zu hören erinnerte Darby an all die Briefe, die sie geschrieben hatte, an die Schuldgefühle und den tief empfundenen Wunsch, dass, wenn sie nur reuig genug wäre, eine Brücke zwischen ihrer Trauer und der von Helena Cruz geschlagen werden und es endlich zur Versöhnung kommen könnte.

Sie hatte all diese Briefe zerrissen. Helena Cruz wollte nichts anderes als ihre Tochter zurückhaben. Jetzt, nach vierundzwanzig Jahren des Wartens, war auch der letzte Funken Hoffnung verloschen.

«Ich weiß nicht, wo Melanie ist», sagte Darby ehrlich. «Wenn ich es wüsste, würde ich es Ihnen sagen.»

«Sag mir wenigstens, dass sie nicht gelitten hat.»

Darby suchte nach einer diplomatischen Antwort. Doch sie fand keine. Helena Cruz wandte sich ab und ging.

Fünfundsiebzigstes Kapitel

Coop setzte Darby vor dem Haus ihrer Mutter ab. Sie ging in die Küche und erfuhr von der Pflegerin, dass sich Sheila im Garten aufhielt.

Ihre Mutter saß in ihrem Rollstuhl neben den alten Blumenbeeten. Es war Abend und recht kühl geworden. Darby rückte sich einen der Gartenstühle zurecht. Sheila hatte Big Reds Baseballkappe auf dem Kopf und trug seine blaue Daunenweste über einem Fleece-Pullover. Auf ihrem Schoß lag eine schwere Wolldecke, die auch einen Großteil des Rollstuhls unter sich verschwinden ließ. Sheila machte einen sehr gebrechlichen Eindruck.

Darby nahm neben ihrer Mutter Platz, an einer Stelle, wo noch ein wenig Sonnenlicht hinfiel. Sheila hatte ein Album mit Kinderbildern vor sich aufgeschlagen. Darby sah ein Bild von sich als Neugeborene, eingehüllt in eine pinkfarbene Decke; dazu passte das Häubchen, das sie trug.

Die Augen ihrer Mutter waren gerötet. Sie hatte geweint.

«Ich habe die Nachrichten gesehen. Von Coop weiß ich den Rest», sagte Sheila mit leiser Stimme und starrte auf das große Pflaster auf Darbys Gesicht. «Wie schlimm ist die Verletzung?»

«Sie wird heilen. Mir geht's gut. Ehrlich.»

Sheila ergriff Darbys Handgelenk. Darby nahm sie bei der Hand und schaute über den Rasen auf die weißen Laken, die zum Trocknen aufgehängt waren. Die Wäschespinne stand wenige Schritte vor der Kellertür, durch die Manning – und nicht etwa Victor Grady – vor über zwei Jahrzehnten ins Haus eingedrungen war.

Darby dachte zurück an den Tag, als sie Evan Manning wartend vor der Einfahrt hatte stehen sehen. Er war gekommen, um herauszufinden, was und wie viel sie von dem Verbrechen im Wald gesehen hatte. War er es gewesen, der den Ersatzschlüssel gefunden hatte, oder war Boyle schon vor ihm ums Haus geschlichen?

«Wo bist du gewesen?», fragte Sheila.

«In der Zentrale, zusammen mit Coop. Banville – er leitet die Ermittlungen – rief an und sagte, dass er Fotos gefunden habe.» Darby schaute ihrer Mutter in die Augen. «Fotos von Melanie.»

Sheila ließ ihren Blick über den Garten schweifen. Der Wind frischte auf, rüttelte an den Zweigen und ließ Laub über den Rasen tanzen.

«Helena Cruz war auch da», sagte Darby. «Sie wollte wissen, wo Mel begraben ist.»

«Weißt du's?»

«Nein. Wenn nicht noch ein Hinweis von außerhalb kommt, werden wir's wohl nie erfahren.»

«Weißt du denn, was ihr passiert ist?»

«Ja.»

«Und?»

«Boyle hat sie im Keller seines Hauses gefoltert, über mehrere Tage, vielleicht Wochen hinweg.» Darby bohrte die Hände tief in ihre Manteltaschen. «Mehr weiß ich nicht.»

Sheila fuhr mit dem Finger über ein Foto, auf dem Darby schlafend in einer Wiege lag.

«Diese Bilder sind voller Erinnerungen», sagte sie. «Ich frage mich, wo diese Erinnerungen bleiben werden, wenn ich gestorben bin.»

Darby hatte den Eindruck, als schnürte sich ihr die Kehle

zu, doch war ihr klar, dass sie um die Frage nicht umhinkam: «Mom, ich war in diesem Verlies, Manning hat versucht, mich zu töten. Glücklicherweise konnte ich den Spieß umdrehen. Bevor er starb, sagte er etwas über Mels Grab.» Die Worte auszusprechen fiel ihr unendlich schwer. «Als ich ihn fragte, was mit ihr geschehen sei und wo er sie vergraben habe, deutete er an, dass du mir Auskunft geben könntest.»

Sheila war wie vom Donner gerührt.

«Weißt du etwas darüber?», fragte Darby.

«Nein. Nein, natürlich nicht.»

Darby ballte ihre Hände zu Fäusten. Ihr wurde schwindlig.

Sie zog die zusammengefaltete Farbkopie des Frauenporträts aus der Tasche und legte sie auf das Fotoalbum.

«Was ist das?», fragte Sheila.

«Sieh es dir an.»

Sheila faltete das Blatt auseinander. Schlagartig veränderte sich ihre Miene. Darby schwante Schlimmes.

«Muss ich diese Person kennen?», fragte Sheila.

«Erinnerst du dich an das Bild, das die Pflegerin in deinen abgelegten Kleidern gefunden hat? Ich habe es dir gezeigt, und du sagtest, es sei Regina, die Tochter von Cindy Greenleaf.»

«Vom vielen Morphium ist mein Gedächtnis ganz vernebelt. Bringst du mich bitte ins Haus? Ich bin müde und würde mich gern hinlegen.»

«Das Foto dieser Frau hängt an einer Schautafel bei uns in der Zentrale. Sie ist eines der Opfer von Boyle und Manning. Wir können sie nicht identifizieren.»

«Bring mich bitte rein», sagte Sheila.

Darby rührte sich nicht. Es widerstrebte ihr, ihrer Mutter

in dem Zustand, in dem sie sich befand, zuzusetzen, aber sie musste es tun.

«Nachdem Boyle von Belham weggezogen war, hat er sich in Chicago niedergelassen. Dort verschwanden neun Frauen, und dann ist er nach Atlanta übergesiedelt. Dort verschwanden acht Frauen. Zweiundzwanzig verschwanden in Houston. Boyle zog von einem Staat in den anderen, während Manning falsche Fährten legte und die gemeinsam begangenen Taten anderen in die Schuhe schob, die er dann zur Strecke brachte. Wir haben es mit bis zu hundert vermissten Frauen zu tun. Von manchen – wie von der Frau auf diesem Bild – kennen wir nicht einmal die Namen.»

«Lass die Geschichte ruhen, Darby, bitte.» Ihre Mutter sah sehr müde aus.

«All diese Frauen hatten Familie, Mütter wie Helena Cruz, die jahrelang um ihre Töchter bangen mussten. Ich weiß, dass du mir etwas verschweigst, Mom. Was?»

Sheilas Blick war auf ein Kinderfoto von Darby gerichtet, aufgenommen zu einer Zeit, da sie gerade eingeschult worden war; ihr lachender Mund zeigte eine breite Zahnlücke.

«Sag's mir, Mom. Bitte.»

«Du hast doch keine Ahnung ...», hob ihre Mutter an.

Darby wartete. Ihr Herz raste.

«Wovon habe ich keine Ahnung, Mom?»

Sheilas Gesicht war kreidebleich. Darby konnte die kleinen blauen Venen unter der fahlen Haut erkennen.

«Wenn eine Frau ihr Baby in den Armen hält, wenn sie es stillt und aufwachsen sieht, tut sie alles, um dieses Kind zu schützen. Alles. Die Liebe, die sie zu ihrem Kind empfindet ... ja, Dianne Cranmore hatte recht, als sie sagte, dass einem das Herz vor lauter Liebe zu zerspringen droht.»

«Was ist geschehen?»

«Er hatte deine Sachen», antwortete Sheila.

«Wer?»

«Riggers, dieser Detective. Er sagte mir, dass er in Gradys Haus Sachen gefunden habe, die einer der vermissten Frauen gehörten. Und da waren Fotos. Er hatte Fotos von dir. Und deine Sachen.»

«Mir sind aber doch gar keine Sachen weggenommen worden, als der Mann aus dem Wald in unser Haus kam.»

«Richtig. Riggers sagte, Grady müsse irgendwann später nochmal ins Haus eingedrungen sein und Kleidungsstücke von dir entwendet haben. Eine Erklärung hatte er nicht. Damit wäre auch nichts gewonnen gewesen, denn er hatte alles verpfuscht. Die Hausdurchsuchung war nicht genehmigt gewesen und alle gefundenen Beweise wertlos. Weil die Polizei schlampig ermittelt hatte, wäre Grady beinahe davongekommen.»

«Das hat Riggers dir erzählt?»

«Nein, Buster. Der Freund deines Vaters. Erinnerst du dich? Er ist manchmal mit dir ins Kino gegangen und –»

«Ich weiß, wer er ist. Was hat er dir gesagt?»

«Dass Riggers alles verbockt habe und dass man nun schnellstens neue Beweise finden müsse, um zu verhindern, dass Grady ihnen durch die Lappen geht.»

Sheilas Stimme zitterte. «Du kannst dir nicht vorstellen, wie ich mich gefühlt habe. Dieses ... Monster ist in *mein* Haus eingebrochen, hat versucht, *meiner* Tochter das Leben zu nehmen, und die Polizei muss ihn laufenlassen.»

Darby ahnte, was sie nun zu hören bekommen würde.

«Dein Vater ... er hatte noch eine zweite Pistole, seine heimliche Reserve, wie er sie nannte. Sie lag in seiner Werkbank versteckt. Ich wusste, wie man damit umgeht. Und ich wusste auch, dass man mir nicht auf die Spur würde kommen können. Als Grady zur Arbeit ging, bin ich durch die Hintertür – sie war unverschlossen – in sein Haus eingedrungen. Überall standen vollgepackte Umzugskartons herum. Er wollte sich aus dem Staub machen.»

Darby spürte, wie die Kälte durch ihre Kleider kroch.

«Ich hielt mich in seinem Kleiderschrank versteckt, als er nach Hause kam», fuhr ihre Mutter fort. «Ich wartete darauf, dass er nach oben kommen und zu Bett gehen würde. Der Fernseher war eingeschaltet, und als es spät wurde, dachte ich, er sei davor eingeschlafen. Also ging ich nach unten. Er hing mit geschlossenen Augen in seinem Sessel. Er hatte getrunken. Auf dem Boden lag eine leere Flasche. Ich stellte den Fernseher laut und ging auf ihn zu. Er rührte sich nicht, wachte nicht einmal auf, als ich ihm den Lauf der Pistole auf die Stirn drückte.»

Sechsundsiebzigstes Kapitel

Im Geiste sah Darby das Haus von Victor Grady vor sich, wie sie es auch in ihren Albträumen gesehen hatte: stickige Räume, armselig möbliert, verschmutzt und voller Abfälle und leerer Bierflaschen. Sie stellte sich vor, wie er von der Arbeit nach Hause kam, seine Sachen zusammenpackte und in Kartons und Mülltüten stopfte. Er musste aus der Stadt verschwinden, weil die Polizei ihm etwas anzuhängen versuchte, womit er nichts zu tun hatte.

Und dann sah sie ihre Mutter die Treppe herunterschleichen und mit schnellen Schritten auf den Sessel zusteuern, in dem Victor Grady, volltrunken, eingeschlafen war. Ihre Mutter, die Schnäppchenjägerin und Coupon-Sammlerin, setzte ihm die Mündung der Pistole an die Stirn und drückte ab.

«Der Schuss war gar nicht mal so laut», sagte Sheila. «Ich steckte ihm gerade die Waffe in die Hand, als ich Schritte auf der Kellertreppe hörte. Es war dieser Mann, Daniel Boyle. Ich dachte, er wäre von der Polizei, und tatsächlich wies er sich mit einer FBI-Marke aus.»

Darby konnte sich alles genau ausmalen. Boyle war im Keller gewesen, um Grady mit gefälschten Indizien auffliegen zu lassen. Er hatte den Schuss gehört und war nach oben geeilt in der Annahme, Grady habe sich erschossen, fand aber nun Sheila neben der Leiche vor.

«Als ich diese Marke sah, bin ich zusammengebrochen», sagte Sheila. «Ich hatte nur einen Gedanken, und der galt dir. Was sollte aus dir werden, wenn ich im Gefängnis säße? Ich flehte ihn an, mich laufenzulassen. Er sagte kein Wort.

Er stand einfach nur da und starrte mich an. Sein Gesicht war völlig ausdruckslos.»

Darby fragte sich, warum er ihre Mutter nicht getötet oder, schlimmer noch, entführt hatte. Nein, sie zu entführen oder zu erschließen wäre allzu riskant gewesen. Boyle war gekommen, um Grady anzuschwärzen, und jetzt war Grady tot. Boyle musste sich etwas anderes einfallen lassen, und zwar schnell.

Plötzlich erinnerte sich Darby, dass Evan Manning Gradys Haus selbst observiert hatte. Er musste also gewusst haben, dass Boyle sich darin befand. Er hatte auch das Feuer ausbrechen sehen.

«Boyle sagte, ich solle nach Hause gehen und auf einen Anruf von ihm warten», berichtete Sheila. «Und er drohte damit, mich ins Gefängnis zu bringen, wenn ich meinen Mund nicht halten würde. Weil er es so wollte, bin ich dann durch die Kellertür verschwunden. Von dem Brand habe ich erst am nächsten Morgen erfahren.

Zwei Tage später rief er mich an und sagte, dass er sich um alles Weitere kümmern werde. Das Feuer habe fast alle Beweise vernichtet. Ein Indiz gebe es aber noch, sagte er; ich müsste es jedoch selber sicherstellen, weil er zu viel zu tun habe. Es sei im Wald vergraben. Er schilderte mir, wo, und sagte, ich solle es holen und nach Hause bringen. Er wollte es dann später bei mir abholen. Um was es sich handelte, sagte er nicht. Er wiederholte immer nur, ich solle mir keine Sorgen machen; er habe Verständnis für meine Tat.

Ich bin dann am nächsten Morgen in aller Früh mit meinen Gartenhandschuhen und einer kleinen Schaufel losgezogen. Gefunden habe ich eine braune Papiertüte voller Kleider – Frauenkleider – und ein Foto.»

«Von der Frau, die ich dir soeben gezeigt habe.»

Sheila nickte. Sie hatte ihre Lippen aufeinandergepresst.

«Kennst du ihren Namen?», fragte Darby.

«Nein, den hat er mir nicht genannt.»

«Was hast du sonst noch gefunden?»

In dem Blick ihrer Mutter lauerte etwas, vor dem Darby am liebsten Reißaus genommen hätte.

«War es ...» Darby stockte. Sie schluckte. «Hast du Melanie gefunden?»

«Ja.»

Darby hatte den Eindruck, als würde sich eine heiße Messerklinge durch ihren Magen bohren.

«Ich sah ihr Gesicht», sagte Sheila mit rauer Stimme, die wie mit Stacheldraht umwickelt schien. «Die Papiertüte lag auf Mels Gesicht.»

Darby öffnete den Mund, brachte aber keinen Ton hervor.

Sheila brach in Tränen aus. «Ich wusste nicht, was ich tun sollte, habe das Loch wieder zugescharrt und bin nach Hause gegangen. Tags darauf rief er mich an und sagte, ich solle zum Briefkasten gehen. Darin waren ein Video und ein verschlossener Umschlag. Er wollte, dass ich mir das Video anschaue und ihm sage, was darauf zu sehen sei. Ich sah mich, im Wald, das Loch graben.»

Darby wurde schwindelig; vor ihren Augen verschwamm alles.

«Die Fotos in dem Umschlag – es waren Fotos von dir, vor dem Haus deines Onkels. Er sagte, wenn ich nicht schweigen, sondern verraten würde, was ich im Wald gefunden habe, würde er das Video dem FBI zukommen lassen. Und dann, wenn ich im Gefängnis säße, würde er dich töten. Ich glaubte ihm aufs Wort. Er hatte schon einmal versucht, dich zu entführen. Ich konnte nicht anders ... das Risiko war mir zu hoch. Also schwieg ich all die Jahre.»

Sheila presste die geballte Faust vor den Mund. «Er schickte mir immer wieder Fotos, um mich zu erinnern. Fotos von dir auf dem Schulhof, mit deinen Freundinnen. Eines kam sogar in einer Weihnachtskarte. Und dann schickte er mir Kleider.»

«Kleider? Kleider von mir?»

«Nein, es waren ... sie gehörten anderen. Anderen Frauen. Die Sachen kamen in diesen Paketen, zusammen mit den Bildern. Wie dieses da.» Sheila zerknüllte die Kopie in ihrer Faust. «Was hätte ich tun können?»

«Mom, wo sind diese Kleider jetzt?»

«Ich wusste nicht, wohin damit, dachte daran, sie der Polizei zukommen zu lassen, anonym. Ach, ich weiß selbst nicht mehr, was ich dachte. Jedenfalls habe ich lange überlegt, was ich tun sollte, und die Sachen behalten.»

«Hast du dich irgendjemandem anvertraut? Einem Anwalt vielleicht?»

Sheila schüttelte den Kopf. Ihre Wangen waren tränennass. «Ich habe mir immer vorzustellen versucht, was geschehen würde, wenn ich mich stellte. Was, wenn ich der Polizei meine Tat gestanden hätte? Wie hätte ich erklären sollen, dass ich all die Sachen aufbewahrt und so lange geschwiegen habe? Wahrscheinlich wärst du am Ende in den Verdacht geraten, mit meiner Hilfe Beweise unterdrückt zu haben. Alles Leugnen wäre vergebens gewesen. Womöglich hätte man dir noch Komplizenschaft unterstellt. Du weißt doch, wie schnell so etwas geschieht, wie damals, bei dem Fall mit dem Vergewaltiger. Dein Partner hatte Beweise gegen ihn fingiert, damit er nicht davonkam, und dir wurde vorgeworfen, du hättest ihm dabei geholfen. Wäre ich zur Polizei gegangen, hättest du deinen Job quittieren müssen.»

Es kostete Darby große Überwindung, ihre Frage zu wiederholen: «Wo sind die Kleider jetzt?»

«Sie waren in den Kartons, die du zur Altkleidersammlung gebracht hast.»

«Und die Fotos?»

«Habe ich weggeworfen.»

Darby verbarg ihr Gesicht in den Händen. Sie sah die Fotos der verschwundenen Frauen vor sich, Dutzende von Porträts, der Reihe nach auf den Schautafeln in der Zentrale angeheftet. Hätte ihre Mutter reinen Tisch gemacht, wären diese Frauen womöglich noch am Leben. An dieser Wahrheit ließ sich nicht rütteln; sie steckte jetzt in ihr und schlug Wurzeln wie ein Saatkorn.

«Ich war mit den Nerven am Ende», sagte Sheila bittend. «Was ich getan hatte, aus dem Affekt heraus, ließ sich nicht mehr rückgängig machen. Trotzdem habe ich mir hundertmal vorgenommen, zur Polizei zu gehen. Aber dann musste ich immer daran denken, was dir drohte. Und du warst mir wichtiger als alles andere.»

«Diese Stelle, wo du Mel gefunden hast ...»

«Ich kann mich nicht an sie erinnern.»

«Denk nach.»

«Ich tue nichts anderes, seitdem ich das Gesicht dieses Mannes im Fernsehen gesehen habe. Ich erinnere mich einfach nicht. Es ist über zwanzig Jahre her.»

«Weißt du denn noch wenigstens, wo du an diesem Morgen das Auto abgestellt hast? Und wie weit du in den Wald gegangen bist?»

«Nein.»

«Was ist mit der Wegbeschreibung, die Boyle dir gegeben hat? Hast du sie aufbewahrt?»

«Ich habe sie weggeworfen.» Sheila schluchzte. «Bitte verachte mich nicht. Ich kann nicht sterben, solange du mich verachtest.»

Darby dachte an Mel, vergraben irgendwo im Wald, wo sie niemand finden würde.

«Kannst du mir verzeihen?», fragte Sheila bittend. «Kannst du mir wenigstens verzeihen?»

Darby antwortete nicht. Ihre Gedanken waren bei Mel – Mel vor dem Kleiderspind in der Schule, als sie Darby darum gebeten hatte, Stacey zu verzeihen, damit sie wieder Freundinnen sein konnten. Darby wünschte, sie hätte ja gesagt. Sie wünschte, Stacey verziehen zu haben. Vielleicht wären Mel und Stacey damals an jenem Abend zu Hause geblieben. Vielleicht würden sie jetzt noch leben. Vielleicht würden auch all die anderen Frauen jetzt noch leben.

«Mom ... gütiger Himmel ...»

Darby ergriff die Hände ihrer Mutter, von denen sie so oft getröstet worden war, dieselben Hände, die Grady getötet und Melanies Grab wieder zugeschüttet hatten. Darby fühlte die Kraft in diesen Händen; sie war noch da, wenn auch nicht mehr lange. Bald würde ihre Mutter sterben und zu Grabe getragen werden. Und eines Tages würde auch sie, Darby, sterben, zu Grabe getragen und vergessen. Wenn es denn so etwas wie einen Himmel gäbe, hoffte sie, Melanie dort anzutreffen, um ihr sagen zu können, wie sehr sie um sie getrauert hatte. Vielleicht würde sie ihr verzeihen. Vielleicht würde auch Stacey ihr verzeihen. Darby wünschte sich nichts sehnlicher.

Danksagung

Dieses Buch wäre nicht geschrieben worden ohne die kenntnisreiche Unterstützung der Kriminologin Susan Flaherty. Susan war nicht nur so freundlich, mir ihre Arbeit im kriminaltechnischen Labor von Boston zu erklären, sondern beantwortete mir auch geduldig sämtliche Fragen zu ihrem Spezialgebiet. Eventuelle Fehler sind allein mir anzukreiden.

Dank auch an Gene Farrell und Gina Gallo, die mir in polizeilichen Verfahrensfragen behilflich waren. George Dazkevich brachte mir eine Menge über Computer bei und verkniff es sich, allzu laut über meine Ahnungslosigkeit zu lachen.

Dennis Lehane bin ich zu besonderem Dank verpflichtet, denn er hat mich über viele Jahre hinweg immer wieder ermutigt, beraten und mit seiner Freundschaft unterstützt.

Ein herzliches Dankeschön geht an meine Schriftstellerkollegen und guten Freunde John Connolly und Gregg Hurwitz, die die zahlreichen Entwürfe zu diesem Buch aufmerksam gelesen und mir viele wertvolle Ratschläge gegeben haben.

Last, but not least danke ich meiner Verlegerin und Freundin Maggie Griffin – für alles. Du bist die Beste, Mags.

Ein Buch zu schreiben ist – zumindest für mich – weniger

vergnüglich als vielmehr schmerzvoll. Die Arbeit an *Victim* war besonders schwierig, und folgende Personen verdienen einen besonderen Dank für ihre Anregungen und dafür, dass sie mich unterstützt und an mich geglaubt haben: Jen, Randy Scott, Mark Alves, Ron und Barbara Gondek, Richard Marek, Robert Pépn und Pam Bernstein. Mel Berger half mir durch die rauen Passagen und begleitete geduldig jede Entstehungsphase dieses Buches. Meine Lektorin Emily Bestler musste wieder einmal jede Menge Verbesserungsvorschläge anbringen. Danke, Emily, für deine erstaunliche Geduld.

Auch dem exzellenten Ratgeber *On Writing* von Stephen King sei gedankt wie auch den Songs von U2, insbesondere dem Album *How to Dismantle An Atomic Bomb*, das mir durch die langen Monate der Überarbeitung des Manuskripts geholfen hat.

Mit *Victim* halten Sie eine Fiktion in den Händen. Mit anderen Worten: Sie ist – wie das Leben des «bösen Buben» James Frey – nichts weiter als ein Produkt der Phantasie.